Opinión de profesionales de la salud sobre
Sabiduría para criar a tu bebé

Mi primer encuentro con *Sabiduría para criar a tu bebé* ocurrió hace veinte años, cuando un miembro prudente de mi clínica percibió mi frustración
ante el creciente número de madres agotadas, bebés irritados y sus noches
de desvelo. Me entregó una colección de grabaciones de audio de esta serie. Al quedar profundamente impresionado con la perceptividad y la rele-
vancia de este contenido, comencé a aplicar los principios en mi práctica.
El cambio fue dramático, la incidencia de bebés con cólicos, y de padres
perturbados y frustrados por la falta de sueño descendió de manera precipi-
tada. Las recomendaciones personales de nuestra comunidad han ayudado
a que nuestra clínica crezca de forma exponencial. No puedo imaginar a
ningún pediatra que haya estado en contacto con este recurso que no lo
haga parte de su práctica.

Dr. Jim Pearson
Johnson City, Tennessee

Como médicos de la familia y equipo de esposo y esposa, a menudo
nos hacen preguntas relacionadas a la
niños. La mayoría de nuestras respuest
para criar a tu bebé. Para responder a
recurso se ha convertido en una guía
capacidad y confianza como médicos y
práctica los principios, los padres cosec

Dr. Tony Burden y Dra. Margaret Burden
Bellingham, Washington

Sabiduría para criar a tu bebé ofrece consejos sanos sobre la crianza y los
cuidados pediátricos equilibrados para muchos padres confundidos, frustrados y privados totalmente del sueño. Como pediatra y padre de cuatro
hijos, mi esposa y yo recibimos de manera rutinaria retroalimentación positiva sobre el comportamiento de nuestros hijos y los hábitos de sueño. Los
padres se sienten confiados y relajados cuando tienen un plan y un objetivo
para su infante y familia. Una vez que la familia ha alcanzado el éxito con
los principios de este recurso, le transmite su satisfacción a cada nuevo padre que conoce. Para expresarlo de forma más simple: «¡Funciona!».

Dr. David M. Miller
Superior, Colorado

Trabajo como pediatra y a la vez soy profesora auxiliar de pediatría. Los residentes y las madres que recién dan a luz con las que trabajo han encontrado en *Sabiduría para criar a tu bebé* un éxito sobrecogedor. Mis residentes informan una diferencia positiva en la confianza de las nuevas mamás que trabajan con este plan en comparación con las que no. La libertad que este recurso le brinda a la madre primeriza es tan refrescante. La vida es predecible, le permite ser proactiva en su maternidad, no reactiva, lo cual generalmente produce resultados no deseados. Mis padres se vuelven sabios con *Sabiduría para criar a tu bebé*.

Dra. Linda Meloy
Richmond, Virginia

Como pediatra, no puedo discutir con el éxito de *Sabiduría para criar a tu bebé*. Es un enfoque sumamente práctico para los padres. Les ofrece a los infantes las estructuras y la estabilidad que necesitan y trae el gozo y el amor que tanto se requiere en nuestros hogares hoy día. Los efectos de no usar este recurso se perciben bien rápido. Es por eso que he hecho que estos principios sean una prioridad en cada consulta de niño sano. Los padres me dicen constantemente: «Eso cambió nuestras vidas».

Dra. Janet Dunn
Chatsworth, California

Como pediatra en función, esposo y padre, recomiendo con entusiasmo *Sabiduría para criar a tu bebé*. Creo que los principios contenidos aquí son un suspiro de alivio bien recibido por padres insomnes y cansados, y más que una onza de prevención para aquellos que adoptan estos conceptos desde el principio. Estoy convencido de que los principios bien demostrados de este recurso producen padres confiados, infantes seguros y contentos y hogares pacíficos y ordenados.

Dr. David Blank
Longmont, Colorado

Como obstetra y madre, mi preocupación por un resultado saludable continúa más allá del momento del parto. Puesto que los principios de *Sabiduría para criar a tu bebé* son tan efectivos, lo considero parte de mi asistencia médica extendida para toda la familia. Los principios son simples pero asombrosos. Ellos producen, de manera consistente, bebés sanos, contentos y que duermen toda la noche desde edades tempranas. La demanda de alimentar a un bebé no se puede comparar con los beneficios generales y saludables de *Sabiduría para criar a tu bebé*. Los conceptos toman las conjeturas de la primera etapa del cuidado de los hijos y les ofrece a las mamás primerizas la confianza de saber lo que sucederá después. No seguir los principios de este recurso es una preocupación potencial de salud.

Dra. Sharon Nelson
Glendale, California

La escuela de medicina no me preparó en absoluto para uno de los aspectos más exigentes de mi práctica: lidiar con la alimentación del infante. La teoría de alimentar al bebé cada vez que llore, lo cual era la enseñanza estándar, no solo era injustificable, sino que simplemente no satisfacía las necesidades de mis pacientes. Desde que me presentaron los principios de *Sabiduría para criar a tu bebé*, he estado convencido de su efectividad para establecer patrones de sueño y disminuir la frecuencia de los problemas asociados a la alimentación del infante. Si no fuera suficiente hacer prosperar a los niños y hacer que los padres estén felices y descansados, mi mayor recomendación de *Sabiduría para criar a tu bebé* es que mis propios hijos se han criado según estos preceptos.

Dra. Craig Lloyd
Brisbane, Australia

Como mamá, mi función es doble. Como educadora acreditada de lactancia, sé cuán desalentador es alimentar a un bebé las veinticuatro horas sin ventaja aparente y cómo el cansancio afecta el suministro de leche. También sé cuán desestimulante pueden ser los primeros dieciocho meses de la crianza de los hijos sin un plan. Lo sé, porque con mi primer hijo, hice todo lo opuesto a lo que se enseña en este libro. Antes de que mi segundo bebé naciera, me presentaron los conceptos de *Sabiduría para criar a tu bebé*. Aplicar estos principios revolucionó mi pensamiento. En lugar de estar bajo la esclavitud del bebé, fui liberada para ser la madre que Dios quería que fuera. He usado de manera consistente esta serie con las mujeres que aconsejo. Estas madres han tenido un éxito rotundo, ya sea que el bebé se alimente con biberón o que le den el pecho.

Enf. Barbara Phillips, CLE
Los Ángeles, California

Criterio de mamás y papás sobre
Sabiduría para criar a tu bebé

Después de tres meses de crianza fatigosos y depresivos, mi cuñada me dio una copia de *Sabiduría para criar a tu bebé*. ¡Salvó mi vida! Antes de este recurso, yo buscaba ayuda en todas partes: libros, amigos, madres experimentadas, incluso con el pediatra de mi bebé. Recibí muchos consejos, pero ninguna solución real que pudiera cambiar a un bebé irritante las veinticuatro horas del día. Siete días después de aplicar los principios de *Sabiduría para criar a tu bebé*, mi bebé dormía nueve horas durante la noche, tomaba siestas durante el día, y su irritabilidad solo se manifestaba una hora al día durante la caída de la tarde. La cantidad de sentido común que abarca este libro es asombrosa y te cambia la vida de manera definitiva.

Una madre de West Covina, California

Mi esposo y yo habíamos escuchado todo tipo de historias de terror y nos sentíamos muy desanimados y derrotados antes de que nuestro bebé naciera. Alimentar a un bebé las veinticuatro horas, irritabilidad inexplicable y caos en el hogar no era lo que queríamos. Estábamos seguros de que tenía que existir una manera sana de criar a los hijos. Nos presentaron los conceptos de *Sabiduría para criar a tu bebé* una semana antes de que nuestro hijo naciera. ¡Qué oportuno! Como previsto, nuestro bebé satisfecho y feliz dormía toda la noche con solo ocho semanas. Apreciamos mucho las perspectivas del doctor Bucknam y el señor Ezzo, y les agradecemos por darnos la confianza para hacer lo que es mejor para nuestro hijo.

Una madre de Denver, Colorado

Sin reservas, les recomendaría este programa a todos, porque funciona. Amamanté a libre demanda a mis primeros tres hijos, sin saber que había otra manera. No dormí una noche completa en cinco años. Cuando los amigos comenzaron a compartir sus principios, me negué a escuchar lo que creí que eran disparates simplistas. Tengo un título de maestría en educación precoz, y sus conceptos desafiaban todo lo que me habían enseñado.

Cuando el primer bebé de nuestros amigos comenzó a dormir toda la noche con seis semanas, me enfurecí. Mi esposo y yo vimos como su segundo y tercer hijo siguieron el mismo patrón. Ellos tenían todo bajo control, y pocos de los problemas que nosotros experimentábamos. Cuando descubrí que estaba embarazada de mi cuarto bebé, me deprimí por meses. En lo único en que me podía enfocar era en la miseria de más noches sin dormir y de niños exigentes.

Siento vergüenza de admitir que aplicamos sus conceptos de alimentación dirigida por los padres producto de la desesperación. Me sentía humillada. Nuestro bebé dormía toda la noche a las siete semanas. No podíamos creer que fuera tan fácil. Estaba complacido, feliz y contento, algo que nunca experimentamos con los tres primeros. Desde entonces, el quinto bebé ha llegado, y, una vez más, éxito. *Sabiduría para criar a tu bebé* ha salvado nuestro matrimonio y familia. Gracias.

Una madre de Filadelfia, Pensilvania

Mi esposo y yo queremos agradecerles por ponernos en el camino correcto desde el principio. No fue fácil, pues todos nuestros amigos seguían la filosofía de amamantar a libre demanda y decían que un horario sería malo para el bebé. Para estas familias, los hijos eran una gran interrupción. Eso no tenía sentido para nosotros. Nos quedamos con su programa, y nuestro bebé dormía ocho horas ininterrumpidas a las seis semanas, y once horas a las doce semanas, justo como explica su libro. Mis amigos dijeron exactamente lo que ustedes predijeron: que éramos afortunados y que teníamos un bebé tranquilo. Pero sabemos que no es así. Gracias por ser una fuente de aliento.

Una madre de Forth Worth, Texas

Estaba en la iglesia con un bebé llorón en mis brazos, todos me preguntaban qué le sucedía. Ellos comentaban que nunca antes lo habían oído llorar. Entonces se dieron cuenta, estaba cargando el bebé de otra persona. Gracias por *Sabiduría para criar a tu bebé*. Mi esposa y yo tenemos un bebé feliz y satisfecho. Antes de que nuestro hijo naciera, escuchamos muchas historias perturbadoras. Mi hermana no había salido con su esposo en tres años después del nacimiento de su primer hijo. Ella fue a un grupo de apoyo de madres, pero solo encontró otras madres con las cuales llorar. ¡No, gracias! Eso no es para mi esposa. Seguimos los principios de *PDF*. Puesto que nuestras vidas son tan predecibles, y nuestro hijo responde tan bien a la rutina, tuvimos nuestra primera salida de noche después de tres semanas y una a la semana desde entonces. Gracias por ayudarnos a mantener nuestra familia como una familia.

Un padre de Tacoma, Washington

Nuestra hija cumplirá un año a fines de este mes, y tengo que decir que disfruté verdadera y profundamente este primer año de su vida. Gran parte de la razón es porque seguimos los principios de *Sabiduría para criar a tu bebé*. ¡No solo fue útil con mi hija, sino que también me ayudó a entender mis frustraciones con mi primer hijo! Siempre me preguntaba por qué era tan exigente. ¿Por qué nunca dormía en las noches o tomaba siestas decentes?

Había amamantado a mi hijo tanto como lo necesitaba (o así pensaba), en cualquier momento, en cualquier lugar, día y noche hasta que tuvo veintidós meses. Le daba atención, tanto cualitativa como cuantitativa. Dormía con nosotros en las noches, pero después de algunas semanas, el bebé solo dormía conmigo; mi esposo terminó durmiendo en el sofá. Me quedé en casa, le proveí un buen ambiente de aprendizaje y cocinaba todos los alimentos naturales. Hice todo lo que los «expertos» decían que tenía que hacer. Pero estaban tan equivocados. Al final, todo fue por gusto. En lo único en que tuve éxito fue en criar a un niño exigente y fuera de control, con el que no es agradable estar.

No comparto esto para cargarlos, sino para animarlos. Por favor, compartan los principios de *Sabiduría para criar a tu bebé* con las familias jóvenes de nuestra nación (Canadá) y de la suya, para que no tengan que sufrir como nosotros. Gracias por sus enseñanzas reflexivas.

Una madre de Vancouver, Columbia Británica

A mi esposa y a mí nos presentaron su programa cuando estábamos en consejería matrimonial. Fue allí que descubrimos la trampa de la crianza centrada en el niño. En el nombre de una «buena paternidad», renunciamos a nuestro matrimonio, de manera figurativa y casi de forma literal. Lo hicimos por el «bien del bebé». Eso sonaba sacrificial y era algo que quería hacer como padre. Pero nunca me di cuenta de cuán fallido era ese pensamiento hasta que leí los primeros dos capítulos de su libro. Tu libro le da sentido a lo sin sentido.

Después de dieciocho meses de miseria, comenzamos una rutina con nuestro hijo. Después de cuatro noches, comenzó a dormir toda la noche, y mi esposa comenzó a dormir conmigo, pero esta vez sola. ¡Qué diferencia marca en la actitud de un bebé una buena noche de sueño! Teníamos un hijo nuevo. Llévenles estos principios vitales a cada familia en edad fértil.

Un padre de Atlanta, Georgia

Sabiduría para criar a tu bebé

Babywise

Sabiduría para criar a tu bebé

REGÁLALE A TU BEBÉ
EL SUEÑO NOCTURNO

Gary Ezzo y Robert Bucknam

®

GRUPO NELSON
Una división de Thomas Nelson Publishers
Desde 1798

Título en inglés: *On Becoming Baby Wise*
© 2020 por el doctor Robert Bucknam y Gary Ezzo
Publicado por Hawksflight & Associates y Parentwise Solutions, Inc.

Editora en jefe: *Graciela Lelli*
Traducción, edición y adaptación del diseño al español: *Grupo
Scribere*

ISBN: 978-1-40022-311-4
ebook: 978-1-40022-337-4

Impreso en Estados Unidos de América
20 21 22 23 24 LSC 9 8 7 6 5 4 3 2 1

Dedicado a:

Ashley Nicole,
la primera en llamarnos abuelita y abuelito.

AGRADECIMIENTOS

Según un servidor de diccionarios en línea, el propósito de un «agradecimiento» es expresar una deuda de gratitud y aprecio a alguien que de otra manera no sería reconocido. Estas páginas existen por esa razón. Aunque la portada de este libro presenta nuestros nombres como autores, en realidad, hubo muchas personas dentro de nuestra comunidad de pensamiento que aplicaron su tiempo, energía y talentos para ayudar a que este libro fuera una aventura conjunta para el bien común. La mayoría de los lectores nunca conocerán personalmente a estos individuos entre bastidores, pero cada lector se beneficiará de su labor.

¿Qué hubiera sido de nosotros sin los consejeros y amigos médicos? En especial, nos gustaría agradecer al doctor Robert Turner por darnos supervisión en las cuestiones pertenecientes a la neurología pediátrica, y a los doctores Jim Pearson, Stuart Eldridge y Lucas Nightingale, quienes nunca se cansaron con nuestras innumerables preguntas. Un agradecimiento especial a nuestros viejos amigos, a la doctora Eleanor y al señor Clay Womack por su contribución en el Capítulo 10, relacionado a la crianza de gemelos y trillizos.

También quisiéramos expresar nuestra profunda gratitud y aprecio a Nathan Babcock por su revisión editorial. La combinación de su intelecto y pasión por la claridad llegó como una intersección fundamental de esta actualización. Junto a Nathan están Tommye Gadol, Geoff y Alicia Bongers, cuyas perspectivas y comentarios útiles fueron sumamente valiosos y apreciados. También reconocemos la ayuda de Cyndi Bird, quien de forma sistemática nos proveyó de numerosos ejemplos y perspectivas relacionadas a las siestas y a los desafíos del tiempo en que los bebés están despiertos, que experimentaban las mamás bajo su ojo observador. También están Joe y Nancy Barlow, cuyo aliento y apoyo constante no tienen límites.

Para llevar nuestra gratitud más cerca de casa, nos sentimos honrados de servir con un equipo de parejas jóvenes cuyas voces colectivas le dieron un nivel de claridad al mensaje que nunca hubiéramos alcanzado solos. Entre los muchos están Rich y Julie Young, quienes desempeñaron una función integral en perfeccionar muchos de los conceptos de *Sabiduría para criar a tu bebé*. Junto a los Young están Greg y Tara Banks, Alan y Candace Furness y Shawn y Connie Wood. A todos nuestros contribuyentes, les decimos: «Gracias».

Contenido

Prólogo

D espués de terminar la escuela de medicina y hacer mi residencia en obstetricia y ginecología, sentí que estaba lo suficientemente informado como para ser padre. Entre el título de mi esposa en desarrollo infantil y mi entrenamiento médico, ¿cuán difícil podía ser esto de criar hijos? Simplemente hacemos lo que nos parece natural y seguimos nuestros instintos. ¿No es así? ¡Estaba equivocado!

Poco después del nacimiento de nuestro primer hijo, nos dimos cuenta de que nuestro entusiasmo y confianza se habían convertido en cansancio y frustración. Mi esposa se levantaba cuatro veces en la noche, y mi hijo estaba excesivamente irritado durante el día. El consejo no solicitado que por lo general mis colegas me ofrecían era que debíamos alimentar más seguido al bebé, pues se suponía que lloraba porque tenía hambre. Nosotros lo alimentábamos, cada dos horas, durante todo el día y la noche. Como descubrimos después, esa era la causa del problema, no la solución.

Los científicos pueden llevar a un hombre a la luna, pero no pueden responder los problemas más básicos de la primera etapa de la crianza de los bebés: cómo tener un bebé feliz y satisfecho que duerma seguido toda la noche como el resto de la familia, y una madre que no esté en estado perpetuo de agotamiento.

Debido a nuestro interés común en los niños y en la crianza, mi esposa y yo supimos del trabajo y los logros de Gary y Anne Marie Ezzo. Los conceptos básicos y amorosos de los Ezzo para alimentar a los recién nacidos eliminaron de manera virtual los problemas mencionados anteriormente y muchos más. En lo particular, he observado infantes que fueron guiados por los principios de los Ezzo y otros que no. Es evidente que los padres equipados con la información correcta marcan una diferencia.

Esta fue una de las razones por la cual, hace veinte años, hice una transición de obstetricia a pediatría, y con el cambio llegaron los principios sólidos desde un punto de vista médico de *Sabiduría para criar a tu bebé*. El trabajo de Gary y Anne Marie ha sido consistente, no solo por los millones de niños que se han beneficiado, sino también porque ha ayudado a mis cuatro hijos, los hijos de mis colegas, los de mis amigos y a todos mis pacientes.

Cuando menos, *Sabiduría para criar a tu bebé* ha traído una reforma necesaria en el consejo pediátrico que se le ofrece a los padres primerizos. Cuando los padres llegan y lucen exhaustos y desalentados y me relatan sus tristes historias de noches sin dormir y bebés irritados, les puedo dar una receta positiva que cura el problema: les doy una copia de *Sabiduría para criar a tu bebé*.

Dr. Robert Bucknam
Louisville, Colorado

Introducción

Los principios de *Sabiduría para criar a tu bebé* se compartieron por primera vez en 1984. Sara fue la primera bebé criada según estos principios; Kenny fue el primer niño. Ambos crecieron de forma prolífera con leche materna y una rutina básica, y los dos dormían toda la noche con solo siete semanas. Fue así de fácil. De amigo en amigo; de ciudad en ciudad; de estado en estado, y de país en país, el mensaje positivo continúa extendiéndose. Hoy, ya no contamos las historias exitosas como miles, ni siquiera como decenas de miles, sino como millones de bebés felices y saludables que recibieron el *regalo* de dormir por las noches.

Como las ediciones anteriores, esta actualización no ofrece a los padres una lista de *qué hacer* y *qué no hacer*. Quisiéramos que la crianza fuera así de fácil. Más bien, nuestro objetivo principal es ayudar a preparar las mentes para la increíble tarea de criar un niño. Creemos que la preparación de la mente es tan importante como la preparación de la alimentación. A tu bebé no le importará si su cabeza reposa sobre sábanas de diseño o junto a personajes de Disney, ni tu éxito depende de su armario o de los accesorios del cuarto, sino de las creencias y las convicciones que al final darán forma a tu experiencia de crianza.

Nuestra opinión es que los logros de crecimiento saludable, bebés satisfechos, buenas siestas y bebés juguetones cuando están despiertos, son tan valiosos que no se pueden cambiar. Ellos necesitan ser dirigidos y controlados por los padres. Estas son conclusiones alcanzables, porque los infantes nacen con la *capacidad* de lograr estos resultados e, igual de importante, la *necesidad* de alcanzarlos. Nuestro objetivo es demostrar *cómo* se logra esto, pero solo después de explicar *por qué* se debe hacer.

Sabemos que en la actualidad, se puede encontrar en el mercado un número de teorías sobre la crianza, la mayoría de las cuales vienen envueltas en promesas irreales y cargas innecesarias. Ante las muchas opciones, ¿cómo pueden los padres primerizos saber cuál es el mejor enfoque para sus familias? Puesto que cada filosofía sobre la crianza tiene un resultado único correspondiente a esa filosofía, animamos a los padres primerizos y expectantes a considerar, evaluar y decidir cuál es el mejor enfoque para sus familias. Esto se puede hacer al observar los resultados finales. Pasa tiempo con familiares y amigos que sigan la Liga de la Leche / Estilo de crianza con apego de cuidado infantil. Observa a aquellos que practican una hiperplanificación, y ciertamente evalúa los resultados asociados a *Sabiduría para criar a tu bebé*.

¿En qué hogares observas orden, paz y tranquilidad? Considera los matrimonios, así como los niños. ¿Está la mamá en perpetuo estado de agotamiento? ¿Amamanta cada dos horas o menos? ¿El papá duerme en el sofá? ¿Cómo es la vida familiar cuando el niño tiene seis, doce y dieciocho meses? ¿Está la mamá estresada, exhausta o insegura? Cuando el bebé tiene nueve meses, ¿pueden los padres salir de la habitación sin que el bebé se quiebre emocionalmente? Creemos que la mejor evaluación de cualquier filosofía sobre la crianza, incluida la que se encuentra en este libro, no se haya en el razonamiento o la lógica de la hipótesis, sino en los resultados finales. Deja que tus ojos confirmen lo que funciona y lo que no. Serás el más confiado en tu manera de criar cuando veas los resultados deseados en otras familias que usan el mismo enfoque. Mira el *fruto* y luego busca la fuente de la *semilla*.

La sección de apéndices de este libro contiene gráficos, hojas de trabajo e información adicional con respecto al cuidado infantil. Los apéndices de un libro nunca deben considerarse menos importante que la lectura general, sino solo de una importancia *diferente*. Por favor, léelos en el orden en que se hace referencia a ellos en los capítulos.

Estas son algunas cuestiones de terminología que nos gustaría abordar. Cuando leas un capítulo, notarás que usamos predominantemente el género masculino en nuestras ilustraciones. Se hizo así para nuestra conveniencia. Por supuesto, los principios funcionan de igual manera con el género femenino. Además, en nuestro intento de hablar de forma directa con nuestra comunidad de padres, con frecuencia usamos el pronombre *ustedes*, *tus* y *tuyos / tuyas* para dirigirnos a nuestros lectores. Aunque sabemos que no todos los que leen este libro son padres, la amplia mayoría lo son, por tanto, usamos expresiones alternando entre la segunda y la tercera persona. Por último, el título que más usamos en este libro para referirnos a los niños es «bebé».

Los principios contenidos en estas páginas pueden ayudar a los padres a desarrollar estrategias funcionales que satisfagan las necesidades de sus bebés y del resto de la familia. Estos principios han funcionado para millones de padres, ¡y si se aplican con fidelidad pueden funcionar de manera maravillosa para ti! No obstante, siempre se debe consultar al pediatra o al médico de la familia cuando surjan interrogantes sobre la salud y el bienestar de tu bebé. ¡Disfruta el viaje!

Gary Ezzo

1

Buenos comienzos

Con excepción de los niños huérfanos, la mayoría de las personas crecen en familias, en las que, desde el nacimiento, aprenden una forma de vida que le da significado a su existencia. Para la mayoría de nosotros, la palabra *hogar* encierra más que algunos recuerdos casuales de un tiempo y un lugar donde pasamos nuestra infancia; fue la primera sociedad en la que aprendimos sobre la vida en sí misma. Es dentro de los límites del hogar que cada persona experimenta por primera vez el conjunto de emociones humanas y observa cómo otros responden. Aprendemos el significado de simpatía, empatía y cuidado. Absorbemos los valores familiares y culturales y medimos nuestro compromiso con esos valores según otros respondan a ellos. El hogar es el primer lugar donde definimos el amor por medio del cuidado y la atención que recibimos y donde se gana, se pierde, o nunca se obtiene la seguridad.

La palabra *hogar* está tan cargada de significado que uno no puede comenzar una conversación sobre el cuidado infantil sin primero hablar de la influencia persuasiva que el ambiente del hogar ejerce, sobre todo en el primer año de vida que es tan fundamental. Desde el primer aliento hasta el último día en la tierra, nada impactará más la vida de una persona que la influencia que el papá y la mamá ejercen en el ambiente del hogar. Es por eso que ninguna otra relación en la vida del niño tiene un significado más grande y perdurable que la de él con sus padres. De la misma manera, ninguna otra relación puede probar la personalidad y decidir más que la de los hijos con sus padres.

¿Cuáles son las preocupaciones básicas de la paternidad? ¿Qué preguntas hacen las parejas que esperan un bebé, y qué suposiciones deben abrazar o desechar cuando se trata de prepararse para el compromiso imperecedero de la paternidad?

Aunque nos damos cuenta de que la crianza de los hijos es muy personal, también sabemos que hay ciertas conjeturas sobre los bebés y el cuidado de ellos que pueden servir como guías poderosas para alcanzar resultados exitosos. Sin embargo, también es verdad que existen otras suposiciones que abiertamente te aconsejaremos que evites si buscas asegurarle a tu bebé un fundamento físico, emocional y neurológico firme sobre el cual construir.

EL DESAFÍO

Con mucha frecuencia, las parejas entran a la paternidad con la esperanza de que un sentido omnisciente de lucidez surgirá de manera espontánea sin tener que hacer un esfuerzo para aprender lo básico sobre la crianza de los hijos. Incluso con alguna preparación, los padres primerizos a menudo reciben un golpe emocional cuando llega el bebé, por lo mucho que cambian sus vidas en función de satisfacer las necesidades de su recién nacido. Para la mamá, el desafío es físico y emocional. Ya no puede depender de la relación dentro del útero que se encargaba de proteger y nutrir a su bebé. Ahora las necesidades específicas de los infantes deben ser satisfechas con un entendimiento de cuál es la mejor manera de hacerlo. Es el tiempo en que la mamá aprende los nuevos sonidos del bebé que provocarán una variedad de emociones que nunca antes había experimentado. Se sentirá abatida por la sensación apremiante de nutrir, proteger y proveer para su bebé.

También es un tiempo de ajuste para el papá, que comienza con la necesidad de compartir a su mejor amiga, su esposa, con su hijo o hija. En esencia, él entrega algo para ganar más. El cambio también impacta el tiempo libre de mamá y papá. El tiempo que pasaban juntos antes de la llegada del bebé requería menos planificación; pero ahora, no se puede hacer nada en la emoción del momento sin preguntarse: «¿Y qué del bebé?». Con un recién nacido en el hogar, la vida cambia para siempre, y los padres que esperan un bebé deben abrazar por completo lo que será la *nueva normalidad*. Sin embargo, aquí es donde viene el desafío.

Algunos padres asumen de manera optimista que la vida no cambiará de forma drástica con un recién nacido en casa. Eso no es verdad, pero tampoco es el extremo opuesto que espera que la tranquilidad del hogar antes del bebé se convertirá en un estado de desesperanza y de caos continuo. Con un bebé en tu futuro cercano, la vida que conoces cambiará, pero el cambio es la realidad del día. El éxito de los padres para conducir y manejar estos cambios dependerá de su entendimiento de las micro y macro necesidades que todos los bebés comparten, y, por supuesto, de la mejor manera de satisfacer esas necesidades.

¿QUÉ FALTA?

Hemos aconsejado a muchas parejas que comenzaron el viaje de la crianza de sus hijos con grandes expectativas y las mejores intenciones de amar y nutrir a sus recién nacidos, solo para ver sus sueños reducidos a una pesadilla de sobrevivencia. ¿Quiénes son estas personas? Son padres como muchos otros: la dulce pareja que conociste en tu clase de parto, la familia que vive al final de la calle, o el vecino del lado que tiene la bonita cigüeña de madera en el césped del jardín, envuelta en globos rosados anunciando la llegada de Alexis. Estos padres y madres están equipados con una larga lista de información sobre los bebés, pero a menudo les falta el *entendimiento* para saber cómo encaja toda esa información en el gran cuadro de la vida. Mientras que la información provee un plan, solo el entendimiento puede ofrecer el propósito. ¿Qué es el entendimiento, y por qué es importante?

El entendimiento, como un concepto de aprendizaje, es el mecanismo que le da significado y valor a la información. Va más allá del momento y mira hacia el futuro. La crianza de los niños con un entendimiento intencionado conecta cada momento con el día, el día con la semana, la semana con el mes, y el mes con un año de logros. El entendimiento les permite a los padres encontrar el camino correcto y quedarse allí con una cantidad mínima de correcciones. También es un prerrequisito necesario para tomar decisiones sabias y productivas. Nuestro objetivo en este libro es brindarles a los padres primerizos y que esperan la llegada de un hijo el tipo de entendimiento que produce confianza para la mamá y el papá, y una seguridad permanente para su bebé.

COMIENZA AQUÍ: CREANDO UN AMBIENTE AMOROSO EN EL HOGAR

Con veinticinco años de experiencia pediátrica y de consejería a los padres, junto a varios millones de seguidores de los principios de *Sabiduría para criar a tu bebé*, hemos aprendido algunas cosas sobre los recién nacidos, los padres y las filosofías sobre la crianza. Encabezando la lista se encuentra esta verdad: los resultados comunes en los infantes criados según *Sabiduría para criar a tu bebé* son logros para el desarrollo demasiado valiosos para dejarlos a la probabilidad. Son dirigidos por los padres y no por los niños.

En segundo lugar, sabemos que los padres de manera natural e instintiva se enamoran de sus bebés. Así se expresa el amor paternal. Sin embargo, enamorarte de tu bebé no es lo mismo que proveerle un ambiente amoroso en el hogar. Un ambiente saludable en el hogar comienza con el compromiso mutuo de mamá y papá, desde donde se les transmite a los hijos un amor más perfecto.

En tercer lugar, un ambiente amoroso en el hogar no es algo que surge de forma espontánea. Conlleva trabajo y sacrificio, y requiere que tanto mamá como papá sean intencionales en su amor mutuo. También precisa que los padres ganen entendimiento de las tres influencias predominantes que moldean el destino de todo niño. La primera es la disposición genética heredada de mamá y papá. Esto nos habla del potencial físico e intelectual del bebé. La segunda gran influencia viene a través del temperamento, que es esa dimensión de su personalidad que determina si es extrovertido, tímido, gracioso, o incluso tranquilo. La tercera gran influencia es el ambiente del hogar creado por los padres.

Si bien los padres no pueden cambiar la inscripción genética de su hijo, ni su temperamento, sí influenciarán el ambiente del hogar y así moldearán el destino del niño. ¿Qué define el ambiente del hogar? Aquí es donde los niños experimentan por primera vez el amor. ¿De quién lo aprenderán? En parte de mamá, y en parte de papá, pero de manera más convincente, de ambos cuando trabajan como un equipo. Esto es porque una madre y un padre no pueden comunicar el mensaje completo del amor fuera de la unidad que se formó en los vínculos de su propio matrimonio.

El matrimonio es más que un estado legal entre dos personas; es una entidad viva que refleja un vínculo especial entre un hombre y una mujer; es una relación única, sin paralelo. Aunque el matrimonio trasciende todas las demás relaciones, no está desconectado de la crianza de los hijos. Así como el corazón humano bombea sangre rica en oxígeno a todo el cuerpo, un matrimonio saludable alimenta todas las células que hacen que la crianza de los hijos sea algo vivo. ¡Es una relación verdadera y asombrosa! Es por eso que parejas con buenos matrimonios se convierten en buenos padres, y sus hijos son los beneficiados.

EL FACTOR MATRIMONIAL

El final de los cuentos de hadas: «y vivieron felices para siempre», da la impresión de que la felicidad es un resultado sin esfuerzo y espontáneo del matrimonio. Esto está lejos de la verdad. Los hombres no nacen siendo buenos esposos, ni las mujeres buenas esposas. Esto se logra por medio del autosacrificio, la paciencia y el compromiso devocional hacia la felicidad y el bienestar del otro. Por tanto, es importante que el esposo y la esposa recuerden que no *encontrarán* felicidad a largo plazo en el matrimonio, sino más bien que la *alcanzarán* en este, y eso repercutirá en la crianza de sus hijos. Esto significa que la unión del esposo y la esposa no es solo un buen paso hacia una crianza exitosa, sino que, de hecho, es un paso necesario, del que dependerán tus hijos.

Aunque el énfasis fundamental de este libro es la alimentación del recién nacido, seríamos negligentes en nuestros esfuerzos educacionales si fracasáramos al explicar lo que convierte la esperanza en realidad. Creemos que, si en verdad amas a tus hijos, les darás el regalo del amor, la seguridad y un sentido de pertenencia que solo se puede derivar de una demostración continua de tu amor por el otro como esposo y esposa. Es un amor enraizado en la seguridad de la pertenencia, de estar completos y de sentirse necesitado como el «alma gemela» que completa a la otra persona. Los seres humanos, a diferencia de los miembros del reino animal, poseen un elemento particular y emocional en su ADN que no le permite a la persona interior estar totalmente satisfecha solo con el lado físico de la relación matrimonial. ¡Eso es, en parte, lo que nos distingue como humanos! Cuando un esposo y una esposa no son el uno para el otro con respecto a la unidad emocional, física y social, tienen brechas en su relación, que son consecuencias no planeadas que repercuten en sus hijos.

EL IMPACTO EN LOS NIÑOS

Si bien el esposo o la esposa pueden convivir con la parte que falta, para los niños no es tan fácil. Los bebés no son capaces de atenerse a la razón o el intelecto para medir la estabilidad del mundo a su alrededor, así que, por diseño, ellos dependen de sus sentidos. Hay ciertos aspectos de la relación matrimonial que los niños necesitan vivenciar como rutina. Los niños necesitan ver una relación de amor continua que incluye a la mamá y al papá disfrutándose mutuamente como amigos y no solo como padres. Necesitan ver a sus padres hablar, reír, trabajar juntos y resolver los conflictos con un respeto mutuo. No hay palabras para enfatizar lo importante de este aspecto: mientras más los padres se demuestran amor, más saturan los sentidos de sus niños de confianza en un mundo amoroso y seguro. Esa relación matrimonial les provee a los niños una capa de amor y seguridad que no se puede lograr por medio de la relación directa padre-hijo, ni siquiera en los primeros años de vida. Cuando unes todos estos factores, ellos le dan sentido a un ambiente saludable en el hogar.

LA ADVERTENCIA

Con mucha frecuencia, los padres pierden de vista el cuadro más amplio, o quizás nunca lo entendieron. Se pierden en un mundo maravilloso de crianza concentrados en fotos, primeros pasos y primeras palabras. El bebé se vuelve el centro de su existencia, y dejan fuera su propia relación como esposo y esposa. Esto puede ser una diversión para mamá y papá por un tiempo, pero no es favorable para el bebé. La mayor influencia que los padres tienen sobre los hijos no proviene de sus funciones como padres individuales, sino de su función compartida como esposo y esposa.

Una relación matrimonial saludable y vibrante es esencial para la salud emocional de los niños (así como para el bienestar emocional de mamá y papá). Cuando hay armonía en el matrimonio, hay una estabilidad infundida dentro de la familia. Aún más cierto, los matrimonios fuertes proveen un refugio de seguridad a los niños a medida que maduran. Es por eso que los matrimonios saludables y amorosos crean un sentido de seguridad para los niños. Cuando un niño observa la amistad especial y la unidad emocional de sus padres, por naturaleza es más seguro debido a su confianza en la relación de mamá y papá. En contraste, los matrimonios débiles no infunden seguridad a los corazones de los niños, ni estimulan lazos familiares fuertes. Con el tiempo, los padres se dan cuenta de que la calidad de la relación padre-hijo y de las relaciones entre hermanos muchas veces refleja la calidad de la relación entre mamá y papá.

Piensa en esto. Cuando la relación matrimonial es bella, ¿qué niño impresionable no deseará participar de su alegría? Cuando dos son *uno* de una manera hermosa, ¿qué niño no buscará el bienestar de su unidad? Los padres definen el significado de amor para sus hijos por medio de lo que ocurre en su relación, así como por lo que pueden hacer por sus hijos. La crianza saludable fluye de matrimonios saludables. ¡Protege y mantén a los tuyos a salvo!

SATISFACER LAS NECESIDADES DE TODOS

¿Qué necesitan saber los padres para mantener sus matrimonios vivos y en buenas condiciones, de manera que puedan maximizar su influencia en la crianza de los niños? Aquí hay algunos principios de acción:

1. *¡Continúa viviendo! La vida no se detiene una vez que el bebé nace. Puede que reduzca la velocidad por algunas semanas, pero no se debe detener por completo.* Cuando una pareja se convierte en madre y padre, no dejan de ser hija o hijo, hermano o hermana, o amigos. Las relaciones importantes antes de que el bebé nazca seguirán siendo importantes después del nacimiento. Vale la pena protegerlas y mantenerlas. Muestra hospitalidad e invita a tu casa a los nuevos abuelos y amigos tan pronto como la vida se asiente.

2. *Sal de cita con tu cónyuge.* Si antes de que el bebé naciera salías por la noche una vez a la semana, continúa con esa práctica tan pronto como puedas después de la llegada del bebé. Si no tenías una salida en la noche una vez a la semana, quizás ahora es un buen momento para comenzar. No tiene que ser una salida cara, ni tarde en la noche, pero mantener tu matrimonio fresco es el punto de partida para mantener a toda tu familia emocionalmente saludable.

3. *Continua con esas expresiones de amor que se disfrutaban antes de la llegada del bebé.* Si había alguna actividad especial que disfrutabas anteriormente, debes incluirla en tu planificación. Si papá trae un regalo para el bebé, ¿por qué no traer uno para mamá también? La idea aquí es básica. Las expresiones de amor que hicieron de la relación matrimonial algo especial antes del nacimiento del bebé, necesitan seguir siendo especiales durante los años de crianza de los niños.

4. *Dedica tiempo para conversar.* Al final de cada día laboral, pasa al menos quince minutos sentado con tu cónyuge debatiendo los eventos del día. Esta simple acción da a los niños un sentido tangible de la unión de sus padres y satisface una de sus mayores necesidades emocionales: la necesidad de conocer el fuerte amor de mamá y papá. Cuando los niños perciben la armonía en la relación matrimonial, existe una estabilidad infundida que se extiende por todo el hogar.

Aquí hay algunas sugerencias que pueden ayudar a promover y proteger el tiempo de conversación: intenta tenerlo de lunes a viernes y selecciona un horario que te permita ser relativamente consistente. Trata este tiempo como si fuera una cita no negociable, con la menor cantidad de interrupciones. Eso significa que la contestadora automática responde las llamadas telefónicas y tu teléfono móvil pasa al modo de silencio. Con el tiempo, a medida que tu bebé crece, reserva una caja de juguetes para que juegue mientras mamá y papá tienen su tiempo juntos. Hacer de tu matrimonio una prioridad al mantener una demostración visual de su amor mutuo como lo principal de la crianza de tus hijos, es un regalo de amor que ellos entienden, aprecian y en el que encuentran seguridad de manera intuitiva.

5. *Conoce qué esperar el uno del otro antes de que tu bebé nazca.* Para los padres primerizos, los primeros días en casa con un recién nacido son los más difíciles, simplemente porque todo es nuevo y se está desarrollando. Cada pareja parece encontrar de forma natural su rutina de responsabilidad familiar antes de que llegue el bebé, pero ¿qué pasa después? Si este es tu primer hijo, todavía tienes que escuchar los diversos y pequeños sonidos que hará tu bebé o experimentar cómo su llanto afectará tus emociones posparto. Agrega estos factores a los desafíos de la alimentación y el sueño, y descubrirás rápidamente lo estresante que pueden ser las primeras semanas.

Para ayudar a minimizar el estrés que un bebé puede traer a un hogar normal, los padres deben tomarse el tiempo para resolver sus expectativas mutuas, antes de que nazca su bebé. Cada persona debe saber de qué actividad o tarea doméstica será responsable. ¿Quién se encargará de lavar la ropa y de las comidas, ir de compras, pasar la aspiradora, quitar el polvo de los muebles y quién se levantará para alimentar al bebé a mitad de la noche?

Esto puede parecer una lista de tareas insignificantes ahora, pero te aseguramos que estas tareas domésticas comunes no son tan insignificantes después de la llegada del bebé. Tómate un tiempo y revisa la lista «quién hará qué» que se menciona a continuación. Marca las casillas que representan los deberes de papá y los que pertenecen a mamá. Ten en cuenta que algunos familiares vendrán de visita, por lo que un «precio de admisión» justo por ver al bebé será ayudar en la casa.

LA LISTA «QUIÉN HARÁ QUÉ»

MAMÁ	RESPONSABILIDADES DEL HOGAR	PAPÁ
◯	Lavar la ropa	◯
◯	Doblar la ropa	◯
◯	Guardar la ropa	◯
◯	Planchar	◯
◯	Dejar la ropa en la tintorería	◯
◯	Recoger la ropa en la tintorería	◯
◯	Comprar los alimentos	◯
◯	Guardar los alimentos	◯
◯	Preparar las comidas	◯
◯	Desayuno	◯
◯	Almuerzo	◯
◯	Cena	◯
◯	Lavar los platos	◯
◯	Colocar los utensilios en el lavaplatos	◯
◯	Cuidado general del hogar	◯
◯	Limpiar los baños	◯
◯	Pasar la aspiradora	◯
◯	Limpiar el polvo	◯
◯	Hacer la cama	◯
◯	Cambiar la ropa de cama	◯
◯	Regar las plantas	◯
◯	Sacar la basura / reciclaje	◯
◯	Lavandería	◯
◯	Alimentar a la mascota	◯
◯	Limpiar lo ensuciado por la mascota	◯
◯	Pasear al perro	◯
◯	Trabajar en el patio	◯

○	Buscar la correspondencia	○
○	Pagar las facturas	○
○	Ir al banco	○
○	Mantenimiento / servicio del vehículo	○
○	Otra _____	○
○	Otra _____	○
○	Otra _____	○
○	Otra _____	○

MAMÁ	RESPONSABILIDADES EN EL CUIDADO DEL BEBÉ	PAPÁ
○	Enviar anuncios de la llegada del bebé	○
○	Escribir notas de agradecimiento	○
○	Alimentar al bebé (si se alimenta con biberón)	○
○	Cambiar los pañales	○
○	Cargar al bebé por las noches para alimentarlo	○
○	Alimentarlo de noche (si se alimenta con biberón)	○
○	Bañar al bebé	○
○	Consolar al bebé en momentos de irritabilidad	○
○	Cuidar a los niños	○
○	Otra _____	○
○	Otra _____	○
○	Otra _____	○
○	Otra _____	○

UNA PALABRA PARA LOS PADRES SOLTEROS

A lo largo de la vida, enfrentamos desafíos inesperados que distan de lo ideal. En el entorno del hogar, lo ideal es operar como padre desde la fortaleza de tu matrimonio. Nos damos cuenta de que lo ideal no está presente en todos los hogares. La muerte de un cónyuge, un divorcio o un embarazo no planificado pueden hacer que nuestros sueños desaparezcan bajo una nube de desánimo. Después de haber trabajado con padres solteros durante más de un cuarto de siglo, entendemos las presiones y los desafíos de sus vidas. Un padre soltero enfrenta el doble de los deberes con el cuidado y la responsabilidad de criar a un bebé, a menudo desempeña varias funciones como ama de casa, proveedor y padre.

Sin embargo, también sabemos que, si eres un padre soltero, amarás a tu bebé con la misma pasión que cualquier pareja y desearás darle la mejor oportunidad en la vida. Es nuestro placer ayudar a todos los padres a maximizar sus recursos emocionales e intelectuales, independientemente de su estado civil. Si eres un padre soltero, queremos que sepas que, si bien puedes sentirte fuera de lugar en varios entornos grupales, cuando se trata de cuidar a tus hijos, siempre eres bienvenido en nuestra comunidad.

RESUMEN

En la crianza de los hijos, todo está conectado: el principio con el final y todo lo intermedio. Eso significa que los padres nunca actúan en un momento dado sin que sus acciones tengan algún impacto en el futuro. Eso es cierto no solo en la función de mamá o papá, sino también como esposa o esposo. Como demostraremos en nuestro próximo capítulo, las decisiones de los padres tienen un efecto dominó que conecta nuestras creencias y suposiciones con nuestras acciones, y nuestras acciones con los resultados.

Mantener tu matrimonio fuerte tiene consecuencias positivas. Cría a tus hijos desde la fortaleza de tu matrimonio y los criarás bien.

2

Filosofías sobre la alimentación

U n día, sentado junto a un estanque, me estaba divirtiendo al ver a tres niños, sus pequeños pies correteaban de un lado a otro mientras buscaban la piedra perfecta para lanzar. ¿Quién, cuando niño, no intentó, en un momento u otro, lanzar una piedra sobre la superficie lisa de un lago o arrojar una piedrecita en un charco de agua, y luego observar cómo los círculos concéntricos perfectos se expandían hacia afuera desde el centro? El peso de la piedra que rompe la superficie crea energía que causa una expansión de ondas, pero la fuente inicial que dio vida a esta energía fue la decisión de dejar caer la piedra en el agua.

Hay un principio sobre la crianza de los hijos vinculado a esta metáfora: *cada decisión que se toma y cada acción que se realiza como resultado de nuestras creencias y suposiciones personales, pone en marcha un efecto dominó de los resultados correspondientes. Esos resultados están vinculados a la naturaleza de nuestras creencias.*

Nuestras acciones afectan no solo lo que se ve, sino también lo que no se ve, y a menudo producen consecuencias no deseadas. Por ejemplo, la piedra que golpea el agua podría asustar a las pequeñas tortugas que flotan cerca de la superficie, llevándolas a aguas profundas, posiblemente hacia un depredador; el sonido del chapoteo puede asustar a algunas aves acuáticas y hacer que vuelen, y dejen atrás un hábitat familiar que proporciona comida y seguridad. Si estas acciones colaterales tienen lugar, todas están conectadas a nosotros debido a una simple decisión momentánea de lanzar una piedra.

EFECTOS DOMINÓ DE LA ALIMENTACIÓN

Podrías pensar que establecer buenos hábitos de alimentación sería la parte más fácil del cuidado infantil, ya que el impulso del recién nacido para satisfacer su hambre es uno de los más fuertes en la vida. Al parecer, todo suena bastante simple: el bebé tiene hambre, así que le das de comer. ¿Qué más necesitas saber? Desafortunadamente, no es tan sencillo.

Cuando se trata de bebés, el principio del efecto dominó se hace claramente evidente en algo tan básico como de qué manera y cuándo alimentar al bebé. Como demostraremos en este y otros capítulos, la filosofía de alimentación que una madre y un padre deciden implementar producirá una serie cada vez mayor de ondas que impactan cada aspecto de la vida del bebé. Cada filosofía sobre la crianza tiene su propia patología y conducirá a los padres en diferentes direcciones y a diferentes resultados. Cada filosofía sobre la alimentación trae consigo un conjunto diferente de prioridades y opiniones sobre lo que es mejor para un bebé, aunque no hay consenso sobre qué significa *mejor* o cómo se logra. Esto se debe a que cada prioridad sobre la crianza está impulsada por cosmovisiones y creencias más amplias sobre los niños, su origen, su naturaleza y sus necesidades básicas. Las diversas prioridades llevan a los padres de manera inevitable a disímiles estrategias de cuidado y, en consecuencia, a diferentes resultados.

Desafortunadamente, a medida que se presentan los objetivos y las prioridades de cada filosofía, todos parecen nobles y persuasivos, pero los resultados no son iguales. Cuanto más los padres comprendan cada filosofía sobre la alimentación, mejor preparados estarán para tomar una decisión informada en beneficio de su bebé. Examinemos las tres filosofías sobre la alimentación más prominentes en nuestra sociedad y descubramos lo que nos pueden enseñar sobre las teorías con respecto a la crianza en la actualidad.

LA EVOLUCIÓN DE LAS FILOSOFÍAS SOBRE LA ALIMENTACIÓN

Antes del surgimiento de las teorías de la primera infancia en el siglo veinte, el sentido común guiaba a los padres con un pensamiento sólido, produciendo resultados predecibles. Las madres amamantaban a sus bebés con base en las señales de hambre, pero también en sincronía con sus deberes diarios en el hogar. La rutina era parte de su día, y la alimentación según esta rutina era parte de la vida de su bebé. En la actualidad, no solo existe una variedad de filosofías sobre la alimentación para que los padres incursionen, sino que cada filosofía tiene su propio lenguaje técnico.

Por ejemplo, durante el embarazo, es posible que se te haya animado a alimentar a tu bebé *según la demanda* de este, o se te haya advertido no seguir un *horario*, sobre todo si tienes la intención de amamantar. Tal vez escuchaste sobre un *horario de demanda* o un *horario autoregulado*. Tal vez te animaron a considerar la *alimentación natural* y que evitaras la *hiperplanificación*. Por supuesto, la *hiperplanificación* es rígida, y la *alimentación rígida* no es tan buena como la *alimentación por llanto*. Pero esto último es menos deseable que la *alimentación por señal*, que es similar a la *alimentación receptiva*. Y, por último, pero no menos importante, está la *alimentación con biberón*. ¿En qué parte del mundo encaja esto? Veamos si podemos dar algún sentido a todos estos términos al retroceder al siglo pasado y examinar el origen de las filosofías actuales sobre la alimentación.

FILOSOFÍA DEL CONDUCTISMO: ALIMENTACIÓN POR RELOJ

Si bien el siglo diecinueve fue testigo de un incremento de las teorías del desarrollo infantil, no fue hasta el siglo veinte que dos escuelas de pensamiento en oposición captaron la atención del público. La primera fue la escuela conductista, que surgió a principios del siglo veinte. Los conductistas enfatizaban los estímulos ambientales como la influencia principal en el comportamiento humano. Al mismo tiempo, minimizaban la influencia de factores internos como las emociones, la voluntad y la naturaleza humana.

Creían que, si pudieras controlar las influencias ambientales, podrías diseñar al niño perfecto.

El conductismo recibió un impulso no intencionado con el creciente movimiento feminista de la década de 1920, simbolizado por el pelo corto, las faldas cortas, los anticonceptivos, los cigarrillos y el biberón para reemplazar la lactancia materna. Este último fue posible debido el descubrimiento de una ecuación algebraica llamada: *fórmula para bebé*. Puesto que la «fórmula» se podía ofrecer a cualquier hora, surgió una nueva práctica de alimentación llamada alimentación programada o «alimentación por reloj».

Un horario de alimentación reglamentada cada cuatro horas se consideraba lo mejor para el niño, y toda «buena» madre esperaba aplicarlo sin interrupciones. Al bebé que mostraba señales de hambre antes de las cuatro horas se le dejaba que «llorara», porque el reloj, y no el infante, determinaba el tiempo de la alimentación, y se prestaba poca atención a las necesidades inmediatas de este o la inclinación natural de los padres a intervenir.[1]

LA FILOSOFÍA DEL NEOPRIMITIVISMO: ALIMENTACIÓN DIRIGIDA POR EL BEBÉ

A mediados de la década de 1940, una segunda teoría, una adaptación de las ideas de Sigmund Freud, comenzó a oponerse a la rigidez del conductismo desde el centro del escenario. Un pequeño grupo de seguidores de Freud del siglo veinte plantearon la idea de que los niños nacen dañados psicológicamente como resultado del *proceso del parto*. Al trabajar dentro del vacío de la ciencia limitada de la época, se especuló que el trabajo de parto y el parto en sí eran tan traumáticos para el feto que este proceso se convertía en la fuente de todos los desequilibrios mentales e inseguridades futuras.

Otto Rank fue el psicoanalista austriaco acreditado como el primer campeón de la postura del *trauma del nacimiento* (1929). Aunque su teoría no fue captada de inmediato, eventualmente inspiró la escuela *neoprimitivista* de desarrollo infantil, apoyada por Ribble (1944), Aldrich (1945), Frank (1945) y Trainham, Pilafian y Kraft (1945). El título «Neoprimitivista» no es un insulto, sino que refleja una escuela específica de pensamiento que postula que la separación al nacer interrumpe la armonía relacional dentro del útero entre madre e hijo. Por lo tanto, el objetivo principal de la crianza en la primera etapa es *restablecer* o *reapegar* al bebé, desde un punto de vista emocional.

La teoría funciona a partir de una extraña y doble suposición de que los bebés en el útero tienen una relación «emocional» perfecta con sus madres, pero pierden el apego emocional durante el proceso del parto. Esto lleva a una segunda suposición: que cada recién nacido tiene un deseo persistente y subconsciente de regresar a la seguridad del vientre materno. Como eso no puede ocurrir físicamente, la madre debe crear e imitar un entorno artificial similar al útero y mantenerlo por un tiempo prolongado después del nacimiento. Todos sus esfuerzos están dirigidos a revertir el *trauma psíquico* provocado por la conmoción del nacimiento.

De esta teoría surgieron protocolos muy específicos de reapego. El proceso de reapego del bebé requiere emocionalmente la presencia y la disponibilidad de la madre día y noche, quien se insta a volver a un «estilo primitivo» de alimentación.[2] «El bebé debe ser acunado sin cesar, dormir con la madre, ser amamantado hasta el segundo o tercer año. El niño debe ser el centro del universo familiar, donde todas las prácticas tributen a su comodidad y a minimizar su ansiedad».[3]

En 1949, la teoría del trauma del nacimiento, al carecer de información objetiva verificable, fue descartada con considerable escepticismo. Por el mismo tiempo, la escuela del conductismo, todavía fuerte, estaba comenzando a perder influencia, en parte debido a un pediatra prometedor, de cuyo primer libro se vendieron cincuenta millones de copias en el transcurso de su vida. Se llamaba Dr. Benjamin Spock; el título de su libro es *El cuidado de su hijo*. Según los estándares actuales, el doctor Spock era un centrista y mejor conocido por defender la paternidad con sentido común, mientras que hacía hincapié en que los bebés son individuos que se atienden mejor con una rutina flexible que con un horario fijo. Rechazó los dictados conductistas rígidos en todo, desde los estrictos horarios de alimentación hasta el entrenamiento para utilizar el baño, pero también descartó los extremos centrados en el niño del neoprimitivismo, que rechazaba todos los aspectos de la estructura y la rutina.[4]

Sin embargo, en la década de 1980, la influencia centrista del doctor Spock comenzó a debilitarse debido a los conservadores sociales, que pensaban que sus puntos de vista eran demasiado permisivos, y a los liberales sociales, quienes declararon que sus consejos para la crianza eran demasiado controladores. Con la polarización de las ideas de Spock y el declive de su popularidad, hubo un resurgimiento de la teoría del trauma del nacimiento.

Aunque los argumentos fundacionales de la teoría del trauma del nacimiento de la década de 1940 no cambiaron, la versión moderna tomó un nuevo nombre. Hoy se conoce como *crianza de apego*, que en verdad tiene muy poca conexión con las teorías del *apego infantil*. Están vinculadas solo por el nombre, no por la ciencia. Es importante notar las distinciones aquí. La teoría del apego infantil es la creencia aceptada de que el contacto físico es una necesidad significativa de supervivencia.

> *Como autores, creemos que el contacto humano es el primer idioma de un bebé, que comunica amor y seguridad a través del portal de los sentidos. «El toque» es tan importante como una nutrición adecuada y la falta de cualquiera de los dos conducirá al fracaso del crecimiento exitoso.*

Los padres deben atender las necesidades y las vulnerabilidades reales de sus bebés; sin embargo, deben tener cuidado con cualquier teoría sobre la crianza que cree fragilidades extremas o falsas. Es entonces cuando una protección saludable se convierte en una sobreprotección poco saludable en detrimento del niño a largo plazo. Los defensores de la crianza de apego de la década de 1980 pueden haber tomado el nombre, pero sustituyeron una teoría vieja y descartada por la ciencia real detrás del verdadero apego bebé-padres.

Independientemente de cómo se llame en la actualidad, *la crianza de apego* o la *crianza de reapego*, sigue siendo la misma filosofía, tomada de las mismas creencias y las suposiciones del trauma del nacimiento, ofrecidas en un principio por Otto Rank (1929) y ampliadas por el doctor Ribble (1944). Tal como ocurrió en el pasado, los protocolos modernos para la crianza de apego continúan siendo muy intensivos, con un fuerte énfasis en que las madres imiten el ambiente del útero; primero, al mantener al bebé en su presencia durante el día y la noche: usando el portabebés durante el día y durmiendo con ella por la noche, y segundo, a través de la lactancia constante y continua, que se convierte en el sustituto del cordón umbilical.[5]

Es por eso que los adherentes a la crianza de apego elevan la lactancia más allá del valor nutritivo de la leche materna. También es la razón por la cual la madre nunca puede amamantar mucho, ni demasiado tiempo, ni con demasiada frecuencia, sino solo un poco. Incluso si es la tercera alimentación en treinta minutos, la madre que se guía por la crianza de apego actúa bajo la suposición temerosa de que cada llanto, si no es una señal de hambre, es una señal potencial de fracaso en el apego. Todo se convierte en un círculo vicioso. Es triste decirlo, los recomendados protocolos de crianza de apego que se requieren para fabricar «niños apegados y seguros» con demasiada frecuencia producen lo opuesto: bebés emocionalmente estresados, necesitados e inseguros, y mamás agotadas.

CREAR AL HOMBRE DEL SACO

Después de más de sesenta años de especulación detrás de la teoría, no se ha proporcionado evidencia concluyente, ni se ha ofrecido un cuerpo de investigación convincente que respalde la premisa del trauma del nacimiento en que se basa la filosofía moderna de crianza de apego. Mientras tanto, la ciencia que la refuta continúa aumentando, sobre todo a la luz de un hecho de la naturaleza:

No hay forma de vida en la tierra, simple o compleja, humana o animal, en la que la descendencia busque de manera espontánea regresar al pasado en busca de un antiguo apego.

Desafortunadamente, mientras el proceso del parto se perciba como el «hombre del saco» que inflige traumatizar a los bebés indefensos, el remedio de la crianza de apego siempre tendrá seguidores voluntarios. Sin embargo, ¿es el útero realmente un paraíso al que el recién nacido intenta regresar? Para justificar a los defensores extremos de la crianza de apego, en esta era moderna de la ciencia, los postulantes continúan presentándoles a los padres primerizos y desprevenidos, el proceso del parto, en un lenguaje horrible y angustiante. Ellos le asignan al indefenso bebé sentimientos de abandono paternal y de traición que debe ser superado para que ocurra el verdadero apego.

En el mundo científico, esto se conoce como *apofenia*, (intentar establecer una conexión donde no existen conexiones). Ellos explican que un bebé nace plenamente consciente del trastorno traumático que ocurre durante el parto en el que es empujado por la fuerza fuera de la calidez, la protección y la seguridad del útero, expuesto por completo a un mundo nuevo. En este mundo nuevo tiene que hacer un esfuerzo para obtener comida, respirar, jadear, toser y luchar para sobrevivir.

¿De verdad? ¿El proceso del parto realmente hace todo eso? ¿Qué tal una perspectiva más precisa, racional y *vivificante* que reconoce que es solo *a través* del proceso del parto que el bebé es liberado de una condición de increíble restricción? El bebé en el útero no puede expresarse ni comunicar tan siquiera las necesidades más básicas. Vivía en un mundo de oscuridad, en un saco confinado donde los nutrientes que sustentaban la vida comenzaron a mezclarse con los fluidos de su cuerpo. Era un lugar donde no se permitía tocar, ni se tenía la oportunidad de escuchar las voces de amor, cuidado y protección. El bebé se salva solo por el milagro y la belleza del proceso del parto que realmente lo libera de la esclavitud y le da la libertad, donde puede participar de la amplia gama de sensaciones humanas. Por primera vez es capaz de experimentar el toque de una madre y un padre amorosos y escuchar el sonido de sus voces, así como la belleza del canto de un pájaro. Es capaz de experimentar mil gamas de colores

diferentes llevadas por rayos de luz que el útero le impedía ver antes. Es libre para reír, moverse con libertad y descubrir un mundo que antes estaba cerrado para él. Todo esto es posible por el pasillo único llevado en las alas del proceso del parto. Si el nacimiento es en verdad un momento para recordar, también es un momento para celebrar, no para volver a la restricción y la esclavitud.

Por último, si el trauma está ligado al recuerdo del parto, ¿por qué función neurológica se logra esto? Aquí hay un hecho para considerar:

> *Los recién nacidos tienen cero memoria del nacimiento, y mucho menos la capacidad de recordar la ansiedad específica de esa experiencia.*

El desarrollo neuronal y la función de la memoria dependen de que el cerebro reciba sangre altamente oxigenada, que llega por medio de la respiración. La respiración no puede comenzar hasta que los pulmones se inflen, lo cual ocurre después, no durante el proceso del nacimiento. Los centros de la parte superior del cerebro que controlan la memoria todavía se encuentran en desarrollo en el momento del nacimiento y después. Entonces, ¿a dónde conducen los hechos?

Mientras que los conductistas enfatizan la estructura externa y no la persona interna, los neoprimitivistas enfatizan la persona interior a expensas de la estructura externa. Creemos que ambos enfoques son extremos y perjudiciales para lograr resultados saludables en la crianza de los hijos. Hay una mejor manera; se encuentra en el medio.

LA ALTERNATIVA DE SABIDURÍA PARA CRIAR A TU BEBÉ: ALIMENTACIÓN DIRIGIDA POR LOS PADRES

Aunque algunas madres prosperan emocionalmente en la crianza según el estilo de apego, ese no es el caso para la mayoría de las mujeres. Una metodología más fácil de usar y menos fatigante es la *Alimentación dirigida por los padres* (PDF, por sus siglas en inglés). *PDF* es una estrategia de manejo infantil que ayuda a las madres a conectarse con sus bebés y a los bebés a conectarse con todos en la familia.

PDF es el punto intermedio entre la hiperplanificación y las teorías de apego. Tiene suficiente estructura para brindar seguridad y orden al mundo del bebé, y al mismo tiempo suficiente flexibilidad para darle a la mamá la libertad de responder a cualquier necesidad en cualquier momento. Es un estilo proactivo de crianza que ayuda a fomentar un crecimiento saludable y un desarrollo óptimo. Por ejemplo, un bebé no puede maximizar su aprendizaje sin experimentar un estado de alerta óptimo, y solo puede experimentar un estado de alerta óptimo con un sueño óptimo. El sueño óptimo está ligado a las buenas siestas y al sueño nocturno establecido. Estos niveles avanzados de sueño son el resultado final de alimentaciones consistentes. Las alimentaciones consistentes provienen del establecimiento de una rutina saludable. *PDF* es la piedra que crea el efecto dominó que conduce a todos estos resultados, incluido el verdadero apego padres-hijo.

Dentro de la estrategia dirigida por los padres hay un elemento fundamental para todos los aspectos del cuidado infantil: la *evaluación parental*, una confianza adquirida para pensar, evaluar y aprender de forma intuitiva qué necesita el bebé y cómo satisfacer las necesidades específicas en los momentos específicos. ¿Cuáles son las ventajas del enfoque dirigido por los padres? ¡El siguiente análisis comparativo de las tres filosofías de alimentación comunes responde esa pregunta y más!

ANÁLISIS COMPARATIVO DE LAS FILOSOFÍAS SOBRE LA ALIMENTACIÓN

Las tres filosofías prominentes sobre la alimentación incluyen:

- *Alimentación dirigida por el niño* (también conocida como alimentación según las señales de hambre, alimentación por demanda, alimentación de respuesta, alimentación a voluntad y alimentación autorregulada)

- *Alimentación por reloj* (también conocida como planificación establecida)
- *Alimentación dirigida por los padres* (*PDF*)

TEORÍAS EN LA PRÁCTICA

Alimentación dirigida por el niño: Los tiempos de alimentación son estrictamente guiados por una sola *variable*: la presencia de señales de hambre en el bebé (sonidos de succión, manos hacia la boca, ligero gemido o llanto). La señal de hambre se considera una variable porque los tiempos de alimentación son aleatorios e impredecibles. Por ejemplo, pueden pasar tres horas entre comidas, luego una hora, seguida de veinte minutos, luego cuatro horas. También podrían ser «grupos de alimentación» como cinco períodos cortos de lactancia en tres horas, seguidos de un largo tiempo sin alimentación. De cualquier manera, el tiempo entre comidas no se considera importante porque la teoría insiste en que los padres se sometan a cualquier señal que parezca hambre, independientemente del lapso de tiempo.

Alimentación por reloj: Los tiempos de alimentación son guiados estrictamente por la constante de tiempo, medidos por el reloj. El reloj determina cuándo y con qué frecuencia se alimenta al bebé, por lo general en intervalos fijos de tiempo. Buscar señales de hambre no se considera importante, ya que los tiempos de alimentación son siempre predecibles. El reloj piensa por el padre (y el bebé), y el papel del padre es ser sumiso al reloj.

Alimentación dirigida por los padres: Tanto la *variable* de la señal de hambre como la *constante* de tiempo se consideran herramientas necesarias de evaluación.

EL CONFLICTO ENTRE LA VARIABLE Y LA CONSTANTE

La mayor tensión con las filosofías sobre la alimentación se centra en qué indicador de alimentación usar: la variable de la señal de hambre o la constante del reloj. La doctrina de la crianza de apego estándar / La Liga de la Leche insiste en la alimentación dirigida por el niño exclusivamente. Por lo tanto, la señal de hambre siempre es dominante. Los padres que creen en la hiperplanificación ven los segmentos fijos de tiempo como el determinante final de la alimentación. Así que, el reloj es dominante. La debilidad en la lógica de estos dos puntos de vista se hace evidente cuando se coloca en sus respectivas ecuaciones. La ecuación de la alimentación *dirigida por el niño* se ve así:

$$\text{Señal de hambre} + \text{Nada} = \text{Hora de comer}$$

«Más nada» en esta ecuación significa que no se consideran otros factores para determinar cuándo se alimenta al bebé, excepto las señales de hambre o de llanto del infante. Si bien, en un principio, esto parece tener sentido, hay algunas preocupaciones relacionadas con este enfoque particular del cuidado infantil.

<u>Debilidades en la práctica:</u>
1. La alimentación dirigida por el niño se basa en la suposición errónea de que la señal de hambre siempre es confiable. No lo es y esa es la principal razón por la cual este enfoque es peligroso. Guiarse por la señal de hambre solo funciona si hay una señal de hambre, como llorar. Los bebés débiles, enfermizos, perezosos o somnolientos pueden no mostrar señales de hambre en cuatro, cinco o seis horas; por lo que este tipo de alimentación pone al bebé en riesgo de no recibir la nutrición adecuada. Si la señal no está presente, el bebé no se alimenta.

2. La alimentación exclusiva como respuesta a la señal de hambre puede fácilmente conducir al bebé a la deshidratación, el bajo aumento de peso, la falta de crecimiento y la frustración tanto para el bebé como para la mamá.

3. Si la señal de hambre es siempre antes de las dos horas, conduce al agotamiento materno. El *agotamiento* se reconoce como la razón número uno por la que las madres dejan de amamantar.[6] ¡Están exhaustas!

4. La naturaleza errática de la alimentación agrupada en cortos períodos de tiempo produce consecuencias involuntarias, incluyendo

la irritabilidad excesiva, las siestas impredecibles y la inestabilidad en los ciclos de sueño / vigilia, todo lo cual contribuye a la privación del sueño del bebé.

La ecuación de alimentación por reloj se ve así:

$$\text{Reloj} + \text{Nada} = \text{Hora de comer}$$

«Más nada» en esta ecuación, significa que solo el reloj determina cuándo se debe alimentar al bebé.

Debilidades en la práctica:

1. La alimentación basada en horarios fijos ignora las señales legítimas de hambre y asume que cada alimentación previa fue exitosa. No tiene en cuenta los impulsos de crecimiento que requieren un día o más de aumento en la alimentación. El bebé que muestra señales de hambre después de dos horas de haber comido tiene que esperar hasta el próximo horario programado de alimentación, y esa hora extra, por lo general, la pasa en llanto, lo cual podría haberse evitado.

2. Los horarios estrictos pueden no promover suficiente estimulación para la producción de leche materna, lo que lleva a la segunda mayor causa de que las madres dejen de amamantar: bajo suministro de leche.[7]

Con la *alimentación dirigida por el niño* y la *alimentación por reloj*, existe una tensión entre la variable y la constante. Esta tensión es tanto filosófica como fisiológica. En cualquier caso, como los padres tratan de obedecer a su filosofía de crianza subyacente, se vuelven esclavos de un método. Aceptar cualquiera de estos indicadores como una guía exclusiva para la alimentación es garantizar un bebé estresado y, tal vez, poco saludable.

LA FILOSOFÍA DE ALIMENTACIÓN DIRIGIDA POR LOS PADRES

PDF elimina la tensión de depender exclusivamente de la variable poco confiable de la señal de hambre o la constante insuficiente del reloj. Con *PDF*, tanto la variable como la constante se utilizan como compañeras, respaldándose entre sí, no siendo antagonistas que se deben evitar. Considera la ecuación PDF con la inclusión de *la evaluación parental* (*PA*, por sus siglas en inglés).

Señal de hambre + Reloj + PA = Hora de la comida

Con el enfoque dirigido por los padres, alimentas a tu bebé cuando tiene hambre, pero el reloj proporciona los límites protectores para que no lo alimentes con demasiada frecuencia, como cada hora, o muy poco, como cada cuatro o cinco horas. *PDF* pone en acción la herramienta fundamental de la evaluación parental, que es la capacidad de evaluar las necesidades del bebé y responder en consecuencia. La evaluación parental libera a la madre para usar la variable de la señal de hambre cuando sea necesario y la constante de tiempo cuando sea apropiado. Estos son algunos de los beneficios del enfoque *PDF*:

1. *PDF* guiada por la evaluación parental proporciona herramientas para reconocer y examina dos posibles problemas con la alimentación infantil:

   a. El lactante que se alimenta con frecuencia, como cada hora, puede no estar recibiendo una nutrición adecuada. Al usar la evaluación parental, los padres no solo responden a la señal al alimentar al bebé, sino que están alertas ante un posible problema con la alimentación.

   b. Cuando la señal de hambre no está presente, el reloj sirve como guía para asegurar que no transcurra ni demasiado tiempo, ni muy poco entre las comidas. También es un respaldo protector para los bebés débiles y enfermizos que tal vez no puedan llorar de manera efectiva.

2. Cuando la señal de hambre está presente, el reloj se somete a la señal porque, es el hambre, y no el reloj, lo que determina la alimentación.

Cuando la evaluación parental es parte de la ecuación, los padres están protegidos para no irse a los extremos de la alimentación.

PDF Y APEGO INFANTIL

Más allá de las herramientas de evaluación, los principios de *Sabiduría para criar a tu bebé* también facilitan el apego entre padres e hijos. Esto se logra al crear un entorno ordenado donde se optimizan el crecimiento y el desarrollo. El hecho de que las necesidades biológicas y neurológicas de un bebé se fusionen rítmicamente con sus capacidades naturales, significa que nada está obstaculizando el progreso ascendente hacia un *apego integral*. «Integral» se refiere al espectro total de crecimiento y desarrollo que se mide por el logro que el bebé tiene de sus capacidades de desarrollo. Los bebés que no logran estas capacidades básicas dentro de los primeros seis meses de vida a menudo se convierten en infantes de bajo rendimiento en otros requisitos del desarrollo hacia un apego relacional saludable. Este es el por qué.

Los bebés nacen con siete capacidades que, cuando se cumplen, proporcionan marcadores objetivos que confirman que se ha alcanzado un *apego integral*. Los marcadores incluyen bebés que 1) sincronizan sus ciclos de alimentación-vigilia-sueño en patrones predecibles; 2) puede quedarse dormidos sin una mecedora o un accesorio de lactancia; 3) duermen de ocho a diez horas consecutivas durante la noche; 4) tienen una rutina de siestas predecible; 5) se sienten contentos cuando están despiertos y se adaptan a jugar solos; 6) son capaces de calmarse a sí mismos; 7) encuentran consuelo con otros cuidadores, específicamente padres, hermanos o abuelos.

El logro progresivo de cada marcador de apego durante los primeros y fundamentales seis meses de vida, son indicadores principales de que el bebé no está en un estado constante de estrés o ansiedad. En contraste, la *ansiedad de apego* a menudo se encuentra en los niños de doce meses, dieciocho meses o dos años, que no duermen durante la noche, no tienen siestas regulares, no pueden calmarse a sí mismos, están ansiosos cuando se les deja solos, o no se adaptan a jugar solos por períodos prolongados. Estos son indicadores de estrés asociados a las capacidades subdesarrolladas e indican que existe déficit de apego.

Afortunadamente, hay una alternativa. *Sabiduría para criar a tu bebé* ayuda a los bebés a corresponder las necesidades de apego con las capacidades para una verdadera experiencia de apego integral.

3

Los bebés y el sueño

Estás en una cafetería disfrutando de un café con leche, y navegas por la web en tu dispositivo móvil, mientras tu bebé juega contento con su aro para ayudar a la dentición de color naranja brillante, de vez en cuando levanta la vista de su asiento de automóvil. De repente, escuchas el comentario de un desconocido: «Oh, qué bebé tan feliz tienes, está tan contento y alerta». Sonríes con un gesto de agradecimiento, pero no te sorprenden las amables palabras; escenas como estas son frecuentes para los padres que siguen la filosofía *PDF*. ¿Qué tiene que ver el sueño con comentarios como estos? ¡Todo!

Cuando tu bebé comience a dormir durante la noche, las personas invariablemente dirán: «Eres tan afortunado» o «Tienes un bebé tranquilo». Ninguna de esas afirmaciones es cierta. Tu bebé estará durmiendo toda la noche porque trabajaste duro para ayudarlo a alcanzar el regalo del sueño nocturno. Mereces crédito por tus esfuerzos, pero mantén este hecho en perspectiva: entrenar a tu bebé para que duerma durante la noche no es el objetivo final de la crianza de los hijos, pero sí proporciona una buena base para todo lo que sigue.

El sueño, o la falta de este preciado bien, es una de las influencias más significativas en una vida saludable. Dormir es sumamente importante durante el primer año porque la hormona del crecimiento humano se libera durante el sueño profundo. De igual importancia son la calidad y la cantidad de sueño del bebé, porque no solo lo afectan a él: también afectan el bienestar de todos en el hogar, y marca la diferencia entre ser un padre alegre y alerta o uno cansado.

Los bebés criados según *Sabiduría para criar a tu bebé* se caracterizan por la satisfacción, el crecimiento saludable y el estado de alerta óptimo. Estos bebés realmente exudan felicidad, que después de todo, está ligada a estar bien descansados. De hecho, los bebés saludables y nacidos a término tienen la capacidad de lograr entre siete y ocho horas de sueño nocturno ininterrumpido entre las siete y las diez semanas de vida, y de diez a doce horas de sueño a las doce semanas de edad. Pero estos logros requieren la guía de los padres y una comprensión básica de cómo la rutina del bebé produce resultados saludables.

¿PUEDE REALMENTE SUCEDER?

Por qué algunos bebés logran dormir durante la noche desde edades bien tempranas y otros no, ha sido durante mucho tiempo objeto de debate y estudio. Las teorías varían de simples a complejas y de lógicas a extrañas. Los amigos bien intencionados pueden haberle dicho a la madre primeriza y sin experiencia que cada niño es diferente. Ellos afirman que algunos bebés nacen dormilones y otros no. Las madres primerizas anhelan tener suerte y que les toque un dormilón.

Los clínicos conductuales sugieren que el temperamento del niño es la influencia determinante en el sueño. Les explican a los padres que algunos niños tienen un temperamento más tranquilo y son más propensos a dormir, mientras que otros luchan contra el sueño. Más extremas son las conjeturas de que algunos bebés, clasificados como de *alta necesidad*, se despertarán más a menudo durante la noche y que los bebés con *poca necesidad* duermen más por sí solos. Aunque cada aseveración contiene una pizca de verdad, las declaraciones en sí están desactualizadas. Ten la seguridad de que puedes y debes esperar que tu bebé adquiera la habilidad de dormir durante la noche, pero rara vez esto sucede sin el entrenamiento de los padres. Considera los cuatro «factores del sueño» básicos.

PRIMER FACTOR DEL SUEÑO

Los bebés no tienen la capacidad de organizar sus propios días y noches en ritmos predecibles, pero tienen la necesidad biológica de lograrlo. Es por eso que los padres deben tomar la iniciativa y crear estructura y rutina para sus bebés y para ellos mismos.

La rutina de alimentación de un bebé también beneficia a la mamá. Ella estará más saludable, más descansada y menos estresada. Tendrá tiempo y energía para otras relaciones importantes: esposo, padres, familiares y amigos. Si hay hermanos en el hogar, la rutina del bebé proporciona tiempo para actividades planificadas con el hermano o la hermana mayor. A medida que la vida con el bebé se vuelve más predecible, la mamá puede planificar con confianza las actividades del día, y saber que está satisfaciendo las necesidades de su bebé. Todos ganan con *PDF*.

Para aumentar la probabilidad de un sueño nocturno ininterrumpido, una rutina de «alimentación-vigilia-sueño» guiada por los padres es esencial. La clave para el sueño nocturno se encuentra en el orden de esas tres actividades diurnas. Primero viene el tiempo de alimentación, seguido del tiempo que el niño pasa despierto, y luego la hora de la siesta. La secuencia de estas tres actividades se repite durante todo el día. Cuanto más consistente sea la rutina, con más rapidez el bebé aprende a adaptarse y organizar sus ritmos de alimentación-vigilia-sueño. Los ritmos establecidos conducen al sueño nocturno ininterrumpido.

SEGUNDO FACTOR DEL SUEÑO

La *calidad* de cada actividad es tan importante como el *orden* de ellas. Para volver a enfatizar el principio del efecto dominó, la piedra que crea la onda inicial es la calidad de cada alimentación. Eso significa que la mamá debe trabajar para que cada alimentación sea una *alimentación completa*. Los bebés (y sobre todo los recién nacidos) son propensos a quedarse dormidos mientras se alimentan, y esto hace que la alimentación sea parcial. Cuando eso sucede, especialmente con bebés que lactan, el niño no está tomando lo suficiente para satisfacer sus necesidades nutricionales.

Cuando la mamá trabaja de forma constante con su bebé para que tenga una alimentación completa, poco a poco conduce a tiempos de vigilia productivos. Un buen tiempo de vigilia impacta el tiempo de la siesta y una buena siesta hace que se procesen bien los alimentos. A medida que mejora la calidad de cada actividad, esto facilita el sueño nocturno saludable. A su vez, el sueño óptimo en un ciclo de veinticuatro horas impacta el estado de alerta óptimo, lo que mejora la función cognitiva y esto aumenta el crecimiento cerebral y conduce a una gran cantidad de otros beneficios neurológicos. ¿Dónde comienza todo? Con la primera piedra, cuando el bebé recibe una alimentación de alta calidad.

TERCER FACTOR DEL SUEÑO

Desde el nacimiento en adelante, los patrones de hambre del infante se organizarán en períodos estables y regulares o se volverán erráticos e impredecibles. Cuando los bebés se alimentan según el plan *PDF*, sus patrones de hambre se estabilizan. Hay dos razones para esto. Primero, los bebés tienen una habilidad innata de organizar sus horarios de alimentación en un ritmo predecible y lo harán si son alentados por la filosofía de alimentación de la mamá. Segundo, el mecanismo de hambre (digestión y absorción) responde a las rutinas de alimentación con una memoria en el metabolismo. Las rutinas de alimentación estimulan el metabolismo del apetito del bebé y se organiza en ciclos predecibles. La alimentación errática o «los grupos de alimentación» quitan el estímulo.

Por ejemplo, si una mamá alimenta a su bebé aproximadamente cada tres horas: digamos a las 7:00 a. m., 10:00 a. m., 1:00 p. m., 4:00 p. m., 7:00 p. m. y 10:00 p. m., el ciclo de apetito del bebé comienza a sincronizarse con esos tiempos. Cuando eso se establece, se organizan los ciclos de sueño durante el día y luego sigue el sueño nocturno. Los tiempos exactos mencionados anteriormente no son tan importantes como la previsibilidad que representan. No hay nada mágico en esos horarios. Los padres pueden comenzar a las 6:00 a. m., si eso les funciona mejor. El principio aquí es la *consistencia* que conduce a la *previsibilidad*.

En contraste, los períodos de alimentación erráticos van en contra de la capacidad del niño de organizar buenos ritmos de alimentación, lo que crea confusión en la memoria metabólica del infante. Por ejemplo, la mamá que sigue la filosofía de *alimentación por llanto* puede alimentar al bebé a las 8:00 a. m. y treinta minutos después, cuando su bebé llora, lo alimenta de nuevo. Puede pasar una hora y él es alimentado nuevamente, seguido de tres horas antes de la próxima alimentación, luego veinte minutos. Al día siguiente, todo es diferente, incluida la duración y la sincronización de cada ciclo de alimentación. Cuando no hay consistencia en la cantidad de tiempo entre comidas, y este patrón continúa durante semanas, es muy difícil que los ciclos de alimentación-vigilia-sueño se estabilicen. Como resultado, estos bebés tienen dificultades para establecer un sueño nocturno estable e ininterrumpido, y se despiertan tan a menudo como cada dos horas de forma recurrente. Este patrón puede continuar por dos años o más según algunos estudios.[1] No es sorprendente que los bebés que se alimentan con fórmula y que no siguen una rutina por lo general terminen con los mismos resultados. Toma nota del siguiente factor.

CUARTO FACTOR DEL SUEÑO

No es lo que entra en la boca tan importante como cuándo entra. La incapacidad para establecer el sueño nocturno no está asociada con la fuente de alimento, es decir, leche materna o fórmula. Nuestro estudio del sueño realizado a 520 bebés demostró que los infantes que siguen *PDF* y se alimentan con leche materna duermen durante la noche más o menos en las mismas cifras y en muchos casos un poco antes que los bebés que se alimentan con fórmula. Esta conclusión estadística significa que no se le puede atribuir el sueño nocturno a una barriga llena de fórmula. Las estadísticas también demuestran que ni la composición de la leche materna o de la fórmula, ni la velocidad con la que ambas son digeridas, tienen alguna relación con la capacidad del infante de establecer patrones saludables de sueño nocturno.

¿CUÁL ES LA GRAN CUESTIÓN SOBRE EL SUEÑO?

Cuando un niño de uno o dos años se despierta continuamente por la noche, a menudo refleja dos posibilidades: consejos de crianza equivocados o prioridades de sueño fuera de lugar. Desafortunadamente, estos niños son forzados a existir con una escasa ración de sueño. ¡Eso no es saludable ni para ellos ni para sus padres! Intenta imaginar cómo te sentirías después de despertarte dos o más veces todas las noches durante una semana. El impacto destructivo de la falta de sueño en el sistema nervioso central de un adulto está bien documentado. Los déficits incluyen disminución de las habilidades motoras, disminución de la capacidad de pensar, irritabilidad, pérdida de la capacidad de concentración, inestabilidad emocional, celular y descomposición de tejidos. ¡Eso es solo una lista parcial!

¡Ahora imagina a un niño pequeño que no duerme de forma ininterrumpida durante ocho horas ninguna de las 365 noches del año! ¿No es posible que muchas de las discapacidades en el aprendizaje, tan comunes en los niños hoy, tengan sus raíces en algo tan básico como la falta crónica de sueño? A medida que el cerebro superior continúa desarrollándose durante el primer año de vida, la ausencia de noches de sueño ininterrumpido es, con certeza, la causa del detrimento del proceso de aprendizaje.

NORMAS ESTADÍSTICAS PARA BEBÉS CRIADOS SEGÚN PDF

El cuerpo de un niño se desarrolla más rápido durante el primer año de vida que en cualquier otro momento. Mientras que los bebés necesitan una nutrición adecuada para ayudar a facilitar un crecimiento saludable, también requieren períodos prolongados de sueño reparador. ¿Por qué eso es importante? ¡Porque los bebés crecen durante los tiempos de sueño prolongado!

El tipo de sueño que alcanza un bebé determina el verdadero valor de su sueño. La mitad del tiempo de sueño del bebé transcurre en sueño tranquilo (patrón de sueño relajado o RSP, por sus siglas en inglés) y la otra mitad en sueño activo (patrón de sueño activo o ASP, por sus siglas en inglés). Los investigadores nos explican que estos dos patrones se alternan aproximadamente cada treinta o cuarenta y cinco minutos durante el sueño. Existen diferencias notables entre los dos patrones. Durante el estado de sueño relajado, los padres ven a un bebé tranquilo. El rostro del bebé luce relajado, los párpados cerrados y quietos. Tiene muy pocos movimientos corporales y la respiración es tranquila y regular. Es durante este sueño relajado o profundo que se secreta el setenta u ochenta por ciento de la hormona de crecimiento del bebé. Eso significa que los hábitos saludables de sueño y el crecimiento saludable están conectados.

El estado de sueño activo es más inquieto. Este es a menudo el momento en el que tanto los niños como los adultos sueñan. El grado en que los bebés sueñan no se entiende completamente, pero durante este período, el padre notará que los brazos y las piernas de su bebé se agitan, los ojos revolotean y los músculos faciales se mueven: se chupan el dedo, fruncen el ceño y hacen movimientos de masticación. La respiración es irregular y un poco más rápida.

SIN PROMESAS, PERO...
Si bien no podemos ofrecer ninguna garantía, podemos proporcionar las siguientes estadísticas que representan las normas *PDF*. Las siguientes conclusiones se obtuvieron de una muestra de 520 infantes (266 niños y 254 niñas), de los cuales 380 se alimentaban exclusivamente con leche materna, 59 se alimentaban solo con fórmula y 81 con una combinación de leche materna y fórmula. Del total, 468 bebés no presentaban afecciones médicas y 52 sí tenían afecciones médicas detectadas en el nacimiento o poco después. Incluido en el perfil de las condiciones médicas estaban 15 niños prematuros. Todos los padres seguían la estrategia *PDF*.

Para los bebés lactantes, la rutina de alimentación se definió cada dos horas y media o tres horas durante las primeras ocho semanas. Para los bebés alimentados con fórmula, la rutina de alimentación se definió cada tres o cuatro horas. El sueño nocturno se estableció como ininterrumpido durante siete u ocho horas. Los bebés voluntarios se tomaron de Estados Unidos, Canadá y Nueva Zelanda. El estudio reveló lo siguiente:

CATEGORÍA UNO: BEBÉS CON LACTANCIA MATERNA EXCLUSIVA

De las niñas lactantes, el 86,9 % dormía toda la noche entre las siete y las nueve semanas de vida, y el 97 % dormía toda la noche a las doce semanas de edad. De los niños lactantes, el 76,8 % dormía toda la noche entre las siete y las nueve semanas de vida y el 96 % dormía toda la noche a las doce semanas de edad.

CATEGORÍA DOS: BEBÉS ALIMENTADOS EXCLUSIVAMENTE CON FÓRMULA

De las niñas alimentadas con fórmula, el 82,1 % dormía toda la noche entre las siete y las nueve semanas de vida, y el 96,4 % dormía toda la noche a las doce semanas. De los niños alimentados con fórmula, 78,3 % dormía toda la noche entre las siete y las nueve semanas de vida y el 95,7 % dormía toda la noche a las doce semanas de edad.

CATEGORÍA TRES: CONDICIONES MÉDICAS

De los 52 infantes con afecciones médicas (por ejemplo: reflujo, cólicos, parto prematuro, infecciones virales y hospitalizaciones no especificadas), todos dormían de ocho a nueve horas durante la noche entre las trece y las dieciséis semanas de vida.

Como demuestran los porcentajes estadísticos, los padres pueden guiar los ritmos de sueño / vigilia de su bebé desde bien temprano y con un alto grado de previsibilidad. Además, el 80 % de los bebés en nuestro estudio comenzaron a dormir toda la noche por sí solos sin ninguna orientación parental adicional, aparte de la rutina de alimentación. Simplemente ocurrió. Hubo algunos períodos de llanto durante la noche por parte del 20 % restante de los bebés. Esto ocurrió principalmente durante un período de tres días y el llanto fue entre cinco y treinta y cinco minutos en medio de la noche. Como promedio, tomó de tres a cinco días para que un bebé de nueve semanas rompiera los viejos patrones de despertarse durante la noche y adquiriera la habilidad de dormir toda la noche.

PATRONES DE SUEÑO SALUDABLES

«¿Qué tan bien dormiste anoche?» es una pregunta que los cónyuges a menudo se hacen entre sí. Sin embargo, nunca preguntamos: «¿Qué tan bueno estuvo tu tiempo de vigilia hoy?». ¿Sabías que existen diferentes niveles de vigilia? Mientras que el sueño varía desde un sueño relajado hasta un sueño irregular, el estado de vigilia varía desde el cansancio hasta el estado de alerta óptimo. Más importante es el hecho de que el sueño óptimo está vinculado al estado de alerta óptimo, que afecta directamente el aprendizaje óptimo. ¿Qué función desempeña el sueño saludable en el proceso de desarrollo? El hecho documentado es que los bebés que duermen bien por la noche se convierten en niños más inteligentes.

En su libro *Healthy Sleep Habits, Happy Child*, [Hábitos saludables de sueño: Niño feliz] el doctor Bagazo Weissbluth, director del Centro de Trastornos del Sueño del Children's Memorial Hospital en Chicago, hace referencia al trabajo del doctor Lewis M. Terman. El doctor Terman es mejor conocido por el test de inteligencia Stanford-Binet.[2] Según Weissbluth, los hallazgos de Terman (publicados en 1925) sobre los factores que influyen en el coeficiente intelectual continúan indiscutibles hasta el día de hoy. Su estudio examinó a 3.000 niños. En cada categoría de edad, los niños que mostraban una inteligencia superior tenían un vínculo común: todos habían experimentado sueño nocturno saludable y sostenido desde la primera infancia hasta el día que fueron examinados.

En 1983, investigadores canadienses repitieron de forma objetiva los estudios del doctor Terman y arribaron a las mismas conclusiones. Los niños con patrones de sueño saludables claramente tenían un coeficiente intelectual más alto que los niños que no dormían bien.

El doctor Weissbluth habla no solo de los aspectos positivos del sueño saludable, sino también de los aspectos negativos del sueño disruptivo. Advierte a los padres que «los problemas de sueño no solo interrumpen las noches del niño, también interrumpen sus días al hacer que esté menos alerta, más desatento, incapaz de concentrarse, o fácilmente distraído, y haciéndolo físicamente más impulsivo, hiperactivo, o, de lo contrario, perezoso».[3]

Los bebés y los niños pequeños que sufren de falta de siestas saludables y de sueño nocturno ininterrumpido pueden experimentar fatiga crónica. La fatiga en bebés y niños pequeños es una causa principal de irritación, irritabilidad diurna, irascibilidad, descontento, síntomas similares a los cólicos, hipertensión, poca capacidad de concentración y malos hábitos alimenticios. En contraste, los niños que establecen hábitos de sueño saludables están perfectamente despiertos y óptimamente alertas para interactuar con su entorno. Estos niños se muestran seguros de sí mismos y felices, menos exigentes y más sociables. Se concentran por períodos más largos de tiempo y, como resultado, aprenden con más facilidad.

ACCESORIOS PARA DORMIR

El bebé normal tiene la capacidad natural de dormir toda la noche en algún momento al final del segundo mes de vida. Es una habilidad adquirida y mejorada por la rutina. Por otro lado, la privación de sueño en infantes y niños pequeños, refleja la ausencia de esa habilidad. Hay varias razones posibles para esto, pero encabezando la lista están una variedad de accesorios para dormir: esos objetos que se utilizan para ayudar al bebé a conciliar el sueño o volverse a dormir si se despierta antes de tiempo.

Dado que el sueño es una función natural del cuerpo, la principal *señal de sueño* es la somnolencia. Los accesorios para dormir interfieren con el proceso al convertirse en el sustituto de la señal de sueño en lugar de la somnolencia. Entonces, el bebé pierde el control de quedarse dormido por sí solo porque se requiere la presencia de un padre para ofrecer el accesorio.

Algunos accesorios para dormir, como una manta especial o un peluche no son dañinos, pero otros se pueden volver adictivos. Aquí presentamos algunos accesorios para dormir que debes evitar:

AMAMANTAR DE MANERA INTENCIONAL A TU BEBÉ PARA QUE DUERMA

El escenario es demasiado familiar: una madre amamanta a su bebé para dormir. Se levanta lentamente de la silla, se dirige hacia la cuna. Mientras aguanta la respiración, coloca con suavidad al preciado bebé y se permite sonreír. Entonces, parada a tiempo, ella espera con ansia la paz mientras ve acomodarse al bebé en la cuna antes de retroceder a la puerta. Ella se pregunta qué experimentará esta vez: ¿libertad o fracaso? Con la esperanza de escapar, la madre sabe que, si su bebé llora, se sentirá obligada a comenzar el proceso de nuevo. ¿Es «pobre madre» o «pobre bebé»? ¿Es apropiado lactar para inducir el sueño cada vez que se necesita dormir? ¡No!

Con el plan *PDF*, los bebés establecerán patrones de sueño saludables. Cuando el bebé se coloca en la cuna, por lo general está despierto. No se requiere caminar en puntillas, aguantar la respiración o hacer silencio absoluto. Él puede llorar unos minutos o hablar solo, pero se quedará dormido sin intervención de mamá o papá.

ACCESORIOS PARA DORMIR CON MOVIMIENTO Y VIBRACIÓN

Los accesorios para dormir mecánicos y modernos provocan la estimulación específica para arrullar al bebé para que duerma, ya sea cuando el bebé muestra por primera vez signos de cansancio o después de que el bebé se despierta antes de tiempo. El accesorio para dormir con movimiento más común es la silla mecedora. La pregunta aquí no es si debes o no mecer o arrullar a tu bebé. ¡Esperamos que eso suceda a menudo! Si no, ¿usas la mecedora o una variedad de movimientos como accesorios para dormir?

Otros accesorios similares incluyen el colchón de cuna vibrante y el columpio de bebé. Algunos padres han intentado la práctica peligrosa de colocar a su bebé encima de una secadora de ropa vibrante. Por supuesto, cuando todo lo demás falla, también está el paseo nocturno con el bebé en el asiento del auto. El sonido del motor y la carrocería vibrante del auto envía al bebé al país de los sueños, a veces. Estos accesorios para dormir funcionan hasta cierto punto, ¡solo hasta que la secadora se queda sin tiempo, al auto se le acaba la gasolina, o a mamá y a papá se les agota la paciencia!

A corto y a largo plazo, acostar al bebé mientras está somnoliento, pero aún despierto, facilita ciclos de sueño más prolongados y fuertes que si se coloca en la cuna ya dormido.

DORMIR CON TU BEBÉ

Usar cualquiera de los accesorios para dormir que acabamos de mencionar puede no ser la mejor manera de ayudar al niño a conciliar el sueño y permanecer dormido, pero ninguno de ellos pone al bebé en riesgo. Sin embargo, hay una estrategia para dormir que ha demostrado ser muy peligrosa: *dormir en la misma cama con un infante*. Hasta el punto de estar de moda, dormir con el infante es una práctica en aumento. Tal vez estás considerando hacer lo mismo para tu propia familia. Algunos teóricos te explicarán que compartir la cama con tu bebé es la mejor experiencia de vinculación, apego y lactancia nocturna. ¡También es mortal! ¿Qué hechos conocemos sobre dormir junto con un bebé?

Desde 1997, la Academia Americana de Pediatría (AAP, por sus siglas en inglés), el Instituto Nacional de Salud Infantil y Desarrollo Humano y la Comisión de Seguridad de Productos del Consumidor de EE. UU. han puesto alertas médicas que advierten a los padres del riesgo de muerte asociado a dormir al lado de un bebé. El estudio de siete años rastreó la muerte de más de 500 infantes debido a padres que se acostaron al lado de sus bebés de tal manera que los cubrieron de forma parcial o total. No te dejes engañar por esa cifra; es una pequeña fracción de los casos reales que ocurren cada año en Estados Unidos de padres que duermen encima de sus bebés.

La declaración de política pública de la Academia Americana de Pediatría establece: «No existen estudios científicos que demuestren que compartir la cama reduce el SMSL [síndrome de muerte súbita del lactante]. Por el contrario, hay estudios que sugieren que compartir la cama, bajo ciertas condiciones, en realidad puede aumentar el riesgo de SMSL».[4] Además, en el 2005, el grupo de trabajo de la AAP sobre el SMSL etiquetó que dormir con infantes es un tema «muy controvertido», y catalogó la práctica de compartir la cama como «peligrosa».[5]

Esta es la razón por la cual dormir junto con nuestro bebé puede ser la decisión más riesgosa que tomemos. Las muertes infantiles relacionadas a las prácticas de sueño peligrosas han alcanzado proporciones «epidémicas»; y todas eran prevenibles. Las muertes infantiles por SMSL son trágicas, pero las muertes por superposición de los padres como resultado de seguir una filosofía de crianza peligrosa son trágicas e innecesarias. Las estrategias sensatas para dormir seguros comienzan con el bebé fuera de la cama de mamá y papá.

¿DÓNDE DEBE DORMIR MI BEBÉ?

¿Dónde debe ubicarse la cuna o el moisés? Esta pregunta debe responderse antes de que nazca el bebé. ¿Estará en la habitación de los padres o del bebé? Hay ventajas y desventajas en ambas ubicaciones. La ventaja de que el bebé duerma en la habitación de los padres durante las primeras dos o tres semanas se limita a la conveniencia para la alimentación nocturna. Tu recién nacido necesita alimentarse al menos cada tres horas, por lo que la cercanía de la cuna es útil. Una desventaja es todos los sonidos desconocidos y los ruidos de agitación que los bebés tienden a hacer. Esto mantendrá a los padres primerizos despiertos, preguntándose si todo está bien con el bebé. Una segunda desventaja tiene que ver con la capacidad del bebé para lograr el sueño nocturno ininterrumpido. Compartir la habitación después de cuatro semanas puede retrasar hasta cuatro meses la capacidad del bebé para dormir durante la noche.

Si tu bebé duerme en su propia habitación, y no te sientes seguro de esa estrategia, considera comprar un monitor, que te alertará sobre cualquier necesidad inmediata que pueda tener tu bebé.

RESUMEN

La mejor forma y más segura de ayudar a tu pequeño a conciliar el sueño y quedarse dormido es la forma natural. No necesitas aparatos costosos, un auto nuevo o teorías arriesgadas de crianza. En lugar de un accesorio para dormir, establece con confianza una rutina básica para promover un sueño reparador. Alimenta a tu bebé, mécelo y ámalo, pero colócalo en su propia cuna antes de que se duerma.

4

Realidades sobre la alimentación

Abrazos, besos y nutrición adecuada: ¡una buena forma de comenzar la vida! Los abrazos y los besos son la parte sencilla, pero ¿qué constituye una nutrición adecuada y de dónde proviene? Ya sea que las calorías provengan de la lactancia materna o del biberón (leche de la madre o fórmula), lo más importante es el afecto tierno que se le da al bebé durante los tiempos de alimentación. Sin embargo, hay una diferencia entre las dos fuentes de alimento, y comprender estas diferencias ayudará a brindar la seguridad que los padres necesitan para tomar una decisión informada sobre lo que es mejor para su bebé y familia. ¿Qué necesitan saber los futuros padres?

En primer lugar, alimentar a un bebé es quizás la tarea más básica del manejo infantil. Los reflejos de succión y apego del bebé están bien desarrollados al nacer, y satisfará esos reflejos al agarrar y chupar cualquier cosa cerca de su boca. Cuando se compara de manera general la leche materna y la fórmula, no es de sorprender que la leche materna sea el alimento perfecto para los bebés, la cual proporciona numerosos beneficios para la salud. Según la AAP, la evidencia científica sugiere que la leche materna disminuye la incidencia o la severidad de la diarrea, las infecciones de las vías respiratorias bajas, la meningitis bacteriana y la infección del tracto urinario.[1] La Academia también señala varios estudios que demuestran que la leche materna puede ayudar a proteger al bebé contra el síndrome de muerte súbita, las enfermedades alérgicas, la enfermedad de Crohn, la colitis ulcerosa y otras enfermedades digestivas crónicas.[2] La leche materna se digiere con facilidad, proporciona una nutrición excelente, contiene el equilibrio adecuado de proteínas y grasas, y también aporta anticuerpos adicionales para fortalecer el sistema inmunológico del bebé.

A diferencia de la fórmula, que debe prepararse, almacenarse, calentarse y envasarse para cada ocasión, la leche materna está lista en todo momento y lugar. Mientras la leche materna permanezca dentro de la mamá, nunca se echa a perder, ni tiene fecha de vencimiento. También tiene beneficios para la salud de la madre. Favorece el retorno del útero a su tamaño y forma normales, y con frecuencia ayuda a facilitar la pérdida de peso posparto. ¿Qué madre que recién da a luz no está ansiosa por volver a ponerse la ropa que usaba antes del embarazo? Además, estudios recientes sugieren que la lactancia materna puede beneficiar a la madre al reducir el riesgo de cáncer de mama, la diabetes tipo II y la osteoporosis en los años posteriores.

TENDENCIAS SOBRE LA LACTANCIA MATERNA

A pesar de los numerosos beneficios de la lactancia materna, la mayoría de los datos recientes del Centro para el Control de Enfermedades (otoño del 2010) expresan que, «si bien el 40 % de las madres recién dadas a luz comienzan a amamantar de manera exclusiva, solo el 17 % continúa después de los seis meses, y para los doce meses las cifras son estáticas y bajas».[3] ¿Por qué tantas madres eligen en contra de la alimentación, la conveniencia y la cercanía física de la lactancia materna? Quizás la decisión de renunciar se convierte en una necesidad para las madres agobiadas y fatigadas que no pueden hacer frente a las interminables demandas creadas por la falta de una rutina de alimentación y de previsibilidad en el hogar.

Las madres que siguen el método *PDF* tienen una historia diferente que contar. Se tomó una muestra retrospectiva de más de 240 madres que siguieron los principios de *PDF*. La encuesta mostró que el 88 % de las madres que comenzaron con el método *PDF* optaron por la lactancia materna, y el 80 % de esas madres amamantaron a sus bebés de manera exclusiva (sin suplementos de fórmula). Mientras que el promedio nacional de madres lactantes disminuyó a 17 % a los seis meses, un 70 % de las madres que siguen *PDF* estaban amamantando de manera exclusiva después de los seis meses. Añade a estas estadísticas los beneficios del sueño nocturno ininterrumpido, y verás las ventajas de *PDF*.

SEÑALES DE HAMBRE

Responder con prontitud a la señal de hambre del recién nacido es fundamental tanto para la alimentación por llanto como para la alimentación dirigida por los padres, pero hay una gran diferencia. El enfoque *PDF* fomenta las alimentaciones completas aproximadamente cada dos horas y media o tres horas en lugar de un grupo de pequeñas alimentaciones. Trabajar para lograr alimentaciones completas es la clave del éxito de *PDF*.

«Solo escucha las señales de tu bebé» es un buen consejo, si sabes qué escuchar y qué buscar. Cuando el bebé se acerca al final de un ciclo de sueño, a menudo hará pequeños sonidos de succión y puede incluso llevar su mano hacia la boca y comenzar a chupar. Entonces los padres pueden escuchar un ligero gemido, que puede aumentar y convertirse en llanto. Todas esas son señales de que es hora de comer, pero no hay necesidad de esperar hasta que el bebé llore enternecidamente antes de alimentarlo, sobre todo si las otras señales están presentes. La señal de hambre debe siempre superar la hora en el reloj.

Hay algunas señales de hambre no deseadas que se deben tener en cuenta. Por ejemplo, si el bebé necesita lactar cada hora, esto puede ser una señal de que no está recibiendo la leche rica en calorías o, igualmente preocupante, que no está obteniendo la calidad de sueño necesaria. Recuerda, el sueño saludable facilita la lactancia saludable, que a su vez fomenta el crecimiento saludable. Los bebés cansados no se alimentan bien y, por lo tanto, querrán amamantar más a menudo. La fatiga crónica de la mamá es otra señal no deseada. Cuando ella despierta en la

mañana siempre agotada por las múltiples sesiones de alimentación durante la noche, su cuerpo le dice que lo que está haciendo
no funciona y que necesita hacer un cambio.

PRODUCCIÓN DE LECHE Y ALIMENTACIONES COMPLETAS

Si la lactancia materna es tu elección, aquí hay algunos principios
básicos de fisiología que debes entender. Primero, el éxito de la
lactancia materna se basa en la demanda y la oferta (no debe con-
fundirse con el concepto económico de oferta y demanda). Esto
significa que el suministro de leche producida es proporcional a
la demanda puesta en el sistema. La demanda adecuada produce
una oferta adecuada; pero ¿cómo se define «adecuado» y «demanda»? La explicación de que la producción de leche está relacionada directamente a la cantidad de alimentaciones es cierto
solo en parte. Es verdad que, la madre que amamanta a su bebé
ocho veces al día producirá más leche que la que lo hace solo dos
veces al día, pero hay límites. La madre que se coloca a su bebé
para que lacte doce, quince o veinte veces al día no necesariamente producirá más leche que la madre que amamanta de ocho
a diez veces al día. La comparación aquí no debe hacerse con la
cantidad de alimentaciones al día, sino con la calidad de cada período de lactancia. Los bebés en una rutina pueden recibir menos
alimentaciones, pero ingieren más calorías en cada alimentación
que los bebés que generalmente se alimentan a libre demanda
sin rutina observable.[4] La diferencia aquí es la alimentación cualitativa (como la del bebé en una rutina) versus la alimentación
cuantitativa (más alimentaciones con menos calidad).

El enfoque *PDF* proporciona una demanda suficiente, que
también facilita que el bebé reciba alimentaciones completas. Ya
sea a través de la lactancia o con biberón, una alimentación completa en cada horario es uno de los objetivos a lograr. No entres
en pánico si no sucede en cada alimentación, pero esta es la meta
para la que estás trabajando.

¿Cuáles son las características principales asociadas a una alimentación completa?

Las más obvias incluyen:

- Una cantidad de tiempo suficiente para recibir una alimentación completa: lo mínimo es de diez a quince minutos por seno o de veinte a treinta minutos si el bebé se alimenta con fórmula.
- Escuchar la deglución de leche.
- El bebé se separa del seno o del biberón cuando está satisfecho.
- El bebé eructa bien después de alimentarse.
- El bebé duerme bien.

En contraste, los bebés que dan bocados unos minutos ahora y otros después no obtienen los beneficios que ofrece la alimentación completa. *Los bocados* o *los grupos de bocados* van en contra de la capacidad del bebé de organizar y sincronizar los ritmos de hambre. También presentan un riesgo potencial para la salud. Mientras más el bebé merienda, menos nutrición recibe; mientras menos nutrición recibe, mayor es el riesgo para la salud.

La clave para la producción eficiente de leche para una alimentación completa es la combinación de la estimulación mamaria adecuada con la cantidad de tiempo apropiado entre las comidas. La estimulación mamaria se refiere a la intensidad de la succión del bebé, que es impulsada por el hambre del bebé. La fuerza de este estímulo está directamente relacionada con el tiempo necesario para que la leche se digiera y para que tenga lugar la absorción. Por lo general, los bebés que se alimentan con una rutina de cada dos horas y media o tres horas tienen un metabolismo digestivo estable y demandan más leche que los bebés que dan bocados periódicamente durante todo el día.

CUIDAR A LA MAMÁ

Nada es más básico para el éxito de la lactancia materna que atender las necesidades nutricionales de la mamá, que comienza con una hidratación adecuada. Si bien es importante comer una dieta balanceada con abundantes frutas, vegetales, granos, proteínas y alimentos ricos en calcio, la mamá también debe tomar suficiente líquido. Ella no debe esperar hasta tener sed para beber porque la sed es un indicador tardío de que el cuerpo necesita líquidos. Las madres lactantes deben beber de seis a ocho onzas de agua en o alrededor de cada alimentación. Los líquidos también pueden incluir jugo, té ligero y caldo. (Bebidas con cantidades significativas de cafeína no cuentan porque la cafeína hace que el cuerpo excrete la cantidad de líquido ingerido). Irónicamente, demasiada agua en un período de veinticuatro horas (más de doce vasos de ocho onzas al día) disminuirá la producción de leche.

Las señales de alerta de que la mamá no está bebiendo suficiente agua incluyen sed, orina concentrada (de color amarillo intenso) y estreñimiento. ¡Por el bien de tu bebé y de tu propia salud, mantente hidratada!

EL REFLEJO DEL CHORRO DE LECHE

Cuando el bebé comienza a mamar, se envía un mensaje a la glándula pituitaria de la madre para que se liberen dos hormonas: *prolactina* y *oxitocina*. La prolactina es necesaria para la producción de leche y la oxitocina para la liberación de la leche. Cuando el bebé comienza a lactar, primero recibe la leche almacenada en los conductos alrededor de la areola o piel sombreada alrededor del pezón. Esta *primera leche*, como se la conoce, está diluida y limitada en valor nutricional. A medida que el bebé continúa succionando, la oxitocina hace que las células alrededor de las glándulas mamarias se contraigan, llevando la leche hacia los conductos. La sensación de la leche cuando se libera se describe como «sentir que baja el chorro de leche». La leche que ahora «ha bajado» es la *leche posterior*. Esta leche alta en proteínas y grasa es rica en calorías (de treinta a cuarenta por onza) y es exactamente lo que el bebé necesita para crecer.

LA LECHE MATERNA Y LA DIGESTIÓN DEL BEBÉ

Una madre primeriza podría encontrar publicaciones en blogs de internet que expresen algo así: «La leche materna es más fácil de digerir que la fórmula, así que, los bebés que lactan pasan hambre más rápido, lo que requiere más frecuencia de alimentaciones» y «puesto que el estómago del bebé se vacía más rápidamente con la leche materna, los bebés lactantes no pueden dormir toda la noche». La primera declaración contiene cierta verdad relevante; la segunda no.

¿El estómago vacío desencadena el impulso del hambre? No. La digestión y la absorción eficientes y efectivas de los alimentos, sí. La absorción, que tiene lugar principalmente en el intestino delgado, es el proceso por el cual pasan las moléculas de los alimentos descompuestos a través del revestimiento intestinal hacia el torrente sanguíneo. A medida que se logra la absorción, el nivel de azúcar en sangre disminuye, enviando una señal a la glándula del hipotálamo de que el bebé (o cualquier persona) necesita alimento. Es un descenso en los niveles de azúcar en la sangre, no una barriga vacía, lo que indica el tiempo de alimentación. Por lo tanto, comparar la leche materna con la fórmula tiene poco valor en este respecto, sin embargo, la comparación de la lactancia eficiente y la alimentación completa contra las numerosas meriendas sí tiene sentido.

Si bien es cierto que la leche materna se digiere más rápido que la fórmula, no significa que los lactantes tengan que alimentarse más a menudo, pero sí significa que necesitan alimentarse de manera eficiente. La lactancia que asegura una alimentación completa proporciona la nutrición sostenible que los lactantes necesitan. Las mamás que siguen el programa *PDF* ayudarán a que eso suceda. Si una madre sigue el modelo de reapego de lactancia materna, tendrá que ofrecer muchas alimentaciones, y no todas serán eficientes o satisfactorias para su bebé.

CONSIDERACIONES SOBRE LA ALIMENTACIÓN Y LA HIGIENE

¡La mayoría de los gérmenes se transfieren por las manos! Cuando se trata del cuidado del recién nacido, mantener las manos limpias al lavarlas con agua y jabón es uno de los pasos más importantes para una higiene adecuada, sobre todo justo antes de alimentar a tu bebé. Lavarse las manos con agua y jabón durante un mínimo de veinte segundos es la mejor práctica para quitar y eliminar los gérmenes. Destacamos el uso de «agua y jabón» antes que los desinfectantes. Si bien son muy efectivos, los desinfectantes no reducen de manera significativa la cantidad de bacterias en las manos, en parte porque no están diseñados para eliminar la suciedad como el agua y el jabón. La afirmación común de que los desinfectantes pueden lograr un 99 % de efectividad, es un poco engañosa, ya que esta declaración se basa en la efectividad del producto para destruir bacterias en superficies duras no porosas y no en las manos. Cuando no hay agua y jabón disponibles, y tienes que usar desinfectantes para las manos, el sitio electrónico público del Centro para el Control de Enfermedades (http://www.cdc.gov) sugiere usar productos que contengan al menos 60 % de alcohol para resultados de higiene máximos.

Lavarse las manos no es solo una buena práctica que mamá y papá deben establecer, sino que es algo en lo que debemos insistir para cualquier persona que sostendrá a tu recién nacido. Cuando se tiene un bebé en brazos, el impulso natural es tocarle la cara, la nariz y el mentón, o sostener y examinar sus deditos. Aunque tocar es parte de la experiencia humana, la precaución dicta el lavado de las manos.

POSICIONES ADECUADAS PARA LA LACTANCIA

El imperativo para una lactancia exitosa es el posicionamiento correcto del bebé en el seno de su madre. El agarre adecuado del seno requiere que todo el cuerpo del bebé, la cabeza, el pecho, el estómago y las piernas estén alineados y de frente al seno de la mamá. Si la cabeza está torcida, entonces el bebé no podrá lactar de manera eficiente. Trata de imaginarte sentado en una silla y luego tener que girar la cabeza de lado mientras tratas de recibir un trago de alguien que está parado detrás de ti. Como tu boca no está centrada en el recipiente, tratar de beber y tragar es difícil porque tu esófago se tuerce en el punto donde tu cabeza está girada. Eso es lo que sucede cuando el bebé no está alineado correctamente con el seno de su madre. La incómoda posición del cuello hace que lactar y deglutir sea difícil y la alimentación se vuelve ineficiente. La madre sabrá si su bebé está en la posición correcta cuando la punta de la nariz del bebé roza ligeramente su seno, y sus rodillas descansan en su abdomen.

Una vez que la mamá tiene el cuerpo de su bebé correctamente alineado, entonces toma su pezón y acaricia ligeramente hacia abajo el labio inferior de su bebé hasta que abra su boca. ¿Por qué el labio inferior? Porque está conectado a la mandíbula, que se abre de manera instintiva para recibir el alimento. El labio superior está conectado a la cara y la cabeza y permanece estacionario cuando el bebé se alimenta. Todos los reflejos necesarios para chupar, masticar y tragar están en la parte inferior de la boca, por lo tanto, el estímulo para la lactancia se encuentra en el labio inferior.

Con la estimulación del labio inferior, el bebé abrirá su boca de manera natural, y permitirá que la mamá centre su pezón mientras se acerca el bebé a su seno. Cuando se hace esto, el bebé agarra el pezón y la areola, no solo el pezón. Para lograr una alimentación exitosa, hay tres posiciones intercambiables para la lactancia: *acunado*, *recostado de lado* y *sostenido como una pelota de fútbol*.

La posición más utilizada es el bebé *acunado*. Te sientas en una silla cómoda, colocas la cabeza de tu bebé en la curva de tu brazo. Poner una almohada debajo de tu brazo de apoyo disminuirá el estrés en tu cuello y parte superior de la espalda. Recuerda mantener todo el cuerpo de tu bebé correctamente alineado y frente a los senos de mamá.

Las madres que se encuentran en proceso de recuperación de un parto por cesárea a menudo usan la *posición del bebé recostado de lado* debido a su sensibilidad abdominal. El dibujo muestra a la mamá en una posición reclinada con su bebé apoyado por una almohada. Las barrigas de la mamá y del bebé deben estar de frente, aunque no se toquen. La cabeza del bebé debe estar centrada en el seno.

Para usar la posición del bebé *sostenido como una pelota de fútbol*, coloca una mano debajo de la cabeza del bebé, y levanta y aguanta el seno con la otra mano. Con tus dedos arriba y abajo del pezón, sitúa al bebé en tu seno a medida que lo acercas. Como se explicó con anterioridad, acaricia suavemente hacia abajo el labio inferior del bebé hasta que abra la boca. Cuando su boca se abre, centra tu pezón y acércalo a ti de manera que la punta de su nariz toque tu seno.

¿CON QUÉ FRECUENCIA DEBO AMAMANTAR?

La primera regla general es siempre alimentar al bebé hambriento. La frecuencia de eso depende de la singularidad de cada niño. Como promedio (durante las primeras semanas), la señal de hambre en los bebés es cada dos horas y media o tres horas. Puede ser menos y a veces un poco más. ¿Cómo mides el tiempo entre las comidas? Se mide mejor desde el comienzo de una alimentación hasta el comienzo de la siguiente. Hay dos componentes implicados: el tiempo que tarda una alimentación, aproximadamente de veinte a treinta minutos, y el tiempo total de vigilia y sueño, que promedia entre las dos horas. Súmalos y tendrás tu ciclo de alimentación cada dos horas y media. Una rutina de tres horas refleja los mismos componentes, pero con un tiempo más prolongado de vigilia y sueño. Con estos tiempos recomendados, promediarás entre ocho y diez comidas al día en las primeras semanas, lo cual está dentro de las recomendaciones de la Academia Americana de Pediatría.[5]

¿Pueden los bebés adaptarse o aprender a responder a las rutinas de alimentación en las primeras semanas de vida? El investigador D. P. Marquis comparó bebés que se alimentaban con una rutina de cada tres horas, otros con una rutina de cada cuatro horas y otros a libre demanda. El estudio concluyó que, aunque los tres grupos demostraron una capacidad considerable para adaptarse a lo que requería el entorno de alimentación, el período preferido por todos los bebés, como lo demostraron sus resultados colectivos, fue el de cada tres horas. Incluso los bebés que lactaban a libre demanda tenían una inclinación natural a organizar sus horarios de alimentación para reflejar una rutina de cada tres horas. Los bebés que se alimentaban cada cuatro horas, mostraron una preferencia hacia la rutina de cada tres horas. Un aspecto sorprendente de este estudio es el año en que se realizó: 1941. Aquí estamos, más de setenta años después y los hallazgos han sido duplicados, pero nunca rechazados. La tendencia natural del infante es organizar su alimentación en ciclos predecibles desde temprano en la vida. Una razón por la cual la filosofía *PDF* es tan exitosa es que apoya y alienta estas inclinaciones naturales del bebé hacia alimentaciones rutinarias y predecibles.

INTERVALOS DE TIEMPO EN EL DÍA DEL BEBÉ

Cuando se discuten los incrementos de tiempo para las alimentaciones, las vigilias y las siestas, las recomendaciones de *Sabiduría para criar a tu bebé* se dan en intervalos de tiempo y no como tiempos específicos. Por ejemplo, leerás que los tiempos de alimentación por lo general son cada dos horas y media o tres horas; y las siestas entre una hora y media y dos horas. Puede ser tentador asumir que el número más alto es mejor que el más bajo. Por ejemplo, la mamá podría suponer que dos horas es el mejor lapso de tiempo para las siestas. Pero eso puede no ser siempre el caso, ya que algunos bebés tenderán a tomar una siesta de dos horas, otros de una hora y media y otros entre las dos. El intervalo de tiempos normales es solo eso, un intervalo. No es una escala de bueno o mejor, donde el número más alto siempre representa lo mejor. Mientras la actividad se encuentre dentro del intervalo normal, será la cantidad de tiempo adecuada para tu bebé.

Mientras que los ciclos de alimentación de cada dos horas y media o tres horas proporcionan un promedio saludable, habrá ocasiones en que la alimentación será antes, pero esto debería ser la excepción, no la regla. Uno de los primeros desafíos de la lactancia materna es caer en el hábito de alimentar con demasiada frecuencia, cada una hora y media o dos horas, o, por el contrario, dejar que el bebé pase demasiado tiempo, más de tres horas y media, sin alimentarse. Alimentar al bebé con demasiada frecuencia puede desgastar a la madre, reducir su capacidad física para producir una cantidad y calidad suficiente de leche. Cuando le añades a esa mezcla las hormonas posparto, ¿es de extrañar que muchas mujeres simplemente tiren la toalla cuando se trata de amamantar? En contraste, no ofrecer suficientes alimentaciones durante el día porque los ciclos de hambre del bebé duran más de tres horas y media no brinda suficiente estimulación para producir un suministro de leche duradero. Mantenerse cerca del intervalo de dos horas y media a tres horas en las primeras semanas será bueno para la lactancia materna y para las necesidades nutricionales del bebé.

LAS TRES FASES DE LA LECHE

La primera leche producida es un líquido espeso y amarillento llamado *calostro*. El calostro es al menos cinco veces más alto en proteínas, mientras que es más bajo en azúcar y grasa en comparación con la leche materna más madura que aún no ha comenzado a producirse. Actúa como un concentrado de proteínas, el calostro es rico en anticuerpos que protegen al bebé de una amplia variedad de enfermedades bacterianas y virales. También estimula la salida de *meconio*, que es la primera deposición del bebé. Las heces de meconio son de color negro verdoso y tienen una textura pegajosa, que contienen todo lo recogido en el útero, incluido vello corporal, moco, bilis y líquido amniótico.

En un rango de dos a cuatro días, la madre que amamanta comienza a producir una *leche de transición*, que puede durar de siete a catorce días. El contenido de esta leche tiene menos proteínas que el calostro, pero un aumento de grasa, lactosa, calorías y vitaminas solubles en agua. A la leche de transición le sigue la leche materna regular, conocida como *leche madura*. La leche madura está compuesta de la *primera leche* y de la *posterior*, que contienen diferentes cantidades de lactosa (azúcares de la leche) y grasas. La primera leche sale primero del seno y por lo general es de poca consistencia y baja en contenido de grasa, pero con más alta cantidad de lactosa, que satisface la sed y la necesidad de líquido del bebé. La leche posterior se libera después de varios minutos de lactancia. Es similar en textura a la crema y tiene altos niveles de grasa que son necesarios para el aumento de peso y el desarrollo del cerebro. Existen propiedades en la leche posterior que no se encuentran en la primera leche que ayudan a la descomposición y eliminación de los desechos, estableciendo un patrón de eliminación saludable.

ALGUNAS REALIDADES MÁS

Una vez que la leche está, los períodos de lactancia durarán un promedio de quince minutos en cada seno. La sensibilidad en los senos en los días previos a la leche madura es común. Esto se debe a que el bebé tiende a chupar con fuerza para recibir el calostro, que es más grueso que la leche madura. Un patrón típico es «chupar chupar chupar, tragar». Cuando hay leche madura disponible, tu bebé responde con un ritmo de «chupar, tragar, chupar, tragar, chupar, tragar». En ese punto, se reduce la succión fuerte y la sensibilidad debe cesar.

Otro hecho a considerar es la velocidad a la que el bebé vacía el seno. Algunos bebés ponen manos a la obra y hacen el trabajo rápidamente, mientras que otros toman su alimento a un ritmo más pausado. Los estudios demuestran que, en la lactancia establecida, algunos bebés pueden vaciar los senos en un lapso de siete a diez minutos por seno si chupan con fuerza (no es necesariamente típico de un género). Esta asombrosa verdad no pretende inducir a que se coloque el bebé menos tiempo en el seno, pero es una clara demostración de la capacidad de velocidad y eficiencia del bebé.

DESAFÍOS DE LA LACTANCIA EN LOS PRIMEROS DIEZ DÍAS

La duración de los períodos de lactancia y el lapso entre ellos cambian a medida que cambian las necesidades del bebé. Un comienzo saludable para la mamá empieza con una apreciación del milagro del nacimiento y la capacidad para proporcionar una nutrición vital.

EL PRIMER PERÍODO DE LACTANCIA

Un drama celestial comienza a desarrollarse la primera vez que el bebé es traído a su madre y comienza a lactar. Es un momento preciado para disfrutar, mirar a los ojos de tu recién nacido, pues solo habrá un «primer» período de lactancia con este bebé. No te preocupes por tratar de hacerlo bien; tu bebé sabrá qué hacer.

La mayoría de los bebés están alertas durante la primera hora y media después del nacimiento, es el momento ideal para poner al bebé a lactar. Un tiempo inicial de entre diez y quince minutos por seno ofrecerá suficiente estímulo. Recuerda, lo primero que debes tener en cuenta es la posición adecuada del bebé. Esto no solo facilita la lactancia correcta, sino que ayuda a prevenir el dolor. Para esta primera alimentación y las próximas que seguirán, amamanta mientras te sientas cómoda, siendo consciente de que ambos senos deben ser estimulados en cada alimentación.

EL BEBÉ SOMNOLIENTO

Después del período inicial de alerta posparto, los bebés aman dormir. De hecho, uno de los primeros desafíos que pueden enfrentar los padres primerizos es la tendencia del bebé a estar demasiado somnoliento a la hora de alimentarse. Los recién nacidos deben alimentarse cada dos o tres horas, lo que significa que, con sueño o no, ¡el bebé debe alimentarse! ¿Cómo puedes lograr que un bebé somnoliento se mantenga despierto el tiempo suficiente para recibir una alimentación completa? Mamá o papá pueden quitarle toda la ropa excepto el pañal, y sostenerlo piel con piel. Trata de masajear o acariciar suavemente la cara del bebé, frota sus pies, cámbiale el pañal, háblale con gentileza o comparte tus más profundos pensamientos en voz alta. Los bebés son buenos oyentes y disfrutarán el sonido de tu voz. ¡Sé creativo y haz lo que sea necesario para que el bebé se alimente!

MALINTERPRETAR EL PESO AL NACER

Aunque las horas y los días que siguen al nacimiento de un bebé suelen estar llenos de celebración y optimismo, la primera noticia desalentadora llega un día o dos después, cuando se les informa a los padres que su bebé ha perdido algo de peso desde el nacimiento. Estas palabras traen miedo al corazón de una madre primeriza, haciéndola pensar que no le está ofreciendo a su bebé una nutrición adecuada, sobre todo si el bebé lacta. Sin embargo, ella puede consolarse con el hecho de que lo mismo les sucede a los bebés que se alimentan con fórmula.

Aunque la mayoría de los bebés pierden del 5 al 7 % de su peso registrado al nacer (y pueden perder hasta un 10 % y estar dentro de los límites normales de pérdida de peso), es lamentable que este descenso inicial en el peso se describa como «pérdida de peso». Suena como si el recién nacido realmente perdiera peso que necesita, en vez de explicar que se trata del peso extra con el que nació. El hecho es que los bebés nacen con líquido adicional y acumulación de meconio. Cuando todo esto se evacua, el peso ajustado refleja el verdadero peso del bebé. El doctor Bucknam recomienda que los padres sepan el peso de su bebé en el momento del alta hospitalaria además del peso al nacer.

MEDIR LA INGESTA DE ALIMENTOS

Las madres naturalmente quieren saber si sus bebés están recibiendo suficiente nutrición para crecer. ¿Qué deberían observar? De cinco a siete pañales orinados al día después de la primera semana, de tres a cinco o más heces amarillas al día durante el primer mes, y un aumento de peso constante, son buenos indicadores de que el bebé está recibiendo suficiente leche para un crecimiento saludable. Para ayudar a monitorear el crecimiento de tu bebé durante los primeros dos meses, por favor, revisa los Gráficos de Crecimiento Saludable del bebé en los Apéndices y llénalos fielmente.

LOS PRIMEROS SIETE A DIEZ DÍAS

La lactancia durante los primeros siete a diez días es un momento en que la mamá y el bebé realmente encuentran su equilibrio. Estos son momentos preciosos y no es un tiempo para preocuparse demasiado por el reloj, las rutinas de alimentación o el entrenamiento del sueño. De hecho, alentamos a los padres a poner sus relojes contra la pared (en sentido figurado), y que tengan el único objetivo de proporcionar una alimentación completa en cada alimentación. Las madres que trabajan con sus bebés para que reciban una alimentación completa durante la primera semana, comúnmente descubren que sus bebés pasan de forma natural a una rutina constante de cada dos horas y media a tres horas dentro de los primeros siete a diez días. Los períodos de lactancia durante las primeras dos semanas pueden promediar entre treinta y cuarenta minutos por alimentación. Ten en cuenta que estas cifras se basan en un promedio; algunos recién nacidos amamantan más rápido y con más eficiencia; otros amamantan de forma eficiente, pero un poco más lento.

¿CUÁNTO DURA UN PERÍODO DE LACTANCIA?

Algunas madres amamantan a sus bebés durante quince o veinte minutos en un seno, los ponen a eructar, y luego los colocan en el otro seno durante otros quince o veinte minutos adicionales. Otras madres emplean el método diez-diez-cinco-cinco. Alternan los senos, ofrecen cada seno durante diez minutos (ponen al bebé a eructar entre los períodos en ambos senos) y luego ofrecen cada seno por cinco minutos adicionales. Este segundo método es útil si la mamá tiene un bebé somnoliento, ya que la interrupción hace que el bebé se despierte y asegura que ambos senos sean estimulados por igual. Durante estos primeros días, si el bebé desea amamantar por más tiempo, la mamá puede optar por dejar que lo haga o considerar el uso de un chupete. Si siente que su bebé necesita una succión no nutritiva, el chupete puede satisfacer esta necesidad sin comprometer la rutina o hacer que la mamá sienta que se está convirtiendo en un chupete.

ENTENDER LOS PERÍODOS DE CRECIMIENTO ACELERADO

¿Qué pasa si tu bebé tiene hambre antes de las dos horas y media? Incluso cuando la mamá ha estado trabajando para asegurarse de que su bebé esté lleno, a veces son necesarios tiempos de alimentación adicionales. Esto por lo general ocurre durante un *período de crecimiento acelerado*. Estos períodos de crecimiento acelerado son respuestas biológicas que afectan a todos los bebés independientemente de cómo se alimenten, a través de la lactancia o con fórmula. En realidad, el término «crecimiento acelerado» es un poco vago y no descriptivo, puesto que el crecimiento, desde una perspectiva de longitud y peso, no es el resultado más visible de un crecimiento acelerado.

Un crecimiento acelerado ocurre cuando el bebé requiere calorías adicionales por una necesidad de crecimiento específica, lo más probable para recuperar energía agotada en las células del cuerpo que almacenan energía. Las calorías extra recibidas durante este incremento de alimentación proporciona las reservas que apoyan el proceso de crecimiento visible que sigue al crecimiento acelerado. Como una batería de automóvil que se gasta con el tiempo y necesita una recarga para funcionar a plena capacidad, ayuda a pensar en el crecimiento acelerado como señal de que se necesita una recarga. El crecimiento acelerado requiere que se alimente al bebé cada vez que se presenten las señales de hambre. Para una madre primeriza, el primer período de crecimiento acelerado puede ser increíblemente preocupante si le llega de forma inesperada, así como enormemente fatigante, ya que puede durar de uno a cuatro días. Por suerte, al final del crecimiento acelerado, todo vuelve a la normalidad, incluyendo los patrones de alimentación-vigilia-sueño previamente establecidos.

¿Son previsibles los períodos de crecimiento acelerado? Hay cierto desacuerdo en esto. Mientras que algunos médicos creen que el crecimiento acelerado ocurre diez días después del nacimiento seguido de tres semanas, seis semanas, tres meses y seis meses, otros declaran que el tiempo varía de bebé a bebé. De cualquier manera, tienden a caer en un rango de tiempo cercano a lo que se menciona arriba. Configura el calendario de tu teléfono celular para esas semanas con una simple nota: «Probable período de crecimiento acelerado».

Para una mamá primeriza, el desafío es reconocer el inicio de ese primer período de crecimiento. Aparte de una alarma preestablecida, por lo general no hay ninguna señal de advertencia antes de que suceda. Justo cuando la rutina de alimentación-vigilia-sueño finalmente se está estableciendo, ¡un día es golpeada por una bola de nieve de crecimiento acelerado! De repente, la mamá se dará cuenta de un incremento de las señales de hambre, junto con un exceso de irritabilidad y que el bebé se despierta alrededor de cuarenta o cincuenta minutos antes de lo acostumbrado durante la siesta con un apetito voraz. Mamá lo alimenta, lo vuelve a acostar para una siesta y todo se repite en dos horas o menos.

¿Cómo sabe la mamá cuándo termina el crecimiento acelerado? Se reanudarán los ciclos normales de alimentación, y al día siguiente, el bebé dormirá más de lo normal. Eso se debe a que los períodos de crecimiento acelerado son agotadores para los bebés tanto como para las madres.

¿LECHE MATERNA O FÓRMULA?

Cuando se trata de valor nutricional, los bebés prosperan tanto con fórmula como con leche materna, pero cuando se trata de los beneficios más amplios, la leche materna es el alimento perfecto. Mientras que los beneficios nutricionales y de salud de la leche materna y de la fórmula difieren en las primeras doce semanas de vida del bebé, la diferencia entre ambas disminuye sustancialmente a los seis meses de vida. Entre seis y doce meses, la brecha continúa estrechándose. Eso se debe, en parte, a que otras fuentes de alimentos ahora se han introducido en la dieta del bebé. La lactancia materna después del año en nuestra sociedad se hace más por preferencia de la mamá que por una necesidad nutricional. No obstante, La Academia Americana de Pediatría alienta a las madres a amamantar al menos un año, lo cual es una práctica común para muchas madres que siguen *PDF*.

En tiempos pasados, algunos intentaron argumentar que la lactancia materna tiene un mayor valor nutritivo y sugirieron que la alimentación con biberón era una indicación de que la madre estaba rechazando su papel biológico como mujer. Se afirmaba que sus hijos sufrirían deficiencias emocionales como resultado. Los estudios realizados en los últimos sesenta años que intentaron correlacionar el método de alimentación infantil con el posterior desarrollo emocional no pudieron apoyar ninguna de estas declaraciones. La actitud general de la madre hacia su bebé supera con creces cualquier otra cosa, incluida la forma de alimentación. Si bien las mamás que leen este libro se animan a amamantar, nos damos cuenta de que no todas las madres pueden o elegirán hacerlo. La decisión de amamantar o de alimentar al bebé con biberón no es un juicio negativo o positivo de la maternidad, ni tendrá ningún impacto emocional en el bebé.

LA ALIMENTACIÓN CON BIBERÓN

Aunque la fórmula es un descubrimiento del siglo veinte, la alimentación con biberón ha existido por miles de años. Nuestros antepasados hacían biberones de madera, porcelana, peltre, vidrio, cobre, cuero y cuernos de vaca. Históricamente, la leche animal no procesada era el alimento principal que se usaba con el biberón. Puesto que se contaminaba con facilidad, la mortalidad infantil era muy elevada.

Durante la primera mitad del siglo veinte, cuando la alimentación con biberón estaba de moda, las selecciones eran limitadas, pero hoy, ese no es el caso. Los estantes de las tiendas están llenos de opciones, desde biberones estándares de cristal o plástico hasta aquellos con bolsas desechables, agarradera y formas de animales. Todos vienen en una amplia gama de colores e impresiones, aunque esto es más para el entretenimiento de la madre que del bebé. La variedad de tetinas es vertiginosa, desde una tetina que se parece mucho al pezón de la mamá para que el bebé sienta que está lactando, una tetina ortodóntica, una de jugo e incluso una para cereal (la cual no recomendamos). Con tantas opciones, ¡solo un alma valiente iría a la tienda sin un descanso adecuado o una aplicación de teléfono que puede explicar las diferencias!

En realidad, lo único importante a tener en cuenta cuando se elige una tetina es que el agujero tenga el tamaño correcto. Un agujero demasiado grande en la tetina obliga al bebé a beber demasiado rápido, lo que a menudo conduce a que escupa en exceso y que tenga un vómito en proyectil. Un agujero demasiado pequeño hace que el bebé quede hambriento y descontento. Para probar la tetera, voltea el biberón bocabajo. Debe haber un lento goteo de la fórmula. Si la fórmula fluye libremente, el agujero es demasiado grande.

Una ventaja de la alimentación con biberón es que permite que otros participen. Alimentar al bebé puede ser tan especial para el papá como lo es para la mamá. A los padres no se les debe negar esta oportunidad de alimentar a sus bebés. Lo mismo es válido para los hermanos con una edad apropiada y los abuelos. Es un asunto familiar, y todos se benefician.[6]

LA FÓRMULA

Para algunas madres, elegir la fórmula puede ser la mejor opción y, a veces, la única opción de leche disponible. Tal decisión no debe ser vista como algo negativo con respecto a su maternidad o su crianza. Así como la lactancia no hace que una madre sea buena, la alimentación con biberón no hace que sea mala. Yendo más allá de algunos otros mitos; alimentar con fórmula no reducirá el coeficiente intelectual de tu bebé más de lo que puede aumentarlo la leche materna. Si bien la leche materna tiene muchas ventajas para la salud, la fórmula no condenará a un niño a infecciones frecuentes, obesidad o baja autoestima.

Lo único que deben hacer la mamá y el papá al dar el biberón es tomarse el tiempo de sentarse y sostener a su bebé. Esto combina las caricias que el bebé necesita, con el merecido descanso que mamá, y a veces papá, también necesitan.

¿QUÉ ES LA FÓRMULA?

La fórmula infantil está hecha para asemejar las cualidades nutritivas de la leche materna. Los tipos principales incluyen:

* Fórmulas a base de leche preparadas con leche de vaca.
* Fórmulas a base de soya para bebés que son intolerantes a la lactosa (azúcar de la leche).
* Fórmulas hipoalergénicas para bebés que son alérgicos a la soya y a la leche de vaca.

Ten en cuenta que la leche de vaca y la fórmula para bebés no son lo mismo.

La leche de vaca no es adecuada para niños menores de un año. La mejor fuente de información sobre qué fórmula es mejor para tu bebé es tu pediatra o médico de familia.

La Administración de Alimentos y Medicamentos (FDA, por sus siglas en inglés) supervisa la fabricación de fórmulas infantiles, asegurando que el producto final cumpla con los requerimientos nutricionales. También son responsables de las anulaciones que ocasionalmente ocurren. La fórmula para bebés se vende en tres formas diferentes:

- Polvo: la forma menos costosa, mezclada con agua.
- Concentrado líquido: mezclado con una cantidad igual de agua. (Más fácil de trabajar que el polvo).
- Listo para alimentar: costosa, pero no requiere mezcla.

¿Cuánta fórmula debe ingerir tu bebé? La AAP ofrece una guía práctica que debe seguirse. Establece que los bebés deben recibir dos onzas y media de fórmula por cada libra de peso corporal. Por ejemplo, si tu bebé pesa trece libras, entonces debería recibir aproximadamente treinta y dos onzas de fórmula en un período de veinticuatro horas. Una vez que el bebé duerme toda la noche (por lo menos 8 horas), entonces funcionaría a seis u ocho onzas cada tres o cuatro horas durante el día, pero no debe exceder la cantidad diaria de treinta y dos onzas, a menos que el pediatra indique lo contrario.

POSICIONES A EVITAR EN LA ALIMENTACIÓN CON BIBERÓN

Evita alimentar al bebé con biberón mientras está acostado en una posición completamente plana. (Esto también se aplica a las madres tentadas a amamantar acostadas en la cama). Tomar líquidos mientras está acostado puede hacer que el líquido pase al oído medio, lo cual conlleva a infecciones del oído. Poner al bebé en la cama con el biberón también es algo negativo, no solo por las infecciones del oído, sino también para prevenir las caries. Cuando el bebé se duerme con un biberón en la boca, el azúcar en la fórmula recubre los dientes, lo que resulta en caries incluso en el desarrollo de los dientes de leche.

AYUDAR A QUE EL BEBÉ ERUCTE

Alimentar y hacer que el bebé eructe son procesos inseparables porque los bebés siempre tragan un poco de aire mientras se alimentan y, si el aire no se libera, provocará molestias. Dentro de la barriga del bebé, el aire tragado toma forma de pequeñas burbujas que no pueden salir o ser liberadas sin ayuda. Dar palmaditas en la espalda del bebé y al mismo tiempo aplicar una ligera presión en su barriga obliga a las burbujas más pequeñas a acumularse, formando una burbuja más grande que el bebé puede eructar.

Si bien todos los bebés, por lo general, tragan algo de aire mientras se alimentan, los que se alimentan con biberón tienden a tragar más que los bebés que lactan. Esto se debe a que la leche fluye más rápido a través de la tetina del biberón, lo que hace que los bebés traguen aire. Este problema se reduce al mantener la tetina llena de leche, sin dejar espacio para aire. Es posible que desees experimentar con biberones diseñados específicamente para minimizar la entrada de aire durante el proceso de alimentación. Además, los bebés (tanto los que se alimentan con biberón como los que lactan) tienden a acumular menos aire cuando se alimentan en una posición elevada.

Ayudar a que el bebé eructe es una de esas habilidades adquiridas, así que, por favor, ten en cuenta la intensidad de tus palmaditas durante este proceso. Aprenderás la diferencia entre una palmadita demasiado suave y una demasiado fuerte. Si la palmadita es demasiado suave, no será suficiente para subir el aire atrapado, y si la palmadita es demasiado dura, puede ser perjudicial y hacer que el bebé entre en pánico. Repetidas palmaditas suaves en la espalda del bebé hará el efecto, no hay necesidad de una fuerza excesiva. Para mayor seguridad, observa a otras madres con experiencia.

POSICIONES PARA ERUCTAR

Se ilustran las cuatro posiciones comunes para ayudar a que el bebé eructe, de modo que los padres puedan descubrir la que sea más efectiva para su bebé. Lo que todas tienen en común es que se ejerce una ligera presión en la barriga del bebé mientras se dan palmaditas en su espalda. Este proceso puede ocurrir una, dos o tres veces durante una alimentación, en dependencia del bebé y la eficiencia de su alimentación. Los recién nacidos alimentados con biberón deberán eructar después de cada una o dos onzas y los bebés que lactan cuando se cambia de seno.

1. Posición sentado en el regazo: Coloca la palma de tu mano sobre el estómago del bebé. Luego ubica tu pulgar alrededor del costado de tu bebé, envolviendo el resto de tus dedos alrededor del área del pecho. Observa cómo el bebé descansa con seguridad en el regazo de la mamá con una de sus manos apoyando y sosteniendo su pecho. Inclina a tu bebé un poco hacia adelante y comienza a dar palmaditas en su espalda.

2. Posición del abdomen sobre el regazo: En una posición sentada, coloca las piernas del bebé entre tus piernas y recuesta al bebé sobre tu muslo. Mientras sostienes la cabeza del bebé en tus manos, junta tus rodillas para mayor seguridad y da palmaditas en la espalda del bebé con firmeza.

3. La posición del hombro: Con el pecho del bebé recostado sobre un pañal de tela en el hombro de la mamá y su barriga apoyada en la parte delantera del hombro de ella, comienza a dar palmaditas en la espalda del bebé con firmeza.

4. La posición del bebé acunado: La mamá acuna al bebé en su brazo con sus nalgas en sus manos y su cabeza apoyada en el codo de la mamá. Uno de los brazos y una pierna del bebé deben ser envueltos alrededor de su brazo, asegurando que el bebé esté de espaldas a ella. Esta posición le permite que la otra mano esté libre para dar palmaditas en la espalda del bebé.

Si el bebé no eructa después de unos minutos, la mamá debería considerar cambiar la posición del bebé e intentar de nuevo antes de continuar con la alimentación. Sin lugar a dudas, la mamá querrá mantener su ropa limpia, así que tener un pañal de tela a mano cuando vienen los eructos tiene sus recompensas.

BABEAR Y VOMITAR EN PROYECTIL

Babear es algo común en los bebés. Suele ocurrir durante el proceso de eructos cuando se libera la «burbuja» y parte de la leche ingerida también viene con el eructo. También puede suceder debido a movimientos innecesarios, como cuando el abuelo rebota al bebé sobre sus rodillas o su hermana mayor trata de calmar al bebé balanceándose excesivamente en una mecedora. Cuando el bebé babea debido al movimiento, por lo general significa que ha comido más de lo que el estómago puede procesar a la vez. A medida que aumenta la presión estomacal, babear es el mecanismo para liberar el exceso. No hay razón para alarmarse por esto, pero la mamá debe controlar con qué frecuencia esto sucede y, si es necesario, reducir la cantidad de onzas que recibe su bebé.

Una forma más alarmante de escupir es el «vómito en proyectil», que es mucho mayor en volumen y más contundente, y puede llegar a recorrer de un metro y medio a dos metros en una habitación. El vómito en proyectil no es un diagnóstico o condición particular, sino un término comparativo con respecto a la forma mucho menos intensa de babear. A pesar de que cualquier bebé puede tener un ataque o dos de vómito en proyectil, los episodios frecuentes indican un problema más grave. El vómito en proyectil puede ser un signo de reflujo gastroesofágico (ver el Capítulo 8). Eso también puede indicar una infección intestinal. El bebé que rutinariamente vomita sus comidas no recibe suficientes calorías para un crecimiento adecuado y puede deshidratarse con facilidad. Establecer un diagnóstico y tratamiento correctos es muy importante.

DESAFÍOS DE LOS ERUCTOS

Durante la primera semana de vida, cuando el bebé tiende a estar más somnoliento, a veces es difícil lograr que eructe. Si después de intentarlo por cinco minutos, el bebé está más interesado en dormir que en eructar, colóquelo en el asiento para bebés en lugar de la cuna. La gravedad es algo maravilloso, ayuda a mantener la leche en el estómago y poco a poco hace que las burbujas de aire se disipen. Después de cada alimentación: con excepción de la alimentación al anochecer y la alimentación a media noche: colocar al recién nacido en el asiento para bebés durante diez o quince minutos es útil para evitar que la leche suba hacia el esófago. Elevar la cabecera de la cuna una pulgada o dos también puede ser útil, sobre todo si tu pequeño padece de un caso leve de reflujo. Simplemente coloca un libro o tabla debajo de cada pata en la cabecera de la cuna.

HIPO

Incluso con las mejores técnicas para hacer que el bebé eructe, habrá momentos en que alguna burbuja de aire queda atrapada en la barriga del bebé o los intestinos, lo que resulta en uno de dos resultados: hipo o flatulencia. Desafortunadamente, en este último caso, la mayoría de los bebés reaccionan apretando sus nalgas y se resisten a la expulsión normal del gas, y esto los hace sentir muy incómodos. Para aliviar la incomodidad de tu bebé, colócalo con las rodillas en el pecho o pon su espalda recostada a tu pecho, luego empuja sus rodillas hasta su pecho.

Cada bebé pasa por algún que otro episodio de hipo, y algunos lo experimentan todos los días, incluso en el útero. Después del nacimiento, el hipo en los bebés es bastante normal y más problemático para los padres que para el bebé. El hipo puede variar de cinco a treinta minutos, y aunque no se conoce la causa con certeza científica, la mayoría de la evidencia apunta a la alimentación. Si notas que tu recién nacido tiene hipo después de cada alimentación, intenta darle un poco menos de fórmula o de leche materna, aunque lo alimentes más a menudo, y comprueba si eso hace la diferencia. Otra idea es tratar el hipo como el eructo. Usa una de las posiciones verticales para hacer que el bebé eructe, da unas palmaditas con suavidad en la espalda de tu bebé; la liberación de algún aire atrapado podría aliviar el problema.

DE UN EXTREMO AL OTRO

Con los padres primerizos, es sorprendente cuánta atención debe prestarse a lo que sube (eructos) y lo que sale (popó). Ten en cuenta que las deposiciones del bebé lactante no coincidirán con las del bebé que se alimenta con fórmula. Es común que los lactantes, en los primeros días, depongan después de cada alimentación o al menos varias veces al día. Las heces frecuentes son una señal de que todo funciona de manera eficiente y que el suministro de leche de la mamá es adecuado. Las heces son generalmente amarillas con la consistencia del requesón. Las heces del recién nacidos en la primera semana pasan de ser una masa achocolatada a unas heces líquidas y granulosas de color amarillo mostaza y olor dulce. Las heces amarillas son un signo saludable de bebé con lactancia materna exclusiva. Después de la primera semana, de dos a cinco o más heces amarillas junto con siete a nueve pañales orinados diariamente son signos de que su bebé está recibiendo la leche adecuada para un crecimiento saludable. Un bebé alimentado con biberón tendrá deposiciones más sólidas, de color marrón claro a dorado o de color arcilla que tienen un olor más fuerte que las heces de leche materna.

Al mes de vida, el patrón de heces para el bebé lactante comienza a disminuir de varias por día a una o dos por día. A los dos meses de vida, no es raro que el lactante pase varios días sin defecar. De nuestros archivos de cartas, una mamá señaló:

«Después que mi hijo nació, descubrí que al principio defecaba después de cada alimentación. Este patrón cambió gradualmente a defecaciones varias veces al día, luego una vez al día, luego una vez cada dos días. Entre los tres y cuatro meses de vida, desarrolló una nueva "normalidad" de una defecación cada cinco días. En contraste, lo que era normal para nuestro hijo no era la misma "normalidad" para sus hermanos. Cada niño desarrolló su propio patrón único para su cuerpo».

Un bebé que se alimenta con fórmula tiende a defecar de tres a cinco veces al día durante las primeras dos semanas, y esto disminuye entre el primer y el segundo mes de vida a una defecación al día o cada dos o tres días. El color de las deposiciones puede ser amarillo, marrón o café, y a menudo se describen con la consistencia de la mantequilla de maní. Ya sea que el bebé se alimente con lactancia materna o con fórmula, aprenderás lo que es normal para él. Lo importante es asegurarte de que tu bebé está defecando de manera regular, y prestar atención al color y la consistencia. Para ambos métodos de alimentación, las defecaciones deben ser suaves en consistencia.

5

Cómo manejar el día de tu bebé

Definimos previamente la *Alimentación dirigida por los padres* como una estrategia de manejo infantil de veinticuatro horas diseñada para ayudar a los padres a conectarse con las necesidades de su bebé y ayudar al bebé a conectarse con todos en la familia. Las dos ideas relevantes contenidas en esta definición son: «veinticuatro horas» y «manejo». Lo primero representa el día del bebé y lo segundo habla de la participación de la mamá y el papá en el día de su bebé: ellos deben ser los *gerentes*. Pero ¿qué exactamente deben manejar? La respuesta corta es las continuas necesidades evolutivas, cambiantes y crecientes de su bebé.

Los niños vienen a este mundo con necesidades básicas de nutrición, sueño, crecimiento cognitivo, amor y seguridad. A medida que el bebé crece, estas necesidades no cambian, pero sí cambia la manera en que se satisfacen estas necesidades. Ahí radica el desafío. ¿Cómo estableces la rutina del bebé de manera que sea predecible, pero lo suficientemente «flexible» como para satisfacer las necesidades crecientes y cambiantes de la alimentación-vigilia y sueño del infante?

Parte de la respuesta radica en comprender el significado de *flexibilidad*. La raíz del término «flexible» significa «la habilidad de doblarse o ser plegable». Para pensar en algo flexible, imagina algo con una forma particular que puede doblarse o ser estirado y luego volver a su forma original. Volver a su forma original es quizás el elemento más importante de la flexibilidad. Durante las primeras semanas cruciales de estabilización, es importante moldear y darle forma a la rutina de tu bebé. Demasiada flexibilidad impedirá que esto suceda. Es por eso que la rutina debe establecerse primero, *antes* de introducir la flexibilidad en la vida diaria del bebé.

ACTIVIDADES DE LA RUTINA DE TU BEBÉ

Las tres actividades de la rutina del bebé son el *tiempo de alimentación*, el *tiempo de vigilia* y la *hora de la siesta*. Con las modificaciones apropiadas según la edad, estas mismas tres actividades continúan hasta el primer cumpleaños del bebé.

El desafío para los padres es saber cuándo se producen los cambios y cómo deben responder. Para abordar nuestro tema de manera sistemática:

<u>Primero:</u> Repasaremos los cambios que ocurren en la alimentación, la vigilia y el sueño durante el primer año, debatiremos cuándo se producen y cómo ajustar la rutina del bebé.

<u>Segundo:</u> Revisaremos las pautas específicas asociadas con las actividades de alimentación-vigilia-sueño durante las primeras doce semanas.

<u>Tercero:</u> Introduciremos algunos principios generales que rigen las rutinas.

Comenzamos nuestro debate con la introducción del *Principio de fusión*.

COMPRENDER EL PRINCIPIO DE FUSIÓN

Fusión es una palabra muy apropiada en el contexto de la crianza de los hijos durante la primera etapa porque la definición describe exactamente lo que debe suceder en el primer año del bebé. El manejo de los padres consiste en fusionar las necesidades cambiantes de una etapa de crecimiento con la siguiente. Este concepto se explica mejor con una ilustración.

En la siguiente página, toma nota de la muestra del horario del recién nacido. Hay nueve ciclos de alimentación-vigilia-sueño distribuidos de manera uniforme durante un período de veinticuatro horas. Cada ciclo, desde el comienzo de una alimentación hasta el comienzo de la próxima, es de aproximadamente dos horas y media, lo cual es consistente con las necesidades de nutrición básica y sueño del recién nacido. Aunque nueve ciclos de alimentación-vigilia-sueño al día suena fatigante (y lo es), también son necesarios, ¡pero solo es algo temporal! (Los tiempos de muestra enumerados en los diversos horarios dentro de este capítulo, son solo para uso ilustrativo. Por ejemplo, usamos las 7:00 a. m. como la «primera alimentación de la mañana», pero ten en cuenta que tu bebé puede comenzar a las 6:00 a. m. o a las 8:00 a. m. o en cualquier momento entre esos horarios. Personaliza los horarios para satisfacer las necesidades de tu bebé).

Horario de muestra
Semanas 1-2
ACTIVIDADES

1. Temprano en
    la mañana
    7:00 a. m.   1. Alimentación, cambio de pañal y cuidado
                            de la higiene
    _____   2. Tiempo de vigilia: mínimo
                        3. Siesta
2. Media
    mañana
    9:30 a. m.   1. Alimentación, cambio de pañal y cuidado
                            de la higiene
    _____   2. Tiempo de vigilia: mínimo
                        3. Siesta
3. Mediodía
    12:00 p. m.   1. Alimentación, cambio de pañal y cuidado
                            de la higiene
    _____   2. Tiempo de vigilia: mínimo
                        3. Siesta
4. Media tarde
    2:30 p. m.   1. Alimentación, cambio de pañal y cuidado
                            de la higiene
    _____   2. Tiempo de vigilia: mínimo

		3.	Siesta
5.	Tarde		
	5:00 p. m.	4.	Alimentación, cambio de pañal y cuidado de la higiene
	_____	5.	Tiempo de vigilia: mínimo
	_____	6.	Siesta
6.	Temprano en la noche		
	8:00 p. m.	1.	Alimentación, cambio de pañal y cuidado de la higiene
	_____	2.	Tiempo de vigilia: mínimo
	_____	3.	Siesta
7.	Tarde en la noche		
	11:00 p. m.	1.	Alimentación, cambio de pañal, sueño. Permita que el bebé se despierte por sí solo, pero no lo deje dormir más de cuatro horas consecutivas por la noche durante las primeras cuatro semanas.
8.	Mitad de la noche		
	1:30 a. m.	1.	Alimentación, cambio de pañal y de regreso a la cuna (Generalmente entre la 1:00 y las 2:30 a. m.)
9.	Madrugada		
	4:00 a. m.	1.	Alimentación, cambio de pañal y de regreso a la cuna (Generalmente entre las 3:30 y las 5:00 a. m.)

Ahora observa las diferencias dramáticas en las actividades de alimentación-vigilia-sueño de un niño de diez a doce meses.

Horario de muestra
Semanas 48-52
ACTIVIDADES

1.	Mañana		
	7:30 a. m.	1.	Alimentación: desayuno
	_____	2.	Actividades de tiempo de vigilia
	_____	3.	Siesta
2.	Mediodía		
	11:30 a. m.	1.	Alimentación: desayuno

		2.	Actividades de tiempo de vigilia
		3.	Siesta
3.	Tarde		
	3:30-4:00 p. m.	1.	Alimentación: desayuno
		2.	Actividades de tiempo de vigilia
		3.	Siesta
4.	Hora de acostarse		
	8:00 p. m.	1.	A dormir toda la noche

Para todo el que compare los dos horarios de muestra, las diferencias deben ser obvias. Lo más notable, los nueve ciclos de alimentación-vigilia-sueño del recién nacido que se encuentran en el primer horario se redujeron a tres ciclos principales de alimentación-vigilia-sueño (desayuno, almuerzo y cena) para el primer cumpleaños del bebé. ¿Qué sucedió con los otros seis ciclos? Uno por uno se *fusionaron* a medida que el bebé crecía. De nueve ciclos pasaron a ser ocho; de ocho se convirtieron en siete; de siete ciclos pasaron a ser seis, y así sucesivamente, hasta que la rutina del bebé consistía solo de desayuno, almuerzo y cena.

Las tres preguntas más urgentes que las mamás y los papás de *Sabiduría para criar a tu bebé* están ansiosos por recibir respuesta incluyen:

1.   ¿Qué cambios pueden esperar los padres?
2.   ¿Cuándo pueden esperarlos (como promedio)?
3.   ¿Qué ajustes tendrán que hacer?

Cada bebé es diferente cuando se trata del momento de la fusión de estas transiciones. Conocemos los tiempos promedio en que los ciclos comienzan a fusionarse, pero no podemos precisar el momento exacto en que esto ocurrirá con *tu* bebé (aunque las primeras semanas y meses son más predecibles que los meses posteriores).

De igual importancia es el número de fusiones. Aunque nueve ciclos es el número promedio para la mayoría de los recién nacidos según *PDF*, algunas madres se sienten más cómodas al comenzar con diez ciclos de alimentación-vigilia-sueño. Hay algunos bebés que, justo después del nacimiento, se adaptan a ocho ciclos. Independientemente de lo que funcione mejor para una familia individual, el principio de *fusión* sigue siendo aplicable. Afortunadamente, hay algunas pautas generales que pueden ayudar a todos los padres a atravesar las diversas fusiones de alimentación-vigilia-sueño.

PRINCIPIOS RECTORES PARA FUSIONAR LOS CICLOS DE ALIMENTACIÓN-VIGILIA-SUEÑO

<u>Uno:</u> Comprender el principio de *capacidad* y *habilidad*. La madre no puede decidir de manera arbitraria eliminar una alimentación o ajustar una siesta, a menos que el bebé tenga la capacidad física y la habilidad para hacer el ajuste. Por ejemplo, un bebé de dos semanas no tiene ni la capacidad de pasar ocho horas sin alimentarse ni la habilidad de dormir toda la noche; por lo tanto, en este momento, la madre no debe ni siquiera pensar en eliminar la alimentación nocturna.

<u>Dos:</u> Comprender el principio de *variación de tiempo*. Si bien la duración de cada ciclo de alimentación-vigilia-sueño durante las primeras semanas de vida son bastante consistentes, a medida que pasa el tiempo cada ciclo tomará sus propias características únicas. Por ejemplo, para un bebé de cuatro meses de vida, un ciclo de alimentación-vigilia-sueño podría ser tan corto como de dos horas y media, mientras que otro pudiera extenderse hasta tres horas y media. A los seis meses, todo cambia de nuevo. El rango de variación depende de la edad de tu bebé, sus necesidades únicas y la hora del día.

<u>Tres:</u> Comprender el principio de la *primera y última alimentación*. No importa qué «fusión» está teniendo lugar, al ajustar la rutina del bebé, la primera alimentación del día siempre es estratégica. Sin un horario constante establecido para la primera alimentación de la mañana, el bebé puede alimentarse cada tres horas, pero la rutina de cada día será diferente. Eso no es bueno ni para

el bebé ni para la mamá. Aunque puede haber cierta flexibilidad con este primer tiempo de alimentación, trata de mantenerlo dentro de un marco de tiempo de veinte minutos. Recuerda, la flexibilidad viene después de que se establece la rutina. La mamá apreciará la consistencia del tiempo porque puede planificar su día alrededor de las necesidades de alimentación y siesta de su bebé.

Después que tu bebé duerme ocho horas durante la noche, la primera y la última alimentación del día se convierten en las dos alimentaciones estratégicas. No importa si tu bebé sigue una rutina de tres, cuatro, o cuatro horas y media, *todos los demás ciclos de alimentación-vigilia-sueño caerán dentro de estos dos tiempos de alimentación «fijos» y, por lo tanto, deben permanecer bastante consistentes.*

<u>Cuatro</u>: Comprender el principio de *individualidad entre los niños*. Todos los bebés experimentarán las mismas fusiones, pero no las experimentan al mismo tiempo. Por ejemplo, Cory comenzó a dormir ocho horas durante la noche a las seis semanas de vida. Al otro lado de la ciudad, su prima Anna comenzó a dormir ocho durante la noche a las diez semanas. Esa es una diferencia de cuatro semanas. Sin embargo, a las doce semanas Anna comenzó a dormir doce horas por la noche, mientras que Cory nunca durmió más de diez horas por la noche en su primer año. Estas bebés experimentaron las mismas dos fusiones (eliminación de las alimentaciones tarde en la noche y a mitad de la noche), pero en diferentes momentos y de acuerdo a sus necesidades individuales de sueño.

<u>Cinco</u>: Comprender el principio de *dos pasos adelante y uno hacia atrás*. Mientras que algunas fusiones de alimentación-vigilia-sueño suceden de repente y toman solo un día para convertirse en un nuevo patrón, la mayoría de las fusiones requieren de cuatro a seis días antes de que se establezca una «nueva normalidad». Por ejemplo, durante la semana seis, tu bebé comienza a dormir entre cinco y seis horas por la noche. Para la semana siete, duerme hasta siete horas, entonces, algunas noches, vuelve a dormir solo

cinco horas. Finalmente, estira su sueño nocturno a ocho horas constantes y luego a diez o más. Dos pasos hacia adelante y uno hacia atrás es común durante las diversas fusiones.

Seis: Los principios funcionan igual de bien tanto para los bebés que se alimentan con biberón como para los lactantes

DEL PRINCIPIO A LA PRÁCTICA

¿Cuáles son las «señales» que indican que es hora de fusionar dos ciclos en uno? Para el bebé según *PDF*, la mayoría de las señales son predecibles y están dentro de un rango cronológico de tiempo. Ya que hay siete fusiones transitorias importantes en el transcurso del primer año, hay siete señales principales que los padres deben buscar.

(Primera fusión) Entre las semanas tres y seis: La mayoría de los bebés comienzan con dos alimentaciones durante la noche. Por ejemplo, digamos a las 2:00 a. m. y a las 5:00 a. m. En algún momento entre las semanas tres y seis (casi siempre entre las semanas tres y cuatro), los bebés según *PDF* comienzan a estirar su sueño nocturno de tres horas a tres horas y media o cuatro horas. En consecuencia, comienzan a fusionar la alimentación de las 2:00 a. m. y la de las 5:00 a. m. en una sola a las 3:00 a. m. Gráficamente la primera fusión se ve así:

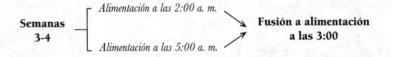

Semanas 3-4	Alimentación a las 2:00 a. m.	→	Fusión a alimentación a las 3:00
	Alimentación a las 5:00 a. m.	↗	

Esta fusión reduce nueve ciclos de alimentación-vigilia-sueño en un período de veinticuatro horas, a ocho ciclos. En este momento, la mayoría de los bebés según *PDF* duermen desde las 11:00 p. m. hasta las 3:00 a. m. Ellos amamantan o toman el biberón y luego duermen hasta las 6:30-7:00 a. m. Dormir cuatro horas consecutivas en la noche se convierte en la «nueva normalidad» del bebé. Felicitaciones, ¡solo quedan seis fusiones más! (Ten en cuenta que esta fusión se retrasará en bebés prematuros en proporción al número de semanas de gestación).

Ajuste de la rutina del bebé después de esta fusión: No hay grandes ajustes necesarios en la rutina de alimentación-vigilia-sueño durante el día. La mamá notará que los tiempos de vigilia comienzan a alargarse, pero en general, no hay cambio significativo en los ciclos de alimentación-vigilia-sueño. La mayoría de los bebés continúan con una rutina de dos horas y media a tres horas.

Horario de muestra después de la primera fusión
Semanas 3-6
ACTIVIDADES

1. Temprano en la mañana
   7:00 a. m.
   1. Alimentación, cambio de pañal y cuidado de la higiene
   2. Tiempo de vigilia: mínimo
   3. Siesta

2. Media mañana
   _____ a. m.
   1. Alimentación, cambio de pañal y cuidado de la higiene
   2. Tiempo de vigilia: mínimo
   3. Siesta

3. Mediodía
   _____ p. m.
   1. Alimentación, cambio de pañal y cuidado de la higiene
   2. Tiempo de vigilia: mínimo
   3. Siesta

4. Media tarde
   _____ p. m.
   1. Alimentación, cambio de pañal y cuidado de la higiene
   2. Tiempo de vigilia: mínimo
   3. Siesta

5. Tarde
   _____ p. m.
   1. Alimentación, cambio de pañal y cuidado de la higiene

| | | 2. | Tiempo de vigilia: mínimo |
| | | 3. | Siesta |

6. Temprano en
   la noche

_____ p. m.   1. Alimentación, cambio de pañal y cuidado
de la higiene

_____   2. Tiempo de vigilia: mínimo

_____   3. Siesta

7. Tarde en la
   noche

_____ p. m.   1. Alimentación y cambio de pañal, el bebé
vuelve a la cuna, se le permite despertarse
por sí solo, pero no lo deje dormir más de
cuatro horas seguidas por la noche durante
las primeras cuatro semanas.

8. Mitad de la
   noche

_____ a. m.   1. Alimentación, cambio de pañal y de regreso
a la cuna (Generalmente entre la 1:00 y las 3:00
a. m.)

9. Madrugada
   4:00 a. m.   1. Alimentación y cambio de pañal, de vuelta
a la cuna (Generalmente entre la 1:00 y las
3:00 a. m.)

(Segunda fusión) Entre las semanas siete y diez: Entre las semanas siete y diez, la mayoría de los bebés según *Sabiduría para criar a tu bebé* dejan de alimentarse a mitad de la noche y comienzan a dormir ocho horas consecutivas durante la noche. Ocho ciclos ahora se reducen a siete. Sin embargo, tu bebé no estará reduciendo su ingesta diaria de calorías, solo reorganizará cuándo ingiere esas calorías. Consumirá más leche durante las alimentaciones del día, sobre todo en la primera alimentación de la mañana.

Si te preguntas cuántas horas de sueño nocturno tu bebé es capaz de manejar antes de que necesite ser alimentado de nuevo, esta es la regla general: a las cinco semanas de vida, la mayoría de los bebés pueden extender su sueño nocturno una hora por semana. El niño sano promedio de cinco semanas puede estirar su sueño hasta cinco horas en la noche. Un niño de siete semanas puede estirar su sueño hasta siete horas durante la noche.

Ajuste de la rutina del bebé después de la segunda fusión: Una vez que el bebé fusiona la alimentación «a mitad de la noche», la mamá tendrá que hacer algunos ajustes en la rutina diurna. Antes de que el bebé durmiera durante la noche, la mamá lo alimentaba cada tres horas, lo cual encajaba perfectamente con una rutina de veinticuatro horas. Sin embargo, ahora ese bebé duerme toda la noche, parece que la cuenta no da para establecer las siete alimentaciones. Aquí están las nuevas cifras con las cuales trabajar: 24 horas *menos* 8 horas de sueño, deja 16 horas para trabajar en siete alimentaciones durante el día. Si se dividen las alimentaciones de manera equitativa, tocarían cada dos horas y media, por lo que parece que estarías retrocediendo. ¿Qué mamá querría hacer eso?

Sin embargo, hay momentos en que la mamá debe alimentar cada menos de dos horas y media. Consideremos por un momento estos ejemplos:

- Debido a los horarios ocupados, muchas madres lactantes experimentan un bajo suministro de leche, cuantitativa y cualitativamente, durante la alimentación de la tarde (4:00-6:00 p. m.). Como resultado, es posible que deba alimentar a su bebé temprano en la noche alrededor de dos horas después de la alimentación anterior.
- Los períodos de crecimiento acelerado también requerirán alimentaciones antes de lo normal.
- Cuando la alimentación tarde en la noche cae entre las 8:30 p. m. y las 12:00 a. m., algunas mamás alimentan a sus bebés a las 8:30 p. m. y luego otra vez a las 10:30 p. m. La decisión de alimentar de nuevo a las dos horas es práctica: le permite a la mamá irse a la cama más temprano sin perturbar el sueño nocturno de su bebé.

Ahora, volvamos a los desafíos de tiempo asociados con la segunda fusión. La mamá tiene dieciséis horas para distribuir siete alimentaciones. Esto es lo que sugerimos:

Primero: *Decide la hora de la primera alimentación de la mañana.* ¿Mantienes el horario original de alimentación de la mañana para comenzar el día o estableces uno nuevo? No hay problema con cualquiera de las dos decisiones, pero tienes que tomar una decisión. Si comienzas la alimentación de la mañana más tarde de lo que era normal, podrías estar atrasando la alimentación tarde en la noche para medianoche. ¿Realmente quieres hacer eso?

Segundo: Independientemente de lo que decidas, *planifica siete alimentaciones*, desde la primera de la mañana hasta la alimentación tarde en la noche.

Tercero: *Recuerda el principio de la primera y última alimentación* mencionado anteriormente. Cuando se reelabora la rutina del bebé, la mamá debe ajustar los otros cinco ciclos de alimentación-vigilia-sueño entre la primera alimentación de la mañana y la de tarde en la noche. Sin embargo, esos cinco ciclos no tienen que durar la misma cantidad de tiempo (y probablemente no será así); algunos serán más largos y otros más cortos. Cada madre debe determinar qué funciona mejor para su bebé y para ella misma.

Aquí presentamos un horario de muestra después de la segunda fusión.

Horario de muestra después de la segunda fusión
(Semanas 7-10)
ACTIVIDADES

1. Temprano en la
   mañana
   6:30-7:00 a. m.   1. Alimentación, cambio de pañal y
                            cuidado de la higiene
   _____   2. Tiempo de vigilia: mínimo
   _____   3. Siesta

2. Media mañana
   9:30 a. m.   1. Alimentación, cambio de pañal y
                            cuidado de la higiene
   _____   2. Tiempo de vigilia: mínimo
   _____   3. Siesta

3. Mediodía
   12:30 p. m.   1. Alimentación, cambio de pañal y cuidado de la higiene
   _____   2. Tiempo de vigilia: mínimo
   _____   3. Siesta
4. Media tarde
   3:30 p. m.   1. Alimentación, cambio de pañal y cuidado de la higiene
   _____   2. Tiempo de vigilia: mínimo
   _____   3. Siesta
5. Tarde
   5:30-6:00 p. m.   1. Alimentación, cambio de pañal y cuidado de la higiene
   _____   2. Tiempo de vigilia: mínimo
   _____   3. Siesta
6. Temprano en la noche
   8:00-8:30 p. m.   1. Alimentación, cambio de pañal y cuidado de la higiene
   _____   2. Siesta
7. Tarde en la noche
   10:30-11:00 p. m.   1. Alimentación y cambio de pañal, a dormir toda la noche.

(Tercera fusión) Entre las semanas diez y quince: Aquí es cuando la mayoría de los bebés según *Sabiduría para criar a tu bebé* son capaces de pasar por alto la alimentación tarde en la noche y comienzan a dormir de diez a doce horas por la noche. (La prolongación del sueño a diez o doce horas refleja las necesidades únicas de sueño del bebé). Cuando eso sucede, siete ciclos se reducen a seis. La alimentación de la mañana seguirá siendo la misma, a menos que la mamá desee cambiarla para su conveniencia, o para el beneficio general de la familia. La última alimentación de la noche será bastante predecible porque será de diez a doce horas antes de la alimentación de la mañana.

Sin embargo, la madre que amamanta debe tener en cuenta su producción de leche. Permitir que el bebé duerma más de diez horas de la noche puede no proporcionar suficiente estimulación en un período de veinticuatro horas para mantener un suministro adecuado. Si bien esto puede no ser cierto para todas las madres, tendrá un impacto en algunas, sobre todo en aquellas en sus treinta años o más. Por lo tanto, si estás amamantando, te recomendamos que mantengas la alimentación de las 10:00 o 11:00 p. m. Algunas mamás continuarán con esta alimentación durante los próximos cuatro a cinco meses.

Ajuste de la rutina del bebé después de esta tercera fusión: Suponiendo que el bebé duerme once horas por la noche y su primera alimentación del día es a las 7:00 a. m. y la última cerca de las 8:00 p. m., la mamá debe programar cuatro alimentaciones adicionales durante el día. Los tiempos de vigilia del bebé serán significativamente más largos, aunque la duración de las siestas puede no aumentar desde la última fase, ya que el bebé está recibiendo una cantidad sustancial de sueño por la noche. Esta nueva fase continúa hasta que el bebé empieza a comer alimentos sólidos, en algún momento entre los cuatro meses y medio y los seis meses de vida.

Horario de muestra después de la tercera fusión
(Semanas 10-15)
ACTIVIDADES

1. Temprano en la
    mañana
    6:30-7:00 a. m.   1. Alimentación
    _____   2. Tiempo de vigilia
    _____   3. Siesta

2. Media mañana
    9:30 a. m.   1. Alimentación
    _____   2. Tiempo de vigilia
    _____   3. Siesta

3. Mediodía
    12:30 p. m.   1. Alimentación
    _____   2. Tiempo de vigilia
    _____   3. Siesta

4. Media tarde
    3:30 p. m.   1. Alimentación
    _____   2. Tiempo de vigilia
    _____   3. Siesta

5. Tarde
    5:30-6:00 p. m.   1. Alimentación

_____	2.	Tiempo de vigilia
_____	3.	Siesta

6. Noche
8:30-9:00 p. m. 1. Alimentación y a dormir toda la noche

(Cuarta fusión) Entre las semanas dieciséis y veinticuatro: Es en esta etapa cuando muchos bebés, según *Sabiduría para criar a tu bebé*, comienzan a extender su tiempo de vigilia en las mañanas al fusionar la alimentación temprano en la mañana con la de media mañana. Esta fusión reduce seis ciclos de alimentación-vigilia-sueño a cinco ciclos. Como resultado, solo habrá un ciclo de alimentación-vigilia-sueño entre el desayuno y el almuerzo (aunque la hora del almuerzo generalmente se adelanta al menos media hora). Esto también ocurre cerca del momento en que los alimentos sólidos pueden llegar a ser necesarios y afectar potencialmente el calendario de actividades dentro de los ciclos de alimentación-vigilia-sueño.

Horario de muestra después de la cuarta fusión
(Semanas 16-24)
ACTIVIDADES

1. Mañana
7:00 a. m. 1. Alimentación
_____   2. Tiempo de vigilia
_____   3. Siesta

2. Tarde en la mañana
_____   1. Alimentación
_____   2. Tiempo de vigilia
_____   3. Siesta

3. Temprano en la tarde
_____   1. Alimentación
_____   2. Tiempo de vigilia
_____   3. Siesta

4. A última hora de la tarde
_____   1. Alimentación, cambio de pañal y cuidado de la higiene
_____   2. Tiempo de vigilia*

5. Temprano en la
    noche
    _____   1. Hora de vigilia temprano en la noche
    8:00-8:30 p. m. 2. Alimentación líquida, a dormir toda la
                        noche**

*   Toma nota de cómo el tiempo de vigilia de la última hora de
la tarde se extiende hasta temprano en la noche, y concluye con
la alimentación antes de acostarse. Aunque no existe una siesta
plena entre las dos comidas en este ciclo de alimentación-vigilia-sueño, el bebé puede en ocasiones quedarse dormido durante
treinta o cuarenta minutos, en dependencia del momento en que
comienza el ciclo a última hora de la tarde. Esto se conoce como
«siesta corta».

**   Posible «Alimentación durante el sueño» entre las 10:30
o 11:00 p. m. para la mamá que amamanta.

Nota sobre la «Alimentación durante el sueño»: Las madres comúnmente preguntan si existe alguna diferencia entre la alimentación tarde en la noche y la alimentación durante el sueño, ya que
ambas están dentro de la misma hora por la noche. Sí, ¡hay una
diferencia! La alimentación tarde en la noche proporciona la nutrición necesaria que el bebé necesita y es parte de la rutina del bebé
durante los primeros tres meses. La alimentación durante el sueño
es más tarde. No se ofrece porque el bebé necesita las calorías, sino
para ayudar a la madre que amamanta a mantener su suministro
de leche. No todas las madres necesitan ofrecer una «alimentación
durante el sueño», pero la probabilidad aumenta a medida que la
edad de la mamá se aproxima a mediados de los treinta.

**(Quinta fusión) Entre las semanas veinticuatro y treinta y nue-
ve:** Entre el quinto y el séptimo mes, una transición parcial de
alimentación-vigilia-sueño comienza a tomar lugar, debido a la
introducción de alimentos sólidos y la aparición de la siesta corta,
(una siesta de transición, de menor cantidad de tiempo, pero aún
necesaria). Ocurre cuando el bebé ya no necesita el sueño adicional de otra siesta completa durante la tarde, pero no está listo

para seguir sin un breve descanso entre su siesta de media tarde y la hora de acostarse. Las siestas cortas pueden durar entre treinta minutos y una hora, y ocurren al final de la tarde, por lo general alrededor de la hora de la cena. Pasar de una siesta completa a una siesta corta no elimina un ciclo de alimentación-vigilia-sueño, sino que mueve la rutina del bebé en esa dirección.

Los bebés según *PDF* suelen eliminar la tercera siesta del día y pasar a una siesta corta entre las semanas 29 y 34. Este gran lapso de tiempo representa una gran variación entre los bebés, sin embargo, es un rango normal de comportamiento predecible. Es simplemente un hecho único de individualidad que algunos bebés eliminen la siesta completa y la reemplacen con una siesta corta más temprano, mientras que otros bebés continúen con tres siestas al día hasta el séptimo mes. Una vez que tu bebé elimine su tercera siesta completa, sus ciclos diurnos de alimentación-vigilia-sueño pueden variar entre tres horas y media a cuatro horas y media cada día. Eso dependerá de las necesidades únicas de tu bebé y del momento del día.

Horario de muestra después de la quinta fusión
(Semanas 24-39 *con siesta corta*)
ACTIVIDADES

1. Mañana
   7:00 a. m.   1. Alimentación
   _____   2. Tiempo de vigilia
   _____   3. Siesta

2. Tarde en la
   mañana
   _____   1. Alimentación
   _____   2. Tiempo de vigilia
   _____   3. Siesta

3. Media tarde
   _____   1. Alimentación
   _____   2. Tiempo de vigilia
   _____   3. Siesta corta*

4. A última hora de
   la tarde / cena
   _____   1. Alimentación

	2.	Tiempo de vigilia
5. Temprano en la noche		
_____	1.	Tiempo de vigilia temprano en la noche
8:00-8:30 p. m.	2.	Alimentación líquida, a dormir toda la noche

* Esto sucede generalmente alrededor de la hora de la cena (entre las 5:00 p. m. y las 6:00 p. m.).

(Sexta fusión) Entre las semanas veintiocho y cuarenta: En algún momento dentro de las semanas mencionadas, la mayoría de los bebés de *Sabiduría para criar a tu bebé* eliminan su siesta corta, y reducen los cinco ciclos de alimentación-vigilia-sueño a cuatro, y esto requiere más ajustes durante el día. Los cuatro ciclos de alimentación-vigilia-sueño incluyen desayuno, almuerzo, cena y alimentación líquida a la hora de acostarse.

Una vez más, toma nota de la gran cantidad de semanas que separan la *quinta y la sexta fusión*. Anteriormente mencionamos las tendencias durante el sueño nocturno de Cory y Anna. En cuanto a la eliminación de la siesta corta, Cory lo hizo a las treinta y una semanas y pasó a la *séptima fusión*. Sin embargo, Anna mantuvo su siesta corta hasta las treinta y nueve semanas. En ese momento fue que pasó a la *séptima fusión*. Aquí tenemos dos bebés, respondiendo a sus necesidades individuales de sueño, pero que se encuentran dentro del rango «normal» para eliminar sus siestas. Aquí está su horario de muestra:

Horario de muestra después de la sexta fusión
(Semanas 28-40, *sin siesta corta*)
ACTIVIDADES

1. Desayuno 7:00-8:00 a. m.		
_____	1.	Alimentación
_____	2.	Tiempo de vigilia
	3.	Siesta
2. Mediodía		
_____	1.	Alimentación

	_____	2.	Tiempo de vigilia
		3.	Siesta
3.	Tarde		
	_____	1.	Alimentación*
	_____	2.	Tiempo de vigilia
	_____	3.	Hora de cenar con la familia**
		4.	Tiempo de vigilia temprano en la noche
4.	Hora de acostarse		
	8:00 p. m.	1.	Alimentación líquida, a dormir toda la noche.

* El bebé recibirá su cereal, vegetales o frutas en esta alimentación.

** El bebé se une a la cena familiar con algún aperitivo ligero. (Esto es más un refrigerio que una comida completa).

(Séptima fusión) Entre las semanas cuarenta y seis y cincuenta y dos: Es en esta etapa cuando el bebé ya no recibe una alimentación líquida antes de acostarse. Él podría recibir una taza de fórmula, leche materna o jugo, pero no es necesario un biberón de leche. ¡Felicidades! Has transitado un largo camino desde los primeros días de los nueve ciclos de alimentación-vigilia-sueño. Tu nuevo horario se verá más o menos así:

Horario de muestra después de la séptima fusión

(Semanas 46-52)

ACTIVIDADES

1.	Desayuno		
	7:00 a. m.	1.	Alimentación
		2.	Tiempo de vigilia
	_____	3.	Siesta
2.	Mediodía		
	_____	1.	Alimentación
	_____	2.	Tiempo de vigilia
		3.	Siesta
3.	Tarde		
	4:00-5:00 p. m.	1.	Merienda después de la siesta
	_____	2.	Tiempo de vigilia

	3.	Hora de cenar con la familia
4. Hora de acostarse		
8:00 p. m.	1.	Alimentación líquida, a dormir toda la noche

PAUTAS ESPECÍFICAS SOBRE LA ALIMENTACIÓN Y EL TIEMPO DE VIGILIA

Aunque acabamos de examinar las transiciones que ocurren en un año, la siguiente sección vuelve al lector a las primeras doce semanas de la vida del bebé y ofrece recordatorios específicos relacionados con la alimentación, los tiempos de vigilia y las siestas.

ALIMENTACIÓN Y PRIMERAS DOCE SEMANAS

Uno: Durante la primera semana, ten en cuenta que los recién nacidos son somnolientos y los bebés somnolientos son propensos a alimentarse de poco en poco: un poco de alimento ahora, otro poco después. Una serie de pequeñas alimentaciones no se suman a la alimentación completa. El bebé necesita comer, y la madre que amamanta necesita la estimulación que viene con la alimentación completa.

Dos: Para un recién nacido, la duración del tiempo de vigilia, que incluye la alimentación, el proceso para que eructe, el cambio de pañal, los abrazos y los besos, será de aproximadamente treinta minutos. El sueño sigue a la alimentación y eso ocupa la próxima hora y media o dos horas. Cuando lo sumas todo, el ciclo de alimentación-vigilia-sueño tiene un promedio de dos horas y media hasta que el ciclo se repite.

Tres: Alrededor de la tercera semana posparto, tu bebé comenzará a extender su tiempo de vigilia después de cada alimentación. Este tiempo eventualmente se extenderá a treinta minutos después de la alimentación. Por lo general, al tiempo de vigilia le sigue una siesta de una hora y media a dos horas.

Cuatro: A las seis semanas de vida, los tiempos de alimentación aún son de aproximadamente treinta minutos y los tiempos de vigilia comienzan a extenderse entre treinta y cincuenta minutos, seguidos de una siesta de una hora y media o dos horas. A las doce semanas, los tiempos de vigilia podría durar hasta sesenta minutos o un poco más.

CÓMO FUSIONAR O ELIMINAR ALIMENTACIONES

Los bebés «dejan de comer» porque duermen más o porque permanecen despiertos por más tiempo. Como recordatorio, el acto de «eliminar una alimentación» es parte del proceso de fusión más amplio y requiere que se realicen algunos ajustes en la rutina diaria del bebé. En papel, podemos hacer que todo salga bien, pero en la realidad, los bebés a menudo necesitan ayuda. Es aquí donde la sabiduría colectiva de las madres experimentadas es útil. A continuación, presentamos algunas sugerencias probadas a través del tiempo que se deben tener en cuenta.

1. *Eliminar la alimentación a mitad de la noche*: Entre las semanas siete a diez, la mayoría de los bebés, según *PDF*, eliminan por sí solos la alimentación a mitad de la noche. Una noche, simplemente duermen hasta la mañana. Otros bebés alargan de forma gradual la duración entre la alimentación tarde en la noche (10:30 p. m. a 11:00 p. m.), y la primera alimentación a mitad de la noche hasta que se convierte en la alimentación de la mañana.

Sin embargo, habrá ocasiones en que la mamá toma el control con la idea de un sueño de ocho horas y desea hacer el ajuste, pero el bebé no es un compañero dispuesto. Él tiene la capacidad y la habilidad, pero a veces puede necesitar un pequeño empujón porque su «reloj» interno de sueño-vigilia está atascado. Sabrás que este es el caso si se despierta en un rango de cinco minutos a la misma hora cada noche por tres noches consecutivas.

Hay algunas formas de manejar esto. *Una es permitir que el bebé se reajuste sin la intervención directa de la mamá o el papá.* Aparte de monitorear y revisar periódicamente al bebé, posiblemente darle palmaditas en la espalda para hacerle saber que estás allí, permite que el bebé aprenda a reajustarse. Por lo general, después de tres o cuatro noches con algo de llanto, el reloj de sueño-vigilia se ajusta, y el bebé comienza a dormir hasta la mañana.

Un segundo método es que la mamá atrase la alimentación tarde en la noche más cerca de las 11:00 p. m. o a medianoche. Una vez que el bebé duerma hasta la primera alimentación de la mañana, ella puede volver a adelantar quince o treinta minutos de forma gradual la alimentación tarde en la noche hasta que la alimentación esté en el horario que ella desea.

Un tercer método, llamado *deslizamiento hacia atrás,* es el último recurso. Así es como funciona: si tu bebé se despierta constantemente a las 2:00 a. m. cada noche, evita este ritual nocturno despertándolo y alimentándolo de quince a treinta minutos antes, alrededor de la 1:30 a. m. Si duerme hasta su hora normal de la mañana, en un par de días intenta adelantar media hora la alimentación, a la 1:00 a. m. Puedes continuar este proceso hasta que la alimentación nocturna de tu bebé esté de nuevo en el horario más cómodo para ti. La manera de comprobar que estás progresando es si tu bebé está durmiendo desde el final de esta alimentación más temprana hasta la primera alimentación del día.

Cuando trabajas para establecer una nueva rutina de sueño para tu bebé, sé constante. Tú y tu bebé llegarán a la meta y ambos estarán mejor cuando suceda.

2. *Eliminar la alimentación tarde en la noche:* Esto ocurre alrededor de los tres meses y suele ser la alimentación más difícil de eliminar. Al crecer acostumbrados a dormir toda la noche, algunos padres son reacios a eliminar la alimentación tarde en la noche por temor a que el bebé se despierte. Si tu bebé muestra falta de interés o es difícil despertarlo para esta alimentación, esos son buenos indicadores de que está listo para eliminarla.

La forma de eliminar esta alimentación es ajustando gradualmente otros horarios de alimentación. Por ejemplo, si la alimentación al final de la tarde es alrededor de las 6:00 p. m., intenta alimentar al bebé una vez más a las 9:30 p. m. por unos días. Luego adelanta la alimentación para las 9:15 o 9:00 p. m. por los próximos dos o tres días. Continúa ajustando el tiempo de manera gradual hasta alcanzar el horario deseado para que el bebé duerma toda la noche. Eliminar la alimentación tarde en la noche a menudo hará que las dos últimas alimentaciones sean con menos de tres horas de diferencia.

Eso no debería ser un problema para proporcionar la última alimentación del día, lo cual es la prioridad.

PAUTAS PARA EL SUEÑO Y EL PRIMER MES

Despertar a un bebé para alimentarlo: ¿Cuándo se debe despertar a un recién nacido y cuándo debes dejarlo dormir? Si necesitas despertar a tu bebé durante el día para evitar que duerma más que el ciclo de tres horas, hazlo. Tal intervención de los padres es necesaria para ayudar a estabilizar el metabolismo del sistema digestivo del bebé y ayudarlo a organizar sus patrones de sueño en una rutina predecible. La única excepción al despertar al bebé es con las alimentaciones tarde en la noche y a la mitad de la noche. Durante el primer mes, al bebé puede dormir hasta cuatro horas seguidas por la noche, pero no dejes que duerma más de cuatro horas. Despierta a tu bebé, aliméntalo, y vuelve a colocarlo en su cuna para que duerma. Un bebé de menos de cuatro semanas es demasiado pequeño para pasar mucho más tiempo sin alimento.

TIEMPO DE VIGILIA Y PRIMEROS TRES MESES

Durante las primeras dos semanas de vida, tu bebé no tendrá un tiempo de vigilia aparte del de su hora de alimentación. El tiempo de alimentación de tu bebé es su tiempo de vigilia, pues eso es todo lo que un recién nacido puede manejar antes de que el sueño alcance su pequeño cuerpo.

Por lo general, en las semanas dos o tres, la mayoría de los bebés caen en una rutina predecible de alimentación-vigilia-sueño. Cuando esto sucede, tú y tu bebé han llegado a otro nivel de éxito. Una vez que has logrado sobrevivir a las primeras semanas llenas de experiencias novedosas, la vida comienza a establecerse a medida que la rutina de tu bebé toma forma. ¿Cómo sería una rutina de alimentación-vigilia-sueño en las primeras dos semanas de vida de tu bebé?

Desde el nacimiento hasta la segunda semana

Tiempo de alimentación / Tiempo de vigilia	Sueño
30-50 minutos	1½-2 horas
De 2 a 3 horas	

Por favor, ten en cuenta el tono gris claro del tiempo de vigilia. Refleja el hecho de que, durante la primera semana, el tiempo de alimentación es básicamente el tiempo de vigilia del bebé. Los treinta a cincuenta minutos indicados incluyen alimentación, cambio de pañal, proceso para hacerlo eructar y cualquier otro cuidado de higiene necesario, sin mencionar los abrazos y los besos. El sueño normalmente sigue a la alimentación, y debería tomar la próxima hora y media o dos horas. Por lo tanto, el ciclo completo de alimentación-vigilia-sueño oscilará entre dos y tres horas, antes de que comience de nuevo. Ahora nota el ligero cambio en las semanas tres a cinco.

Tres a cinco semanas

Tiempo de alimentación	Tiempo de vigilia	Sueño
30-60 minutos		1½-2 horas
De 2½ a 3 horas		

Alrededor de la semana tres comenzarás a notar que los tiempos de vigilia comienzan a separarse como una actividad distinta y pueden durar hasta treinta minutos. No estamos diciendo que el tiempo de vigilia de tu bebé será de treinta minutos, sino que puede durar hasta 30 minutos además del tiempo de alimentación. El tiempo de vigilia suele ir seguido de una hora y media a dos horas de siesta. Con hábitos de sueño saludables, acompañados de tiempos de vigilia más prolongados, un nuevo nivel de alerta comienza a emerger, eso requiere ideas y planificación extra.

Al llegar a la semana seis, los tiempos de vigilia de tu bebé se vuelven muy distintos y la duración del tiempo de alimentación más precisa.

Seis a doce semanas

Tiempo de alimentación	Tiempo de vigilia	Sueño
30 minutos	30-50 minutos	1½-2 horas
	De 2½ a 3½ horas	

Los tiempos de vigilia son seguidos por la típica siesta de una hora y media a dos horas, en dependencia de las necesidades de sueño de tu bebé. Para la semana doce, los tiempos de vigilia podrían ser de sesenta minutos o más. Para entonces tu bebé debería estar durmiendo toda la noche, así que ofrecerás una alimentación menos en un período de veinticuatro horas.

Sin embargo, a medida que los tiempos de vigilia comienzan a alargarse, existe la posibilidad de un cambio sutil e indeseable en la rutina de alimentación-vigilia-sueño del bebé que debe evitarse a toda costa. No permitas que el orden «vigilia-alimentación-sueño» supere la rutina establecida de «alimentación-vigilia-sueño». Así es como ocurre este cambio sutil. La mamá está alimentando a su bebé de siete semanas, pero hoy, el bebé se duerme sin un tiempo de vigilia adecuado. Después de una siesta más corta de lo normal, el bebé se despierta, pero no está interesado en alimentarse porque no tiene hambre. Para tratar de mantener al bebé en su horario, la mamá atrasa la alimentación de veinte a treinta minutos. En lugar de alimentarlo después de su siesta, cuando está bien descansado, el bebé ahora se alimenta después de un tiempo de vigilia cuando tiene menos energía para alimentarse de manera eficiente.

No es un gran problema si esto sucede una o dos veces. Sin embargo, si este cambio sutil continúa repitiéndose de vez en cuando, incluso durante un par de días, la rutina del bebé comenzará a reflejar un ciclo de «vigilia-alimentación-sueño». Aquí está el problema con esa rutina. Los tiempos de vigilia inadecuados conducen a un sueño insuficiente, lo que resulta en siestas más cortas; siestas más cortas conducen a alimentaciones ineficientes, y a partir de ahí todo se desmorona. Es por eso que las alimentaciones, en los primeros meses, deben ser después de las siestas y no durante los tiempos de vigilia.

ALGUNAS PAUTAS GENERALES: CONSIDERAR EL CONTEXTO

¡Contexto! Comprender las implicaciones prácticas de esta palabra demostrará ser una herramienta valiosa durante la crianza de tus hijos. Mirar el contexto del momento te permite tomar una decisión basada en lo que es mejor, según las circunstancias presentes. Responder al contexto de una situación permite que una madre o un padre se centren en la respuesta correcta a corto plazo sin comprometer objetivos a largo plazo. Aquí hay unos ejemplos de contexto y flexibilidad de *PDF*:

1. El bebé de dos semanas estaba durmiendo contento hasta que su hermano mayor decidió hacer una llamada social. El hermano mayor le informa a la mamá que el bebé está despierto y llorando. Todavía faltaban treinta minutos antes de su próxima alimentación programada, entonces, ¿qué debería hacer ella? Puede intentar volver a dormir al bebé dándole palmaditas en la espalda o cargándolo. Colocarlo en su silla mecedora es una segunda opción, y la tercera opción es alimentarlo y reelaborar el siguiente ciclo de alimentación-vigilia-sueño. Asegúrate de indicarle al hermano mayor que consulte con mamá antes de hacerle una visita a su hermano cuando está dormido.

2. Estás en un avión y tu pequeña bebé comienza a llorar en voz alta. Se desata el conflicto mental; ella se alimentó hace solo una hora. ¿Qué deberías hacer? La solución es considerar el valor de los demás. No permitas que la rutina de tu bebé supere ser considerado con las personas. Si todos los intentos de jugar y entretener al bebé fallan, aliméntalo, porque el contexto de la situación dicta la suspensión de tu rutina normal. Una vez que llegues a tu destino, haz los ajustes apropiados al horario de tu bebé. ¡Ahí está tu flexibilidad!

3. Acabas de alimentar a tu hijo antes de dejarlo en la guardería de la iglesia y planeas regresar dentro de una hora y media. ¿Deberías dejar un biberón de leche materna o fórmula, por si acaso? ¡Sí, definitivamente! Los trabajadores de la guardería (y las niñeras) proporcionan un servicio valioso para los padres. Porque

su cuidado se extiende a otros niños, no deberían estar obligados a seguir tu rutina al pie de la letra. Si tu bebé comienza a llorar, el cuidador debe tener la opción de ofrecerle un biberón. Recibir alimentaciones tempranas algunas veces una semana no arruinará la rutina bien establecida de un pequeño.

4. Has estado conduciendo durante cuatro horas y es el tiempo de alimentación normal de tu hija, pero ella está dormida y solo te quedan otros cuarenta minutos de viaje. Puedes elegir detenerte y alimentar a tu bebé, o simplemente esperar hasta llegar a tu destino y ajustar el siguiente ciclo de alimentación-vigilia-sueño.

La mayoría de los días serán bastante rutinarios y predecibles, pero habrá ocasiones en que se necesita la flexibilidad debido a circunstancias inusuales o inesperadas. La vida será menos tensa cuando los padres consideran el contexto de una situación y responden adecuadamente para el beneficio de todos. Las respuestas reflexivas de los padres a menudo determinan si un niño es una bendición para los demás o una fuente de irritación.

RESUMEN

La forma en que satisfaces las necesidades de alimentación, vigilia y sueño de tu bebé expresa mucho sobre tu filosofía general de crianza. Aprender a establecer la rutina de tu bebé y saber cuándo hacer los ajustes para las transiciones de crecimiento son parte de ser «sensible a las necesidades». En el corazón del plan *PDF* se encuentran tres actividades básicas para los infantes: El bebé se alimenta, el bebé está despierto y el bebé duerme. Satisfacer las necesidades del bebé con el cuidado paternal son parte del proceso de aprender a amar de manera proactiva a tu bebé.

6

Tiempos de vigilias y siestas

A medida que tu bebé avanza desde los primeros días después de nacer hasta mediados del primer año, los sutiles cambios de crecimiento influyen continuamente en los diferentes ciclos de alimentación-vigilia-sueño durante el día. Estos cambios pequeños pero significativos en el crecimiento son difíciles de apreciar, pero están presentes, trabajan de manera imperceptible, e impulsan el bebé hacia adelante. Los padres no pueden visualizar los cambios día a día, pero están influenciando esos cambios, sobre todo durante los tiempos de vigilia del bebé.

Las actividades del tiempo de vigilia durante estos primeros meses de vida deben entenderse en términos del desarrollo de la mente del bebé y su necesidad de una estimulación adecuada de los sentidos. Si bien los tiempos de vigilia deben implicar interacción entre la mamá, el papá y el bebé, también debería haber momentos en que el bebé esté solo, totalmente absorto en su propio mundo de descubrimiento. En estrecha relación con los tiempos de vigilia están los patrones saludables de siestas. Abordaremos el tema de las siestas y los desafíos de ellas en la segunda mitad de este capítulo, pero primero, antes de poner el pequeño a dormir, hablemos de las diversas actividades que deben formar parte de los tiempos de vigilia de tu bebé.

MAMÁ O PAPÁ Y BEBÉ

Alimentación: Ya sea que el alimento líquido sea fórmula o leche materna, la mamá sostendrá a su bebé mientras lo alimenta. Aprovecha estas oportunidades de rutina para mirarlo a los ojos, hablar con él y acariciar suavemente sus brazos, cabeza y rostro. El toque es importante, porque es el primer idioma de los recién nacidos y uno que necesitan y anhelan. Estar en los brazos de alguien comunica seguridad, que su nuevo mundo es seguro. Si bien no hay que tenerlo cargado las veinticuatro horas del día, los siete días de la semana, ni tener contacto constante de piel a piel con la mamá, sí necesita que los muchos miembros de su amorosa comunidad lo carguen en brazos, incluidos papá, hermanos, hermanas, abuelas y abuelos. Cuantas más manos que comuniquen amor a través del toque más seguro se sentirá el niño.

Canto: El bebé responderá a las voces de su madre y su padre poco después del nacimiento. Durante los tiempos de vigilia, los padres deben disfrutar hablar y cantar a sus bebés, recordando que el aprendizaje está en acción. El simple sonido de «la la la la» de las voces de sus padres tendrá un significado relacional para un bebé, aunque no entienda las palabras. Los niños memorizan las palabras más fácilmente cuando pueden cantarlas. Eso significa que nunca es demasiado temprano para comenzar a trabajar con tu hijo y enseñarle las diferentes maneras en que se pueden usar las palabras.

Lectura: Del mismo modo, nunca es demasiado pronto para leerle a tu bebé o para mostrarle libros ilustrados y coloridos (especialmente de tela, de plástico u otros materiales duraderos que permiten que el bebé los pueda explorar por sí solo). A tu pequeño le encantará escuchar el sonido y las inflexiones de tu voz.

Hora del baño: Esta es otra rutina agradable para tu bebé. La mamá o el papá pueden cantar, hablar y compartir sus pensamientos más íntimos, o simplemente ¡divertirse al salpicar y hacer que el pato de goma del bebé grazne!

Juego: Aunque sonreír, arrullar y soltar risitas es parte del juego de los bebés, la mejor parte del tiempo de vigilia del bebé es cuando llega a acurrucarse con mami, papi, hermanos o abuelos. Tales sentimientos de amor y seguridad no se pueden reemplazar.

Caminata: ¡El bebé no puede caminar, pero sus padres sí! Ir a un paseo en su coche y tomar un poco de aire fresco es muy divertido para el bebé, y caminar es un buen ejercicio para la mamá y el papá. Los coches donde el bebé se coloca mirando hacia afuera brindan una mayor oportunidad de aprendizaje porque puede ver el mundo que lo rodea. Su cerebro contempla nuevos paisajes, sonidos, colores y la belleza de la naturaleza.

El portabebés de doble correa y bolsa frontal es otra opción. Existe una variedad de estilos, formas, colores y telas y es una manera fácil de llevar al bebé a caminar, incursionar o dar un paseo por una tienda. Busca uno que sostenga totalmente a tu bebé, a través de sus muslos, nalgas y espalda, y que distribuya su peso de manera uniforme en tus caderas, al mismo tiempo que recibe el apoyo de ambos hombros. Cuando hace demasiado frío, calor o humedad para caminar afuera, un centro comercial bajo techo puede ser un buen lugar para pasar tiempo y explorar.

El portabebés de una sola correa: Desde principios de la década de 1990, hemos expresado nuestra preocupación por los riesgos asociados con el portabebés de una sola correa. (Ten en cuenta que el portabebés de una sola correa es diferente al portabebés tradicional). Hay muchas maneras seguras de mantener a tu bebé cerca de ti, pero este accesorio, con el bebé colocado en una curva en forma de C, conlleva riesgos. El número creciente de bebés asfixiados ha provocado retiros del mercado por parte de los fabricantes y ha llevado a la Comisión de Seguridad de Productos de EE. UU. a emitir advertencias públicas a los padres.

La Comisión notifica estos dos peligros: primero, la tela presiona contra la nariz y la boca del bebé, lo cual bloquea la respiración y puede provocar asfixia. Segundo, cuando un bebé pequeño, que tiene los músculos del cuello aún débiles, es acunado en una posición curva o en forma de C, su cabeza empujará naturalmente contra el pecho de su madre. Esto restringe de forma potencial la capacidad del bebé para respirar y mover su cabeza, patear las piernas o llorar para pedir ayuda.

TIEMPO DE JUEGO DEL BEBÉ

Cuando las madres jóvenes se reúnen para hablar y mostrar a sus recién nacidos, es común escuchar diferentes opiniones sobre muchos temas, incluida la mejor manera de manejar el día del bebé. Planificar un tiempo a solas en el día del bebé es un tema que evoca una variedad de opiniones. La mayoría de los padres con un bebé en el hogar no piensan en esto, sin embargo, algo de tiempo solo supervisado proporciona oportunidades fundamentales para el aprendizaje. «Solo» no significa dejar al bebé fuera de la vista, sino más bien darle la oportunidad de que explore su mundo sin ser entretenido de manera constante. ¿Cómo puede una madre hacer que esto suceda? Las mamás con experiencia en *Sabiduría para criar a tu bebé* te dirán que es un proceso gradual que comienza con algo tan básico como el asiento infantil.

Asiento infantil: Este es un accesorio práctico para bebés, especialmente útil durante los primeros meses de vida. Para mayor claridad, el término «asiento infantil» ahora equivale al asiento infantil para automóvil. Sin embargo, estamos hablando de un asiento infantil básico similar al asiento Mi pequeño cordero de Fisher-Price ®. Este estilo es portátil y eleva al bebé lo suficiente como para ver su pequeño mundo. Los padres pueden encontrar un lugar para el asiento infantil en cualquier sitio. En los primeros días, el bebé arropado puede tomar una siesta en el asiento infantil. A medida que va creciendo y está más alerta, puede unirse a la mamá y al papá a la hora de las comidas, o ser colocado frente a la puerta de cristal para que vea el mundo exterior.

Silla mecedora: Esta silla está diseñada para que el bebé pueda mantener la cabeza erguida sin apoyo, esto ocurre generalmente a los tres o cuatro meses. Es fácil de trasladar a donde sea que la mamá o el papá estén. Si la mamá está en la cocina, el bebé puede verla preparar la cena. Si está doblando la ropa, el bebé está feliz de ver esta actividad y hacerle compañía. La silla mecedora también es ideal para bebés que padecen de un reflujo leve. Mantener el bebé en posición vertical de diez a quince minutos después de cada alimentación ayuda a que los alimentos se asienten y minimiza que baboseen. Asegúrate de sujetar las correas de seguridad, y nunca dejes a tu bebé desatendido. Como con todos los accesorios para bebés, tómate el tiempo para leer las instrucciones de seguridad.

Tiempo bocabajo: Tener tiempo bocabajo en una manta como parte de la rutina del bebé puede comenzar una vez que pueda levantar la cabeza de manera consistente, lo cual ocurre, por lo general, entre las doce y las dieciséis semanas. El tiempo bocabajo es un concepto relativamente nuevo en el cuidado del recién nacido y entró en práctica como resultado de la campaña de 1992 de SMSL «Volver a dormir» que aboga que los bebés deben colocarse bocarriba para dormir y no bocabajo.

Cuando calculas al respecto, descubres rápidamente que hoy en día, los bebés pasan un promedio de doce a dieciséis horas al día bocarriba. Compara eso con los bebés de hace una generación que dormían entre doce y dieciséis horas bocabajo. Como resultado, los pediatras y los profesionales de cuidado familiar comenzaron a notar un aumento significativo de *plagiocefalia*, el término médico que se utiliza para describir el aplanamiento de la cabeza del bebé. Esta condición es el resultado de que el bebé pasa demasiado tiempo con la parte posterior de la cabeza apoyada sobre el colchón. También se observaron retrasos en el fortalecimiento del cuello y de los músculos de las piernas necesarios para levantar la cabeza, darse vuelta y gatear, así como retrasos en la habilidad motriz fina. El tiempo bocabajo se ha convertido en una contramedida preventiva para corregir la deficiencia de la posición de decúbito supino.

Un momento ideal para tener el tiempo bocabajo es poco después de la alimentación, mientras está alerta y feliz, pero no antes de una siesta, cuando está cansado y puede quedarse dormido. Puedes ponerlo sobre una manta o en su corralito. Uno de los lugares favoritos del bebé para pasar tiempo bocabajo es en el pecho de la mamá o el papá. Mueve suavemente los brazos de tu bebé mientras hablas con él y le sonríes. Mientras compartes con tu bebé, él responde al levantar la cabeza y mirarte. El tiempo bocabajo es una actividad de tiempo de vigilia que puedes incluir fácilmente en la rutina de tu bebé. De hecho, es algo que debes planificar por el bienestar de tu infante. La mayoría de los pediatras recomiendan treinta minutos acumulativos (o más) de tiempo bocabajo cada día.

Columpio: Los columpios infantiles han recorrido un largo camino desde que compramos el primero hace más de cuarenta años. En aquel entonces hacían una cosa, balanceaban al bebé de un lado a otro. Hoy en día, casi todas las características imaginables están disponibles, incluidas velocidades múltiples, varias posiciones reclinables y columpios que tocan música mientras se balancean. La opción de reclinación funciona bien si usas el columpio después de alimentar a tu bebé, ya que esto le quita presión a su barriga llena. Colocar el bebé en un columpio le permite ver lo que sucede a su alrededor, pero no te acostumbres a dejar que se duerma en el columpio. En lo que respecta a los bebés irritables, tienden a asentarse mejor con el movimiento de balanceo en una configuración y velocidad más fuertes. Una velocidad más lenta es propicia para momentos relajados y de no irritación. (Más debate sobre el columpio infantil en el Capítulo 9).

Exersaucer®: Una vez que tu bebé puede sentarse y demostrar buen control de la cabeza y el cuello, el *Exersaucer* es otra actividad divertida que puedes probar para el tiempo de vigilia. Esto es un accesorio con un centro de actividades contenidas con una variedad de objetos para explorar, ayuda al bebé a desarrollar la coordinación mano-ojo. También ayuda a fortalecer los músculos de las piernas mientras empuja y se mueve en el centro de entretenimiento.

El asiento Bumbo®: Este es el nombre de la marca registrada de un producto de Sudáfrica (aunque muchos fabricantes estadounidenses tienen asientos similares que se denominan genéricamente asientos bumbo). Su forma única proporciona el soporte adecuado para bebés que están comenzando la transición de estar exclusivamente acostados bocabajo a sentarse por sí solos. Hemos descubierto que los bebés que se sientan erguidos tienden a tener tiempos de vigilia más prolongados. Mientras más tiempo pasan despiertos, más rápido se adaptan a la vida.

Aunque comercializado para las edades de tres a cuatro meses, el asiento bumbo en realidad no ofrece ningún beneficio una vez que el bebé se sienta por sí solo. Además, la Agencia de Protección al Consumidor de EE. UU. investiga las preocupaciones de seguridad sobre los bebés que estiran sus espaldas y se deslizan de los asientos bumbo. El sentido común, junto con la advertencia del fabricante, aconseja a los padres a nunca «perder de vista al bebé o colocar el asiento en una posición elevada como una silla o mesa». Es mejor colocar el asiento bumbo en una manta o en un piso alfombrado, rodeado de almohadas y juguetes seguros al alcance del bebé.

Corralito: A las seis semanas, el bebé puede beneficiarse al pasar un rato de su tiempo de vigilia en la silla mecedora colocada dentro del corralito mirando un objeto móvil. A medida que tu bebé crece y comienza a voltearse por sí solo, el corralito servirá como lugar seguro para actividades de tiempo de vigilia, especialmente cuando la mamá o el papá están ocupados en la casa con otros niños o tareas. El corralito ofrece una variedad de beneficios a medida que tu bebé crece. Proporciona un entorno de juego seguro y funciona como cama portátil. Lo más importante, es perfecto para configurar un centro de aprendizaje estructurado en la segunda mitad del primer año del bebé. (Leerás más sobre el corralito en el Capítulo 9).

RECURSOS RELACIONADOS AL TIEMPO DE VIGILIA

Imágenes: Todos los bebés nacen extremadamente miopes, lo que significa que tienen dificultad para enfocar objetos a distancia. La imagen colgada en la pared a un metro y medio de distancia es bastante borrosa para tu recién nacido. A medida que pasa cada semana, la vista de tu bebé mejora de forma gradual y por lo general pasa a ser 20/20 para el segundo año. Es mejor esperar tres o cuatro meses antes de colocar imágenes coloridas y brillantes como parte de la decoración en la habitación del niño.

Objetos móviles en la cuna: Los objetos movibles y con música ayudan al bebé a aprender a seguir con los ojos, pero primero deben ser capaces de enfocar. Puesto que eso ocurre aproximadamente tres o cuatro meses después del nacimiento, espera hasta entonces para colgar un objeto móvil en la cuna. Los objetos móviles, que cuelgan sobre el bebé y que suenan cuando ellos los golpean, ayudan a desarrollar su coordinación mano-ojo. Golpear es la preparación necesaria para que el bebé alcance y sostenga objetos en sus manos. Por razones de seguridad, no coloques un objeto móvil en la cuna sobre el bebé una vez que aprende a sentarse y agarrar.

SIESTAS Y NECESIDADES BÁSICAS DE SUEÑO

El sueño adecuado es una parte importante de la vida del bebé, y continuará siendo así más allá de su primer año. Los recién nacidos toman siestas con frecuencia durante todo el día, lo que significa que los padres pueden aprovechar la siesta para entrenar al bebé a dormir cuando se supone que debe hacerlo. Aunque los padres no participen de forma activa en el entrenamiento del sueño antes de las cuatro semanas de vida, lo harán de manera pasiva al establecer una buena rutina de alimentación-vigilia-sueño. A continuación, hay algunos resúmenes de siesta y tiempo de vigilia destacando lo que los padres primerizos pueden esperar durante el primer año.

RECIÉN NACIDO

Los recién nacidos pueden dormir entre diecisiete y diecinueve horas diarias, lo que incluye los períodos de sueño entre cada alimentación. En *PDF*, este sueño se dividirá entre cinco o seis siestas (en dependencia del número de alimentaciones diarias).

Después de la alimentación, cuando tu bebé ha estado activo por un período de tiempo apropiado y comienza a mostrar señales de somnolencia, como frotarse los ojos, bostezar o tirar de su cabello, es hora de que vuelva a tomar una siesta.

UNO A DOS MESES

Para la cuarta semana, el tiempo de vigilia comienza a mostrarse como una actividad separada y a las ocho semanas está completamente desarrollado. La siesta promedio para el niño de dos meses durará una hora y media, con algunas un poco más largas y otras un poco más cortas. Al final de este período, entre el 75-80 % de los bebés de *Sabiduría para criar a tu bebé* eliminan su alimentación nocturna y comienzan a dormir de siete a ocho horas seguidas durante la noche. Para el 20 % restante, el sueño nocturno ininterrumpido se logrará en un par de semanas.

TRES A CINCO MESES

A los tres meses, la duración de las siestas del bebé comienza a fluctuar un poco. La mayoría de las siestas durarán entre una hora y media y dos horas. Es durante esta fase de crecimiento cuando el bebé puede despertarse más temprano de su siesta o de repente despertarse más temprano en la mañana. Las razones por las cuales eso puede suceder y algunas soluciones prácticas conforman el balance de este capítulo. A los cinco meses, el promedio de los bebés de *Sabiduría para criar a tu bebé* toman dos siestas de una hora y media a dos horas y una siesta corta adicional por la tarde todos los días.

SEIS A OCHO MESES

Entre los seis y los ocho meses, los padres descubrirán que las necesidades de sueño de sus bebés durante el día disminuyen a medida que aumenta su tiempo de vigilia. En esta etapa, se ha eliminado la alimentación tarde en la noche, y solo quedan de cuatro a seis períodos de alimentación durante el día. El sueño nocturno tendrá un promedio de diez a doce horas. El bebé tendrá dos siestas durante el día de una hora y media a dos horas de duración y posiblemente una siesta corta. Cuando se elimina la siesta corta, tanto el tiempo de vigilia como las siestas restantes aumentarán en duración.

RESUMEN DE SUEÑO Y SIESTA

¿Cuál es la cantidad de sueño adecuada para un bebé en un período de veinticuatro horas? La respuesta dependerá de las necesidades únicas de sueño de tu bebé y de su etapa de desarrollo. Las siestas necesitan cambiar a medida que los bebés crecen.

La tabla a continuación es una guía general del sueño para el primer año. Como la mayoría de nuestras pautas, los promedios se basan exclusivamente en la población infantil de *Sabiduría para criar a tu bebé*.

Semanas	Tiempo de sueño	Número de siestas
1-2	17-19 horas, incluyendo	5-6 siestas por día
3-5	16-18 horas, incluyendo	5-6 siestas por día
6-7	15-18 horas, incluyendo	4-6 siestas por día
8-12	14-17 horas, incluyendo	4-5 siestas por día
13-15	13-17 horas, incluyendo	3-4 siestas por día
16-24	13-16 horas, incluyendo	3-4 siestas por día
25-38	13-15 horas, incluyendo	2-3 siestas por día
39-52	12-15 horas, incluyendo	2 siestas por día

SIESTAS Y LLANTO

Las siestas son una cosa, el llanto es otra. Desafortunadamente, en ocasiones ambas irán tomadas de la mano. Si bien los padres no deberían ponerse ansiosos por esto, tampoco deberían estar despreocupados. Aquí hay algunos factores a tener en cuenta. Llorar por diez, quince o incluso veinte minutos no dañará a tu bebé ni física ni emocionalmente. ¡Tu bebé no perderá células cerebrales, ni experimentará un descenso en el coeficiente intelectual, ni tendrá sentimientos de rechazo que lo dejarán maníaco-depresivo a la edad de treinta años! Esto se debe a que unos minutos de llanto no deshacen todo el amor y el cuidado que la mamá y el papá han mostrado día y noche. ¿Quién quiere un bebé irritado, muy necesitado, nunca satisfecho, incapaz de calmarse y que vive en un estado de descontento? Ese es el resultado inevitable de «impedir» el llanto todo el tiempo.

Es un hecho natural que la mayoría de los bebés aprenderán a conciliar el sueño antes y dormirán más si se les deja llorar un rato. También aprenderán la habilidad útil de calmarse a sí mismos. Si un bebe está realmente cansado, su llanto no debería durar mucho, aunque si tú eres el padre que lo escucha, el grito parece durar para siempre. Por supuesto, es difícil escuchar a tu bebé llorar, y aún más difícil seguir adelante con la decisión de dejar que llore al comienzo de una siesta. Sin embargo, tener una perspectiva correcta ayudará. Permitir que un bebé llore sin razón no tiene sentido, pero cuando se tiene en cuenta lo que es mejor para el bebé, como el entrenamiento saludable para dormir, entonces el llanto a la hora de la siesta tiene un propósito. No es un ejercicio sin sentido para probar la resolución del padre, sino una decisión de ayudar a tu bebé a lograr los múltiples beneficios que se obtienen al estar bien descansado.

Piensa que ese poquito de llanto es una inversión que traerá una ganancia lucrativa. El beneficio será un bebé que toma su siesta sin irritarse y se despierta descansado y, como resultado, alerta, listo para aprender, feliz y contento. Es una buena compensación para el bebé, para la mamá y para el papá. (Más sobre este tema en nuestro próximo capítulo).

EL BEBÉ AGOTADO

Los síntomas de agotamiento infantil son diferentes a los del bebé cansado. Un bebé cansado por lo general puede recuperar el sueño necesario en una buena siesta o al menos en un ciclo de veinticuatro horas. Sin embargo, el bebé agotado tiene una interrupción en los ciclos de sueño que requiere atención especial. Si los padres intentan mantener a su bebé despierto y se salta las siestas, el problema empeora. Si intentan forzar el sueño en el bebé al no responder a los gritos producidos por el agotamiento, la mamá y el papá rápidamente sentirán un choque emocional y el bebé seguirá necesitando ayuda. El agotamiento es uno de esos desafíos misteriosos del sueño que debe tratarse con cuidado. Hay demasiado en juego para dejar que esto pase sin una evaluación adecuada. Aquí hay algunos hechos a considerar cuando se trata de lidiar con el agotamiento infantil.

El sueño saludable tiene dos componentes principales a los que la mayoría de los padres no están dispuestos a renunciar: un bebé que duerme sus siestas sin despertarse y uno que duerme esas siestas en su cuna. Si bien ambas cosas son importantes, una debe suspenderse de forma temporal por el bien del bebé que muestra señales de agotamiento.

El agotamiento infantil es similar al agotamiento en los adultos. Todos sabemos que uno se siente tan cansado que se nos escapa el sueño. El agotamiento ataca nuestros ritmos de sueño. En el caso de los bebés, les impide entrar en el flujo de los ciclos de sueño activo y relajado. Puede aparecer como consecuencia de la interrupción de su rutina por varios días, sobre todo durante esos momentos del día en que las siestas son la norma. La prioridad es que la mamá encuentre una solución no estresante para restablecer el ritmo circadiano de su bebé (su ciclo normal de veinticuatro horas de vigilia y sueño).

Si sientes que tu bebé necesita este tipo de ajuste, y ahora estás en condiciones de volverlo a poner en una rutina predecible, recomendamos que la mamá encuentre una silla cómoda y un buen libro y deje que su bebé tome una siesta en sus brazos. Esto pudiera suceder de nuevo al día siguiente. Sin embargo, al tercer día, las siestas son en la cuna. Esto funciona porque la tensión entre la necesidad y el lugar de sueño se interrumpe de manera temporal mientras el bebé consigue un sueño reparador de la forma más cómoda posible. No estás creando un hábito de sueño porque este ajuste es solo por un par de días mientras ayudas a tu bebé a superar su agotamiento.

¡La prevención es la mejor medicina! Intenta pensar cómo tu perfecto dormilón se convirtió en un bebé agotado. No sucedió por casualidad, y la suspensión de un día de la rutina del bebé no crea agotamiento, aunque dos o tres días de interrupción continua probablemente lo hará. Echa un vistazo a lo que está sucediendo en tu hogar y con el horario del bebé, y haz los ajustes apropiados.

EL DESAFÍO DE DESPERTARSE TEMPRANO

Trabajas diligentemente durante semanas para ayudar a tu hijo de tres meses a establecer una buena rutina de alimentación-vigilia-sueño; y de repente un día, comienza a despertarse entre treinta y cuarenta y cinco minutos antes en su siesta sin señales de volverse a dormir. ¿Por qué haría eso un bebé que siempre duerme sus siestas, y por cuánto tiempo durará? ¿Unas pocas horas o unos días? ¿Cómo afectará esto el resto de su rutina? ¿Hay algo que la mamá puede hacer para resolver el desafío de la siesta de su bebé?

Para los futuros padres y los padres de recién nacidos, la siguiente sección, relacionada con los bebés que se despiertan antes de tiempo de su siesta, no es un desafío que tendrán que enfrentar de inmediato. Sin embargo, este será un capítulo muy popular al que las madres y los padres recurrirán muchas veces en el futuro. La razón es que esta sección aborda los desafíos del sueño y la siesta, no el desafío de establecer inicialmente una buena rutina de sueño con tu bebé, sino los desafíos asociados con las interrupciones repentinas a las rutinas de siesta bien establecidas. El desafío es real y hay mucha ayuda a solo una página de distancia esperando por los padres ansiosos que buscan soluciones. Pero primero, una historia sobre «El interruptor veintiséis».

Entre 1991 y 1994, Gary y Anne Marie Ezzo fueron los presentadores de «Parenting on the Line» [Crianza en línea], un programa de radio en vivo que duraba dos horas. El estudio de transmisión estaba totalmente equipado con canales satelitales, transmisores, relés y una gran cantidad de cables, interruptores y botones con los cuales ellos no sabían trabajar. Afortunadamente, su ingeniero de radio sí sabía. Un día, al comienzo de una transmisión, empezaron la cuenta regresiva normal de sesenta segundos. A los cuarenta segundos, se dieron cuenta de que sus micrófonos estaban apagados y vieron la mirada ansiosa del ingeniero mientras observaba sus frenéticos rostros. Segundos después, el ingeniero estaba de pie cerca de ellos, escaneando una hilera de treinta pequeños interruptores en diferentes posiciones de encendido / apagado. De repente, fijó su mirada en el interruptor veintiséis, lo colocó en la posición «encendido», e instantáneamente los micrófonos se encendieron.

Los Ezzos nunca olvidaron ese momento, ni la sensación de desconcierto y ansiedad cuando su rutina predecible fue interrumpida de manera inesperada. La crianza tiene sus momentos desconcertantes, como cuando un bebé se despierta antes de tiempo de una siesta saludable, contrario a su hábito normal de sueño. Como «el interruptor veintiséis», las soluciones son bastante fáciles, pero identificar la causa del problema no siempre es tan claro, sobre todo si la madre no está segura de qué buscar.

Pero ¿y si hubiera una lista de verificación que los padres pudieran repasar para ayudarlos a identificar la causa más probable de la perturbación de la siesta del bebé? Las buenas noticias para las mamás y los papás de *Sabiduría para criar a tu bebé* es que tal lista sí existe. En las siguientes páginas, encontrarás una variedad de razones por las cuales los bebés se despiertan antes de tiempo de sus siestas. A primera vista, la lista puede parecer un poco abrumadora a medida que comienzas a contar el número de posibles razones para las interrupciones de la siesta. Afortunadamente, el número de causas posibles se reduce de forma drástica una vez que los padres tienen en cuenta algunas variables, como la edad del bebé y la fuente primaria de alimento (leche materna, fórmula o alimentos sólidos).

Los padres también querrán considerar la naturaleza rutinaria de la interrupción. ¿Es este un problema en cada siesta, solo en las siestas de la mañana o en las de por la tarde? ¿El bebé se despierta solo a la hora de la siesta, o también se despierta de noche? ¿El problema ocurre todos los días o una vez cada tres días? Básicamente, estás buscando si se está desarrollando algún patrón.

Por supuesto, esta sección tiene poco valor si las bases de sueño normativo saludable no se han logrado. Asumimos que el bebé sigue una rutina de alimentación-vigilia-sueño de cada tres o cuatro horas, ya está durmiendo durante la noche al menos ocho horas, y habitualmente duerme la siesta al menos una hora y media o dos horas. Estos son logros normales de *Sabiduría para criar a tu bebé*. Es por eso que despertarse antes de tiempo de una siesta es contrario a lo «normal».

AISLAR LA FUENTE DEL PROBLEMA

Todos lo hemos experimentado. Nos sentamos ante nuestra computadora portátil y descubrimos que nuestra conexión a internet ya no funciona. ¿El problema tiene que ver con nuestra computadora portátil, el enrutador inalámbrico, una conexión floja en el módem o una interrupción en la línea del servidor de internet? Si bien el objetivo es recuperar el internet, tenemos que descubrir el origen del problema.

De manera similar, las interrupciones de las siestas se pueden desencadenar por una variedad de causas. El problema puede estar relacionado con el bebé, pero también podría estar asociado con la mamá o con su dieta, con las actividades del tiempo de vigilia o el ambiente de sueño del bebé. Aislar la causa de la alteración del sueño de tu bebé es el primer paso para solucionar el problema. Para ayudar con esto, nuestra lista se divide en cuatro categorías. Si bien algunas causas de problemas de sueño tienen soluciones obvias (un pañal que hay que cambiar, gas atrapado o un eructo que debe salir), otras causas son más sutiles y necesitan investigación.

Para mayor claridad, proporcionamos dos listas. La primera ofrece una descripción general de las muchas razones por las cuales los bebés se despiertan antes de tiempo de sus siestas, ya sea que ocurra tres veces al mes o tres veces al día. La segunda lista proporciona una explicación ampliada de las causas que afectan más que una siesta ocasional. Ellas están separadas por asteriscos (*). Revisar ambas listas puede acercar a la mamá y al bebé a la solución necesaria.

Nota del autor: Para una guía de referencia rápida a los desafíos en las siestas de tu bebé, y una explicación completa del problema, podrías considerar la aplicación *Babywise Nap* diseñada para iPhone y Android. (Palabra clave: *Babywise Nap*.) La aplicación *Babywise Nap* es una herramienta de análisis que puede ayudar a cualquier padre a aislar la causa subyacente de las interrupciones de la siesta y los trastornos de sueño en los bebés entre dos y doce meses de vida. Al responder cinco preguntas básicas, la aplicación reduce las cientos de variables de interrupción de la siesta hasta la causa más probable para la alteración de sueño del bebé. Una vez que se genera la lista, la aplicación ofrece las soluciones más apropiadas basadas en los datos proporcionados. Ver video en: www.PocketParenting.com. (Disponible solo en inglés).

LISTA UNO

Desafíos del sueño relacionados con el bebé

Aquí hay algunas posibles causas relacionadas con el bebé que pueden hacer que se despierte antes de tiempo:

1. El bebé tiene hambre porque:
   a. No recibió una alimentación completa en su alimentación anterior.
   b. Necesita más calorías de la «leche» en un período de veinticuatro horas.*
   c. Está comenzando un período de crecimiento acelerado.*
   d. Está listo para comenzar a ingerir alimentos sólidos.*

2. El bebé está incómodo porque:
   a. Se está enfermando, tiene fiebre leve, está comenzando el proceso de dentición, comienza una infección del oído, etc.
   b. Tiene una picadura de insecto o un cabello retorcido alrededor de un dedo del pie (síndrome del torniquete).*
   c. Tiene demasiado calor o demasiado frío.
   d. Tiene una dermatitis producida por el pañal.

3. El bebé tiene molestias en su estómago porque:
   a. Padece de un caso de reflujo leve o tardío.*
   b. Está teniendo una reacción alérgica a un nuevo alimento.*
   c. Esta incómodo porque no ha podido defecar.
   d. Necesita eructar.

4. El bebé se despertó porque:
   a. Se sobresaltó (reflejo de sobresalto).
   b. Se dio la vuelta y no sabe cómo volver a la posición anterior.
   c. Se le cayó el chupete y no sabe volver a dormirse sin él.

5. El bebé está comenzando una transición de sueño / siesta porque:
   a. Está alargando su sueño nocturno, y esto afecta las siestas durante el día.*
   b. Su cuerpo no requiere tanto sueño en un período de veinticuatro horas, lo cual impacta las siestas.

Desafíos del sueño relacionados con la mamá

Aquí hay algunas posibles causas relacionadas con la madre que contribuyen a que el bebé se despierte antes de tiempo:

1. El bebé tiene hambre porque:
   a. La alimentación previa resultó ser inadecuada.
   b. El suministro de leche de la mamá ha disminuido gradualmente.*

2. La dieta de la mamá está afectando al bebé lactante.

3. El bebé tiene una reacción a un nuevo medicamento que la mamá está tomando.*

4. El bebé lactante está obteniendo demasiada *lactosa* de la mamá.*

5. La mamá estaba apresurada, por lo que no le dio al bebé tiempo suficiente para que recibiera una alimentación completa.

Desafíos del sueño relacionados con las actividades

Aquí hay algunas posibles actividades de tiempo de vigilia que pueden contribuir a que el bebé que se despierte antes de tiempo:

1. El tiempo de vigilia anterior fue demasiado corto.*

2. El tiempo de vigilia anterior fue demasiado estimulante para el bebé porque:
   a. Fue demasiado largo, lo que provocó agotamiento en vez de sueño.
   b. Fue demasiado estimulante (p. ej. colocar al bebé frente al televisor).*
   c. La rutina general del bebé tiene demasiada flexibilidad (p. ej. la mamá está realizando demasiadas diligencias y el bebé toma siestas en el auto).

3. La primera alimentación del día tiene demasiada flexibilidad.*

4. Las tres actividades del día del bebé están fuera de orden. Mamá tiene al bebé en horario de vigilia-alimentación-sueño en lugar de alimentación-vigilia-sueño. (Ver explicación en la página 95).

Desafíos del sueño relacionados con el medioambiente

Aquí hay algunas posibles causas relacionadas con el medioambiente que hacen que el bebé se despierte antes de tiempo:

1. El bebé no está recibiendo las cantidades adecuadas de luz natural. La luz natural ayuda a los bebés a regular su reloj circadiano.*

2. La habitación del bebé no es lo suficientemente oscura.*

3. El bebé está estimulado en exceso en la cuna debido a los juguetes de cuerda que se encendieron cuando lo colocaron a dormir la siesta.*

4. Cuando tu bebé alcanza de cuatro a seis meses de vida, podría despertarse en respuesta a sonidos familiares en el hogar.*

5. Desconocido: ¿Qué significa esto? Simplemente que existe una razón, pero es tan exclusiva de la situación de tu bebé que no ocurre fácilmente con otros bebés.*

LISTA DOS

Esta lista contiene una explicación de muchos de los diversos desafíos del sueño mencionados anteriormente.

1. El bebé tiene hambre porque necesita más calorías de la leche en un período de veinticuatro horas.

Explicación / recomendación: Ya sea leche materna o fórmula, el bebé necesita más calorías debido a su crecimiento. Aunque esto no siempre indica el inicio de la alimentación sólida, puede mostrar la necesidad de más alimentaciones (si está amamantando) o de más onzas (si es fórmula). El hambre puede perturbar la rutina de las siestas y el sueño nocturno establecido. Consulta con el pediatra de tu bebé la literatura relacionada con la cantidad de onzas que necesita según la semana o mes de vida.

2. El bebé está comenzando un período de crecimiento acelerado.

Explicación / recomendación: El período de crecimiento acelerado interrumpirá las siestas del bebé el tiempo que este dure, que puede ser de uno a cuatro días. Cuando se produzca un crecimiento acelerado, alimenta a tu bebé tanto como lo necesite, pero trata de mantener los ciclos de alimentación-vigilia-sueño lo mejor que puedas. El día después que termine el período de crecimiento, tu bebé tomará siestas más largas de lo normal durante unos días. Esto se debe a que el crecimiento acelerado es tan agotador para el bebé como para la mamá. Un crecimiento acelerado es un proceso biológico donde el bebé requiere calorías adicionales debido a una necesidad de crecimiento específica, probablemente para restaurar la energía agotada a las células. Tu principal preocupación es proporcionar las calorías adicionales que tu bebé necesita. (Por favor, revisa la sección Crecimiento acelerado en el Capítulo 4).

3. El bebé está listo para comenzar a ingerir alimentos sólidos.

Explicación / recomendación: Para el bebé que tiene un patrón de sueño nocturno bien establecido, cualquier despertar anormal durante la noche entre los cinco y los seis meses de vida o levantarse antes de tiempo durante las siestas también pueden indicar que se requiere más nutrición durante el día. Los bebés son muy individuales cuando se trata de mostrar que están listos para ingerir alimentos sólidos. Un bebé puede mostrar señales a los cuatro meses, mientras que otro no muestra señales de estar listo hasta los seis meses. Como regla general, los bebés frecuentemente comienzan a ingerir alimentos sólidos entre los cuatro y los seis meses de vida, aunque algunas investigaciones sugieren que retener los alimentos sólidos hasta los cinco o los seis meses puede disminuir la posibilidad de alergias a los alimentos. Ten en cuenta que la investigación no sugiere que si le das al bebé alimentos sólidos a los cuatro meses tendrá alergias a los alimentos, sino que algunos bebés tienen una capacidad poco desarrollada para digerir alimentos sólidos, lo que se refleja en las alergias alimentarias. La AAP anima a que se espere hasta los seis meses antes de comenzar a introducir los alimentos sólidos, pero la mayoría de las abuelas te dirán que cualquier momento entre los cuatro y los seis meses es apropiado si tu bebé muestra todas las señales. El pediatra del bebé o el médico de familia te guiarán según las necesidades nutricionales únicas de tu hijo y las señales que indican que ya está listo.

4. El bebé está incómodo porque está enfermo, está en el proceso de dentición, tiene fiebre leve, inicio de una infección de oído, etc.

<u>Explicación / recomendación</u>: ¡Asusta un poco! Tu bebé se despierta antes de tiempo de su siesta, llora como si tuviera un dolor, pero no sabes por qué. Primero, tocas su frente para ver si tiene fiebre. Luego revisas sus oídos y nariz. Si no hay enrojecimiento es una buena señal, entonces examinas la boca del bebé en busca de un diente nuevo que esté saliendo. Nada. El tiempo de examen ha terminado. Asumes que es un problema de sueño.

¡No tan rápido! El llanto repentino e inexplicable tiene una causa, y como padres deben descubrir cuál es. Si todavía no lo hacen, acostúmbrense a revisar al bebé una vez al día, incluidos los dedos de las manos y los pies. Revisen a ver si tiene picaduras de insectos, que a menudo se muestran como una protuberancia roja en la piel. También hay una condición, aunque ocurre pocas veces, llamada síndrome de «torniquete del dedo del pie». Un cabello, generalmente de mamá, o una fibra de una alfombra o manta donde estaba jugando el bebé, de alguna manera se envuelve alrededor de un dedo del pie o de la mano. Aunque apenas notable, a medida que pasa el tiempo comienza a apretarse y a cortar la circulación, esto causa hinchazón, inflamación y dolor.

El problema a menudo no se descubre porque el bebé lleva medias o peleles. Si bien esto puede que no explique cada llanto repentino e inexplicable o por qué el bebé se despierta antes de tiempo de sus siestas, les alerta de la necesidad de una «revisión» diaria del cuerpo del bebé.

5. El bebé tiene molestias en su estómago porque padece de un caso de *reflujo* leve o tardío.

<u>Explicación / recomendación</u>: Aunque puedes leer más sobre el *reflujo* en el Capítulo 8, es importante entender que los síntomas de reflujo pueden no estar presentes al nacer y pueden no aparecer durante varias semanas. Se estima que, en Estados Unidos, del 3-5 % de todos los recién nacidos tienen síntomas de reflujo leve o severo durante los primeros meses de vida. El reflujo es el resultado de una válvula esfínter inmadura donde se conecta el esófago con el estómago. Cuando funciona correctamente, se

abre para permitir que traguemos, eructemos o vomitemos, luego se cierra de inmediato. El reflujo ocurre cuando el esfínter permanece relajado o se relaja de forma periódica, y permite que los alimentos mezclados con ácido estomacal retrocedan al esófago y la garganta, causando dolor. Esta condición se denomina acidez estomacal en el mundo de los adultos.

Si tu bebé tiene problemas de reflujo, puedes estar seguro de que aparecerá durante todo el día, no solo a la hora de la siesta. Tenemos un pequeño amigo llamado Micah, quien es un ejemplo de esto. Después de tres semanas, comenzó a manifestar un caso leve de reflujo. Para contrarrestar sus efectos, sus padres hicieron dos cosas: lo mantenían derecho por un corto tiempo después de cada alimentación, y elevaron la cabecera de su cuna dos pulgadas, para permitir que la gravedad evitara que los ácidos del estómago volvieran al esófago de Micah mientras dormía. Debido a que era un caso leve de reflujo, estas soluciones funcionaron. En casos más severos, quizás será necesaria la medicación.

6. Tu bebé está teniendo una reacción alérgica continua a un alimento nuevo.

Explicación / recomendación: Una regla básica para introducir alimentos sólidos es comenzar con un elemento a la vez, y esperar de tres a cinco días antes de introducir otro tipo de alimento para ver si tu bebé desarrolla una reacción alérgica. La introducción secuencial de los alimentos te permite controlar la reacción de tu bebé, de manera que se pueden hacer los ajustes nutricionales adecuados si es necesario. Por ejemplo, a tu bebé le puede caer bien la calabaza amarilla, pero pudiera tener una reacción a los guisantes. Las molestias estomacales, las diarreas, incluso las erupciones cutáneas son síntomas comunes de alergias alimentarias y también pueden afectar las siestas y el sueño nocturno. El vómito, aunque raro, es un indicador más grave de que el bebé está teniendo una reacción. ¿Lo más importante? Nunca introducir múltiples tipos de alimentos a la misma vez para que no tengas que adivinar qué alimento causó la reacción, en caso de que ocurriera.

Cuando introduzcas cereal en la dieta de tu bebé, comienza con la alimentación de la mañana. Si, por casualidad, tu bebé tiene una reacción intestinal, se notará y debería terminar antes de que acabe el día. Al introducir un alimento nuevo al mediodía o en la cena, corres el riesgo de que la reacción ocurra a mitad de la noche cuando las alteraciones del sueño son más difíciles de determinar. Finalmente, antes de comenzar a introducir los alimentos sólidos, verifica con los miembros inmediatos y extendidos de la familia si hay antecedentes de alergias alimentarias. Saber si hay antecedentes de alergias en la familia te da una gran ventaja. Si hay algún antecedente en ambos lados de la familia, existe una mayor probabilidad de que tu pequeño presente alergias alimentarias. Esta es una buena información que debes saber. Si sucede, al menos no te toma por sorpresa.

7. El bebé está comenzando una transición de sueño / siesta porque está extendiendo su sueño nocturno, y esto afecta las siestas diurnas.

Explicación / recomendación: Cuando el bebé comienza a extender su sueño nocturno, y empieza a dormir, por ejemplo, de diez a doce horas, esto naturalmente produce una reducción en el tiempo que el bebé duerme durante el día. Esta reducción generalmente aparece en la siesta (en raras ocasiones puede aparecer a las 3:00 a. m., cuando el bebé se despierta y quiere jugar). En este caso, el bebé no está sumando o restando horas de sueño; él está reorganizando el momento de dormir. Sin embargo, a medida que el bebé crece, comenzará a restar horas porque su cuerpo no le permitirá dormir demasiado.

8. El bebé duerme demasiado y necesita disminuir horas de sueño.

Explicación / recomendación: Aunque el sueño es muy importante para el desarrollo del bebé y su comportamiento general, hay límites para la cantidad de sueño que el bebé necesita en cada etapa de crecimiento. La parte del cerebro encargada del sueño comenzará a enviar una «señal de alerta» de manera automática si duerme demasiado en un período de veinticuatro horas. Cuando alcanza este nivel de crecimiento comenzará a disminuir horas de sueño. Normalmente los bebés no restan horas del sueño nocturno, sino del diurno. En consecuencia, esto significa que los tiempos de vigilia se alargan, y la cantidad de siestas disminuye durante el día.

9. El bebé tiene hambre porque el suministro de leche materna ha ido disminuyendo gradualmente.

Explicación / recomendación: Cuando se trata de una disminución en el suministro de leche materna, la disminución generalmente ocurre de forma gradual, y en consecuencia tu bebé cambia la duración de la siesta paulatinamente. El bebé podría comenzar a despertarse solo entre quince y treinta minutos antes de tiempo, y luego entre treinta y cuarenta y cinco minutos, o sesenta minutos antes. La mayoría de las mamás pueden añadir una alimentación o dos y así aumentar su suministro de leche. Sin embargo, hay un muy pequeño porcentaje de madres que amamantan y que no pueden mantener su suministro de leche durante el día, incluso después de probar todas las sugerencias razonables ofrecidas sobre la lactancia. A veces, durante las horas de sueño nocturno, la mamá es capaz de producir suficiente cantidad de leche para la alimentación de la mañana, pero no es capaz de mantener la producción necesaria durante todo el día. El resultado final aparece en los diferentes tiempos de sueño. Las posibles causas de la disminución en la producción de leche incluyen:

- La madre no ofrece suficientes alimentaciones en un período de veinticuatro horas.
- La madre está agotada porque está dando demasiadas alimentaciones (o conjunto de alimentaciones en cortos períodos de tiempo).

- El horario de la madre está demasiado ocupado (es decir, no está descansando lo suficiente).
- La madre no se está alimentando adecuadamente o no está ingiriendo suficientes calorías o líquidos.
- La madre está tomando un medicamento supresor de la lactancia.
- La madre no puede suplir las necesidades nutricionales del bebé.

Una vez que la mamá descubre la causa probable de la disminución en su suministro de leche, debe tomar medidas correctivas si está dentro de sus posibilidades controlarla o influir en ella. Si determina que no puede ofrecerle a su bebé una nutrición adecuada a través de la lactancia materna exclusiva, incluso después de hacer todos los ajustes adecuados, entonces tiene dos opciones. Continuar amamantando y suplementar con fórmula, o alimentarlo solo con fórmula. En ambos casos, lo más importante es que el bebé reciba una nutrición adecuada para un crecimiento saludable, y en eso debe basarse la decisión de la mamá.

10. El bebé tiene una reacción a un nuevo medicamento que la mamá está tomando.

Explicación / recomendación: La mayoría de los medicamentos recetados para las madres que amamantan no son dañinos para el lactante. Sin embargo, hay ciertos medicamentos que potencialmente pueden convertirse en una fuente de malestar, lo cual afecta el sueño del bebé. Si la mamá sospecha que existe relación entre su medicamento y la irritabilidad de su bebé, hay varios factores a considerar. Primero, la madre no debe asumir que un medicamento que tomó de manera segura durante el embarazo siempre será seguro para el bebé lactante. Segundo, la mamá debe verificar la dosis prescrita con su médico o farmacéutico. ¿Es posible reducir la dosis o sustituir por otro medicamento que tenga menos efectos secundarios para el bebé? Tercero, ¿a qué hora del día la mamá toma su medicamento? ¿Es posible tomarlo después de alimentar al bebé por última vez en la noche, para que su cuerpo pueda metabolizar la mayor parte del medicamento durante su sueño nocturno, que probablemente será de ocho a diez horas antes de la próxima alimentación de su bebé? Al final, la mamá debe sopesar los beneficios de tomar su medicamento a la luz de la posibilidad de que el medicamento tenga un impacto negativo en su bebé.

11. Un suministro de leche excesivamente abundante proporciona demasiada lactosa para el bebé.

Explicación / recomendación: La mayoría de las preocupaciones sobre la lactancia materna están asociadas a la producción insuficiente de leche materna. Sin embargo, en raros casos, algunas madres producen demasiada leche, que pone en acción un efecto dominó que aparece a la hora de la siesta. Cuando las glándulas productoras de leche de la madre producen y almacenan más leche de la que su bebé necesita, en consecuencia, los volúmenes de la primera leche y de la posterior cambian. Aunque las proporciones de la primera leche y de la posterior permanecen iguales, las cantidades totales en cada seno son mayores. Cuando hay más primera leche disponible para un bebé hambriento, este ingiere más lactosa (azúcar de la leche), y ahí es cuando comienza el problema.

Los bebés sanos no tienen problemas para procesar los niveles normales de lactosa, pero ingerir un gran volumen dominará sus vías digestivas porque no tienen suficiente *lactasa* (enzima digestiva) para descomponer toda la lactosa. Demasiada lactosa causa molestias significativas debido a la acumulación de gases. Las heces acuosas y verdosas son un síntoma común de esta afección.

Hagamos los cálculos sobre esto. Asumiremos que el bebé está en una etapa en que debería tomar un total de cinco onzas de leche en cada alimentación (dos onzas y media por cada seno). Sin embargo, la mamá produce de seis a ocho onzas de leche en cada alimentación, lo que aumenta de manera proporcional la cantidad de lactosa disponible durante la lactancia. El bebé comienza con un seno, toma de tres a cuatro onzas, cambia de seno, pero se sacia con dos onzas más de la primera leche del segundo seno. Dado que la primera leche tiene un alto contenido de lactosa y más bajo contenido de grasa que la leche posterior, el resultado es que entra demasiada lactosa al sistema digestivo del bebé que causa dolor de estómago, heces acuosas y, en última instancia, provoca interrupciones en las siestas del bebé. Se produce un ciclo descendente: las siestas se acortan, el bebé comienza a alimentarse con menos vigor y el ciclo de lactosa se repite.

¿Solución posible? Extraerse un poco de leche de ambos senos justo antes de la alimentación podría ayudar a remediar el problema. Eso eliminará un poco de la primera leche, así que cuando el bebé se alimente, recibirá una ración más proporcional entre la primera leche y la posterior. Desafortunadamente, la prueba y el error es la única forma de descubrir la cantidad correcta que se debe extraer.

12. El tiempo de vigilia del bebé es muy corto.

Explicación / recomendación: Siempre habrá días en que la rutina del bebé tendrá alguna variación que afectará la duración de los tiempos de vigilia. Sin embargo, si el tiempo de vigilia del bebé también es rutinariamente corto para su edad, las siestas se verán interrumpidas. Si bien el sueño es muy importante para el desarrollo del bebé, hay límites para la cantidad de sueño que requiere en un período de veinticuatro horas. La parte del cerebro que controla el sueño comenzará a enviar una «señal de alerta» si duerme demasiado en un período de veinticuatro horas. Una de esas señales es que se despierta antes de tiempo de una o todas las siestas. Los padres deben intentar ajustar el horario de su bebé para permitir que tenga tiempos de vigilia más prolongados.

13. Los tiempos de vigilia del bebé son demasiado estimulantes o demasiado prolongados.

Explicación / recomendación: Al buscar la solución para los desafíos de la siesta, los padres a menudo pasan por alto la calidad del tiempo de vigilia que precedió a la siesta. Recuerda, todo está conectado. Los tiempos de vigilia afectan las siestas al igual que las siestas afectan los tiempos de vigilia. Los bebés demasiado cansados y sobre estimulados se vuelven hiperalertas, luchan contra el sueño a través del llanto. Si este es un problema regular, acortar quince minutos el tiempo de vigilia de tu bebé podría ayudar. Además, ten en cuenta los tipos de actividades que tú y tu bebé realizan. ¿Recibes demasiadas visitas que sienten el impulso irresistible de entretener a tu bebé? ¿Ha estado tu bebé expuesto a los ruidosos amigos de papá mientras ven un evento deportivo? ¿Podría ser que la mamá está en mucho movimiento? Cuando el bebé está de paseo, el ir y venir, los nuevos paisajes y los sonidos y la ausencia de previsibilidad, todo funciona contra el buen comportamiento de la siesta. Eso se debe a que las siestas cortas en el asiento del automóvil no sustituyen una siesta completa en la cuna. Una siesta ocasional en el asiento del automóvil no causará problemas, pero no debería ser la norma, sobre todo durante los primeros seis meses de vida de tu bebé.

14. La primera alimentación del día tiene demasiada flexibilidad.

Explicación / recomendación: Al intentar establecer un plan de alimentación-vigilia-sueño, los padres deben determinar la primera alimentación del día y tratar de mantenerte lo más consistente posible. Sin una alimentación matutina consistente, la madre puede y alimentará cada tres horas a su bebé, pero cada día tendrá un ritmo diferente. Eso irá en contra de la estabilización del metabolismo del hambre del bebé y con el tiempo afectará la duración de sus siestas.

15. El bebé no está siendo expuesto a cantidades adecuadas de luz natural.

Explicación / recomendación: La luz natural es importante para ayudar a los bebés a regular su reloj circadiano. Este es el reloj interno, el sistema biológico de cronometraje que regula las actividades diarias, como los ciclos de sueño y vigilia. Recomendamos que, desde que tu bebé se despierte por la mañana, llévalo a una habitación llena de luz natural (aunque no necesita estar expuesto directamente a la luz solar). La luz natural, junto con la primera alimentación del día, ayudará a establecer su ritmo circadiano y mantenerlo de forma consistente. La rutina ayuda a facilitar esta increíble función que todos los seres humanos poseen.

16. La habitación del bebé no es lo suficientemente oscura.

Explicación / recomendación: Esta es una de las razones que más se pasa por alto cuando el bebé comienza a despertarse antes de tiempo, y es una de las más fáciles de corregir. Aunque los recién nacidos pueden dormir en cualquier lugar y bajo cualquier condición, la «sensibilidad a la luz» comienza a cambiar después de los tres meses de vida. El sol ilumina un costado de la casa en la mañana, y el otro costado en la tarde. En dependencia de la ubicación de la habitación del bebé, la luz del sol puede afectar las siestas del bebé. Como la mayoría de los adultos, los bebés tienden a dormir mejor y por más tiempo si la habitación está oscura. Las sombras o las cortinas son la solución simple.

17. El bebé está sobre exaltado en la cuna porque un juguete de cuerda / móvil se encendió cuando lo pusieron a dormir la siesta.

Explicación / recomendación: Todos esos regalos divertidos para bebés que la mamá y el papá quieren usar de inmediato pueden ser un problema. ¿Por qué? Los recién nacidos aún no están listos para apreciar los accesorios de la cuna debido a su alcance visual. Antes de los cuatro meses de edad, recomendamos mantener los accesorios de la cuna en sus cajas. Cuando los saques, colócalos sobre el corralito en lugar de la cuna. Los objetos móviles son entretenidos, pero cuando se configuran demasiado pronto y se activan justo antes de la hora de la siesta, pueden convertirse en una fuente de sobreestimulación. Algunos bebés no pueden manejar neurológicamente ciertas estimulaciones específicas creadas por el movimiento y el sonido. Incluso el parpadeo de la luz de un televisor puede sobresaltar a un bebé. Por ejemplo, la mamá está viendo las noticias en una habitación oscura mientras amamanta y nota que su bebé se queda dormido. Ella piensa que debe estar cansado, pero en este caso el bebé se está apagando neurológicamente, un mecanismo por el cual el cuerpo del bebé se protege a sí mismo. Treinta minutos después, el bebé se despierta y la mamá interpreta esto como un problema de sueño, cuando en realidad es un problema provocado por el sobreestímulo.

18. Tu bebé entre cuatro y seis meses se está despertando en respuesta a sonidos asociados con el placer.

<u>Explicación / recomendación</u>: Esta condición se crea cuando dos elementos de tiempo se cruzan. El reloj circadiano del bebé lo está pasando del sueño profundo al sueño activo cerca del momento en que ocurre un sonido familiar cada día. Cuando se acerca a los cuatro meses, desarrolla la capacidad de asociar sonidos con actividades y personas. Una vez que hace la asociación, se pone más alerta y el sonido puede despertarlo. Aunque muchos bebés volverán a dormirse, otros están listos para luchar contra el sueño ante la próxima gran aventura.

Podría ser el sonido familiar de los frenos del autobús escolar o de la puerta del garaje cuando se abre. Ambos señalan la llegada de alguien, tal vez un hermano entretenido o un padre amante de la diversión. No se puede hacer mucho con los frenos del autobús escolar, excepto sustituirlo por algún ruido uniforme durante la siesta afectada. El papá puede estacionar el auto en la entrada y encontrar una manera menos perturbadora de llegar a casa. Cada hogar tiene sus propios sonidos peculiares que se vuelven parte del subconsciente del bebé, especialmente si el sonido precede al placer. ¡Es como si sonara una campana en la cabeza del bebé y de repente está listo para la fiesta!

19. Desconocida: ¿Qué significa esto? Simplemente que existe una razón, pero es tan exclusiva de la situación de tu bebé que no ocurre fácilmente con otros bebés.

<u>Explicación / recomendación</u>: Es sorprendente y útil darse cuenta de que las cosas más simples pueden pasarse por alto cuando se busca una solución a los problemas de sueño o de siesta. Una madre informó que su búsqueda terminó cuando entró en la habitación de su bebé, después de que se quedó dormido, y se sentó ante él durante toda la siesta. Ella no sabía qué buscar, pero descubrió algo que nunca hubiera imaginado. Apenas unos treinta y cinco minutos en su siesta, un rayo de luz solar comenzó a brillar sobre la cara de su bebé. En este caso, el factor desconocido estaba relacionado a la rotación de la tierra, que continuamente cambiaba el ángulo del sol. Al rastrear la fuente del rayo de sol, la mamá descubrió que los rayos del sol se reflejaban en un trozo de metal que parpadeaba en el techo de la casa de su vecina. Aunque el impacto del sol en ese lugar exacto solo duraba diez minutos, era suficiente para despertar al bebé. La mamá comenzó a colgar una toalla en la esquina de la ventana durante las siestas y resolvió el problema.

Si la causa del trastorno de la siesta de tu bebé está dentro de la categoría de «desconocido», sigue buscando pistas, haz preguntas, o invita a una madre experimentada en *PDF* durante parte del día a observarte a ti y a tu bebé. Si estás perpleja ante un desafío de siesta, un par de ojos siempre serán útiles.

RESUMEN DE DESPERTARSE ANTES DE TIEMPO

Si tu bebé se despierta antes de tiempo de un sueño profundo con un fuerte llanto, considera si la causa se relaciona con el bebé, la mamá, el tiempo de vigilia o el ambiente de sueño. Este fenómeno se conoce como el intruso de cuarenta y cinco minutos y puede visitar a tu bebé en cualquier momento; pero generalmente aparece después de las ocho semanas de vida y alcanza su punto máximo a los seis meses. Puede suceder un día o dos o decidir establecerse por una semana.

Si has descartado las explicaciones simples, te sugerimos que comiences tratando al intruso del sueño como un problema de hambre. Intenta alimentar a tu bebé primero. Si no muestra interés en alimentarse o no se alimenta bien, acabas de descartar el hambre como la causa. Pero si toma una alimentación completa, has reducido la causa a un problema de alimentación. Esto podría ser un indicador de que el bebé está comenzando un período de crecimiento acelerado, o de que hay una disminución en tu suministro o en la calidad de tu leche.

Si no es un problema de alimentación, entonces revisa el resto de las posibles causas en la Lista dos. La clave para solucionar el problema es identificar la fuente del problema y luego trabajar en busca de una solución. Incluso si no puedes identificar la fuente, el problema tiende a ser temporal y por lo general se arregla solo.

Por último, ten en cuenta que algunos defensores del sueño aconsejan a las madres que mantengan a sus bebés en horarios fijos, incluso si sus bebés se despiertan antes de tiempo de sus siestas. Su consejo es permitir que el bebé «llore» hasta que le toque la próxima alimentación, pero esto ignora las posibles necesidades del bebé. *¡Un bebé hambriento siempre debe ser alimentado!* Retener el alimento nunca es la manera de solucionar un problema de sueño.

RESUMEN: TIEMPO DE VIGILIA Y SIESTAS

El tiempo de vigilia se convertirá en una parte cada vez más importante del día de tu bebé, porque es un momento de aprendizaje. Sin embargo, existe un equilibrio que los padres deben tener en cuenta. Sobreestimular a un bebé durante el tiempo de vigilia afecta el siguiente conjunto de alimentaciones y siestas. Recuerda, todo está conectado. Cuando los padres ayudan a sus bebés al establecer patrones saludables de alimentación-vigilia-sueño, todos en la casa ganan. Cuando hay una serie de interrupciones en la alimentación de tu bebé o en la rutina del tiempo de vigilia, habrá cambios correspondientes en sus patrones de sueño. Sé lo más consistente posible con los horarios de alimentación y los tiempos de vigilia apropiados para la edad de tu bebé.

Hay más recursos de desarrollo en línea para ayudarte a aprovechar al máximo los tiempos de vigilia y las siestas de tu bebé.

7

Cuando tu bebé llora

Tú bebé llora y el mundo a tu alrededor se oscurece. Sabes que hay un mensaje implícito en ese llanto, pero ¿qué es? Además de llorar cuando tienen hambre, los bebés tienen su propia manera de comunicarse cuando están cansados, orinados, enfermos, aburridos, frustrados, fuera de su rutina, o se les alimenta con demasiada frecuencia; a veces lloran simplemente porque eso es lo que hacen los bebés normales y saludables. Ningún padre siente placer al escuchar ese sonido, sobre todo si son padres primerizos. El llanto de un bebé evoca sentimientos de incertidumbre, contrario a todo lo experimentado antes. Es una sensación poderosa e incómoda que hace que las madres y los padres se pregunten si pasaron por alto o hicieron algo mal, y esto a menudo puede provocar momentos de ansiedad. ¡Si supieras qué hacer! Confiamos en que, después de leer este capítulo, lo sabrás.

Para empezar, es alentador saber que la Academia Americana de Pediatría reconoce el llanto como una parte natural de la rutina del bebé. De su guía completa y autorizada para el cuidado infantil, leemos: «Todos los bebés lloran, a menudo sin causa aparente. Los recién nacidos lloran rutinariamente de una a cuatro horas al día. Ninguna madre puede consolar a su hijo cada vez que llora, así que no esperes ser un hacedor de milagros con tu bebé. Presta atención a los diferentes llantos de tu bebé y pronto sabrás cuándo necesita que lo carguen, lo consuelen, lo atiendan, o cuando es mejor dejarlo solo».[1]

Piensa en el llanto como una señal, no como una declaración en contra de tu paternidad. Como mamá o papá, aprende a evaluar el llanto de tu bebé, para que puedas responder de forma adecuada. La capacidad de *descifrar* el llanto de tu bebé te dará seguridad en el proceso de crianza, pero ¿cuáles son las claves para decodificar la señal del bebé?

En la primera infancia, el llanto es una forma intuitiva de comunicar necesidad y descontento. El llanto por hambre es diferente al llanto por enfermedad. El llanto del bebé somnoliento es diferente al llanto que dice «abrázame». Y el llanto de angustia difiere del grito exigente. El llanto también varía en volumen. A veces no será más

que un suave gemido. En otras ocasiones será una protesta violenta. Sé consciente de que los intentos de minimizar o «impedir» todo llanto pueden fácilmente aumentar el estrés de tu bebé (y el tuyo) en lugar de disminuirlo. Las lágrimas derramadas durante el llanto ayudan a eliminar las hormonas de estrés químicamente activas.

EL CONFLICTO INEVITABLE

En el mundo de la consejería sobre el cuidado infantil, hay dos grupos opuestos que se deben evitar: el grupo «Deja que el bebé llore» y los defensores de «Impide que llore». Ninguno de estos consejos es útil porque requiere que los padres rindan su sentido común a las creencias extremas. El primero surge del movimiento conductista descrito en el Capítulo 2. Para este grupo, el fin (un niño bien programado) justifica los medios. Pero ¿qué hay de las señales legítimas de hambre que se presentan antes de la alimentación programada? Con la alimentación estricta por el reloj, se deja que el bebé llore, a menudo innecesariamente. En el otro extremo está la crianza de apego, que aconseja impedir o suprimir todo llanto, impulsado por la falsa suposición de que el llanto del bebé refleja la ansiedad provocada por el supuesto trauma al nacer.

Algunas investigaciones sorprendentes demostraron que los bebés a los que se les permitía llorar durante los períodos normales de la infancia eran capaces de solucionar los problemas de manera vigorosa y activa al año de edad. Cuando se colocaron delante de obstáculos que los separaban de sus padres, encontraron una manera de maniobrar y bordear las barreras para regresar a donde estaban la mamá o el papá. No se mostraron ni estresados ni asustados. Por el contrario, los bebés cuyos padres reprimían su llanto de forma habitual, no pudieron superar los obstáculos más simples que los separaban de ellos. La tendencia fue a sentarse, gemir y esperar a ser rescatados. Habían perdido todo sentido de iniciativa para ayudarse a sí mismos.[2]

¿Qué podría demostrar esto? Cuando se suprime el llanto, en lugar de manejar el momento según la necesidad, los bebés aprenden a confiar en el llanto para resolver todos sus problemas. Cuando los padres impiden cada llanto de su bebé en vez de manejarlo de acuerdo a la necesidad, de manera inadvertida, están cerrando en la mente del bebé otras asociaciones vitales. Por ejemplo, los infantes aprenden con mucha rapidez que a una acción generalmente le sigue una respuesta predecible. Si el bebé tiene hambre y llora, por lo general a continuación viene la alimentación. Si ensucia su pañal, lo cambian. Si se asusta, lo consuelan. Si lo colocan en su cuna, aprende que es hora de dormir. Dichas asociaciones en el aprendizaje proporcionan los bloques constructivos que forman las habilidades complejas, que incluyen calmarse y resolver las situaciones. Cuando los padres intentan reprimir todo llanto, niegan el acceso de su bebé a los patrones de aprendizaje que se producen con la asociación.

ENTENDER EL LLANTO DE TU BEBÉ

La clave para entender y responder de manera adecuada al llanto del bebé es evaluar el contexto en que este ocurre, no solo el llanto en sí. Hay seis períodos específicos de llanto durante los primeros cinco meses de vida: tres de ellos son *atípicos*: tres son *normales*. El llanto atípico indica que algo está mal y que se debe revisar al bebé. El llanto normal sigue siendo una señal, pero requiere una respuesta diferente. Aquí está la explicación de cada uno.

LLANTO ATÍPICO

El llanto durante o inmediatamente después de la alimentación y en medio de la siesta requiere atención, porque no son momentos en que el bebé debería llorar. No esperes a que el llanto disminuya; investiga y buscar la causa.

Llanto durante la alimentación: Es probable que esto suceda si tu bebé no está recibiendo suficiente alimento o no se le está dando lo suficientemente rápido.

Podría haber una serie de razones para estas condiciones, incluido el agarre incorrecto del seno o la producción deficiente de leche. (Ver el Apéndice 4, Monitorear el crecimiento de tu bebé).

Llanto inmediatamente después de la alimentación: Si tu bebé siempre llora dentro de los treinta minutos posteriores a la alimentación, y parece más un llanto por dolor que por somnolencia, puede ser causado por uno de varios factores:

1. Gas atrapado. Los bebés pequeños con frecuencia tragan aire durante la alimentación. Este aire debe ser expulsado. Ayuda a tu bebé a eructar al sostenerlo contra tu hombro, sobre tu regazo o sobre tu rodilla (como se muestra en el Capítulo 4). El gas atrapado es la primera causa a considerar cuando un bebé se despierta treinta minutos después de haberse quedado dormido. Por lo general, este llanto es como un grito agudo. Si esa es tu situación, levanta al bebé, intenta ayudarlo a eructar y abrázalo por un momento, y luego colócalo de nuevo en la cuna.

2. La dieta de la mamá. Si estás amamantando, considera lo que comes. Ten el cuidado de evitar grandes cantidades de productos lácteos y alimentos picantes. Quizás no tengas que eliminar esos productos de tu dieta, pero es posible que tengas que reducir la cantidad de manera considerable.

3. Un problema con la calidad de la leche. Una madre que amamanta puede tener una cantidad suficiente de leche, pero

no con la calidad necesaria. Si ese es el problema, el bebé responderá con un llanto por hambre una hora después de haberse alimentado. Aunque esto no ocurre con frecuencia, puede afectar hasta el cinco por ciento de las madres lactantes. ¿Qué puedes hacer para mejorar esta condición? Revisa tu dieta y busca el consejo de tu pediatra. Él o ella te puede recomendar un nutricionista.

Llanto en medio de una siesta profunda: Si tu bebé se despierta de un sueño profundo con un fuerte llanto, puede ser producto de una combinación de cualquiera de los tres factores mencionados anteriormente. Puede ser que su horario de sueño haya sido interrumpido por haber estado despierto hasta tarde la noche anterior o por haber tenido una mañana agitada. El llanto también puede ser el resultado de uno de los múltiples factores nombrados en el Capítulo 6 que están relacionados con los desafíos de la siesta. Por ejemplo, si tu bebé muestra la necesidad de alimentarse con más frecuencia al despertarse de una siesta profunda, esto puede indicar una disminución en tu suministro de leche o en la calidad de la misma. De todas formas, alimenta a tu bebé, pero no te detengas ahí. Trata de averiguar por qué tu bebé muestra repentinamente señales de hambre. Al alimentarlo antes de lo normal, no estás retrocediendo en tu rutina, sino que estás haciendo un ajuste saludable y adecuado para avanzar a la siguiente fase de desarrollo de tu bebé.

LLANTO NORMAL

Excepto los que acabamos de mencionar, otros tipos de llanto son normales y deben esperarse. Esto incluye el llanto antes de comer, durante el período de la tarde noche y cuando el bebé se coloca en la cuna para dormir una siesta o para dormir por la noche.

Llanto justo antes de la alimentación. En circunstancias normales, este tipo de llanto es muy corto, ya que el próximo evento del bebé es la alimentación. Si tu bebé tiene hambre, aliméntalo. Si siempre muestra señales de hambre antes de la próxima alimentación programada, descubre por qué, en lugar de dejarlo llorar. La rutina del bebé tiene el objetivo de servirte a ti y a tu bebé, no al revés.

<u>Llanto durante el período de la tarde noche</u>. La mayoría de los bebés tienen un «momento de irritación personal», sobre todo al final de la tarde. Esto les sucede tanto a los que se alimentan con biberón como a los lactantes, y estás en buena compañía: literalmente millones de madres y padres están pasando por lo mismo casi al mismo tiempo que tú cada día.

Si tu bebé irritado no se consuela con el columpio, el asiento infantil, los hermanos o la abuela, considera la cuna. Al menos allí tiene la posibilidad de quedarse dormido y liberar a todos de esta miseria temporal. Si tienes un bebé que se irrita de manera excepcional y continua, piensa que quizás tiene hambre ¿Cómo es tu suministro de leche? ¿Cómo es tu dieta? Los desafíos del llanto asociados con el cólico y el reflujo se abordarán en nuestro próximo capítulo.

<u>Llanto al acostar al bebé para una siesta</u>. Cuando acuestas a tu bebé para una siesta, el niño establece la duración del llanto, pero monitoreado por el padre. Algunos niños lloran sin razón, a pesar de estar alimentados, y ser amados y cuidados con gran devoción e intensidad. Algunos bebés son más propensos a llorar, especialmente cuando se los acuesta para una siesta. Esto no es una señal de que sus necesidades básicas no están siendo suplidas, sino ¡es una prueba de que algunos bebés tienen una disposición a llorar que desearíamos que no tuvieran! La Academia Americana de Pediatría reconoce este hecho: «Muchos bebés no pueden conciliar el sueño sin llorar y se dormirán más rápido si se los deja llorar por un rato. El llanto no debe durar mucho si el niño está realmente cansado».[3]

Es común que el bebé gima de forma ocasional o llore tenuemente mientras duerme la siesta. Una vez más, las palabras de la AAP son útiles para comprender lo que podría estar sucediendo: «A veces puedes pensar que tu bebé se está despertando cuando en realidad está pasando por una fase de sueño bien ligero. Pudiera moverse, sobresaltarse, quejarse o incluso llorar, y aún estar dormido. O pudiera estar despierto, pero a punto de quedarse dormido de nuevo si se deja solo. No cometas el error de intentar consolarlo en esos momentos; solo lo despertarás más y retrasarás que se vuelva a dormir. En cambio, si lo dejas quejarse e incluso llorar por unos minutos, aprenderá a dormirse sin depender de ti».[4] La academia también declara que «algunos bebés realmente necesitan liberar energía al llorar para quedarse dormidos o para despertarse del sueño. Quince o veinte minutos de queja no le harán ningún daño a tu hijo. Solo asegúrate de que no esté llorando por hambre ni por dolor, ni porque su pañal está orinado».[5]

Es preferible soportar un poco de llanto con el objetivo de enseñar buenos hábitos de sueño, que permitir que se establezcan malos hábitos de sueño, lo cual es mucho más dañino. Los beneficios del entrenamiento para establecer el sueño saludable se perciben enseguida. Un bebé bien descansado es un bebé que se alimenta bien. Además, puedes acostar a tu bebé para que tome una siesta o a la hora de dormir e irte. El niño se queda dormido y se despierta con satisfacción. Otra ventaja de este entrenamiento para dormir es que puedas acostar a tu bebé en la casa de cualquier otra persona y tener el mismo éxito.

Algunos bebés lloran quince minutos antes de quedarse dormidos. Otros varían la duración de su llanto de cinco minutos a la hora de una siesta a un llanto intermitente de treinta y cinco minutos en otra. Si tu bebé llora más de quince minutos, revísalo. Dale palmaditas en la espalda o cárgalo por un momento. Luego acuéstalo de nuevo. Recuerda, no estás entrenando a tu bebé para que no llore, sino a cómo dormir. Esta puede ser la única vez en el día de tu bebé en que el método de no intervención es lo mejor.

IDENTIFICAR PATRONES DE LLANTO

Identificar y conocer los patrones de llanto y la disposición o el estilo personal de tu bebé te ayudarán a discernir las necesidades reales. Algunos bebés tienen un patrón de llanto a la hora de la siesta parecido a una curva de campana: un suave gemido que se convierte en un leve sollozo, que luego vuelve a caer en un gemido. Y después se duermen. El tiempo total puede ser de diez a quince minutos. Un segundo patrón es el del bebé que llora diez minutos, luego se detiene, luego, un minuto después comienza a llorar de nuevo por cinco minutos más, y después se duerme. Un tercer bebé nos ofrece otro patrón. Los Ezzos tienen una nieta cuyo llanto pasaba rápidamente de un gemido a un sollozo. Luego, en el apogeo de su llanto, se detenía de manera abrupta, y se quedaba dormida. Después del primer mes, se hizo evidente el cambio en la duración de su llanto; de cinco a diez minutos como promedio. Finalmente se volvió selectiva, y lloraba solo antes de algunas siestas. Sin embargo, después de los tres meses, el llanto a la hora de la siesta era poco común, mientras que las siestas y el sueño nocturno saludable e ininterrumpido se volvieron la norma.

Estudia los patrones de llanto de tu bebé. Al hacerlo, sabrás lo que es normal para él. Quizás sea selectivo a la hora de escoger en qué siesta llorar, pero si eres paciente y comprensivo, las siestas saludables y el sueño nocturno serán la gran recompensa.

TIPOS DE LLANTO A LOS QUE SE LES DEBE PRESTAR ATENCIÓN

Un poco de llanto es normal. Debes esperarlo, pero también tienes que estar alerta a ciertos tipos de llanto identificables. Por ejemplo, un llanto agudo y penetrante puede ser una señal de lesiones corporales internas o externas. Si ese llanto es persistente, debes llevar al bebé al pediatra. *Un cambio notable en el patrón de llanto de tu bebé puede ser una advertencia de enfermedad.* Observa si hay un aumento repentino en la frecuencia y la duración del llanto, o si el llanto es débil y opaco. Consulta con el pediatra. El llanto que indica hambre o sed es predecible en los bebés según *PDF*. Puedes estar seguro de que el llanto no es por hambre o por sed, si tu bebé está satisfecho después de la alimentación. Con los bebés que se alimentan a libre demanda, el llanto es impredecible, hacen que la mamá y el papá tengan que adivinar y esto los pone ansiosos.

Los bebés que rutinariamente lloran y se muestran hambrientos después de solo una hora y media de haberse alimentado, es probable que no estén recibiendo suficiente alimento. Si estás amamantando, verifica tu suministro de leche y los factores que influyen en ella.

Otro llanto que necesita investigación es cuando tu bebé se despierta en medio de su siesta con un llanto fuerte y penetrante. Esto podría ser causado por la acumulación de gases o algo en la leche materna producto de algún elemento que comiste anteriormente. Si este llanto persiste, revisa físicamente a tu bebé.

RESPONDER AL LLANTO DE TU BEBÉ

¿Cuánto tiempo debes dejar que tu bebé llore? Responde de inmediato ante el llanto atípico. Con otro tipo de llanto, sigue estos tres pasos:

1. Piensa en qué momento de la rutina está tu bebé: ¿Terminó la siesta, o está en medio de su siesta y necesita volver a dormirse? ¿Necesita acostarse para tomar una siesta? ¿Ha estado en el columpio demasiado tiempo? ¿Perdió su juguete? ¿Regurgitó? ¿Es este el momento del día en que normalmente se irrita? Esta es solo una breve lista de por qué tu bebé podría estar llorando. Hay muchas otras razones además del hambre que pueden hacerlo llorar, y todas son legítimas. Primero determina la causa, luego responde adecuadamente.

2. Escucha el tipo de llanto: Incluso en los primeros días y semanas, comenzarás a distinguir los diferentes tonos y patrones en el llanto de tu bebé. Solo detente y escucha. Puedes descubrir que el llanto termina tan rápido como empezó, especialmente durante la siesta. Al escuchar puedes determinar la respuesta correcta.

3. Toma medidas: Solo recuerda, a veces la mejor acción es no hacer nada en absoluto. Por ejemplo, si tu bebé está limpio, alimentado y listo para la siesta, deja que aprenda a conciliar el

sueño por sí solo. Esto puede ser exactamente lo que tu bebé necesita. Si te acostumbras a amamantarlo para que duerma, entonces solo has logrado crear un accesorio para dormir. Eso no lo ayudará.

Si llora, presta atención a cuánto dura. Las mamás a menudo se sorprenden al descubrir que el ataque de llanto aparentemente interminable duró solo unos minutos. En caso de que hayas escuchado, esperado y determines que el llanto no se calma, busca más información al revisar al bebé. Echa un vistazo a su cuna a ver si se ha atascado en una esquina. Si es así, solo muévelo y dale una suave palmada en la espalda antes de salir de la habitación.

Habrá momentos en que tu evaluación te indicará que lo levantes y lo cargues, aunque solo sea para tranquilizarlo y que sepa que todo está bien. A veces no hay rima ni razón detrás de la necesidad de tiempo especial en los brazos de mamá. El punto es este: tu evaluación puede producir muchas opciones, pero impedir el llanto de tu hijo todo el tiempo porque no puedes soportar el sonido de los gritos no debería ser una de ellas.

¿CUÁNDO DEBO CARGAR Y CONSOLAR A MI BEBÉ?

Por supuesto, cargarás a tu bebé muchas horas al día. Mientras lo cuidas y alimentas, cargarlo y abrazarlo es algo natural. Acaricia a tu bebé. Mécelo en tus brazos. Cántale una dulce canción. Feliz o no tan feliz, el bebé ama la atención. ¿No la amarías tú también? Sin embargo, ten en cuenta que es fácil abusar de la atención cuando tu bebé está irritado.

Los padres deben ofrecer consuelo cuando es necesario, pero mantén en mente esta pregunta básica: ¿Qué tipo de consuelo debo darle a mi bebé en este momento? Un cambio de pañal reconfortará al bebé orinado. Una alimentación reconfortará al bebé hambriento. Cargarlo confortará al bebé sobresaltado, y dormir consolará al bebé cansado. El bebé puede recibir consuelo de muchas otras maneras, como cuando lo mecen, le cantan, lo sacan a dar un paseo en coche y lo acercan a una fuente de música. Ese consuelo puede venir de diferentes personas. Ciertamente el papá, los hermanos mayores, la abuela y el abuelo pueden ser excelentes fuentes de bienestar.

La buena noticia para el bebé es que los senos de mamá no son la única fuente de consuelo. La mamá también encuentra paz en esta realidad. La sabiduría dicta que la madre debe reconocer que el bebé responde a las diferentes formas de consuelo en los diferentes momentos. Si usas una sola fuente, como la lactancia, no necesariamente estás consolando a tu bebé, solo estás deteniendo su llanto al despertar su reflejo de succión. Si amamantar es la única forma de consuelo, otras necesidades reales quedarán insatisfechas.

RESUMEN

Como padre, aprende a reconocer los diferentes llantos de tu bebé. Confía en este conocimiento y responde con seguridad. Los padres sabios escucharán, pensarán y luego actuarán. No te preocupes por las miradas vigilantes de quienes están a tu alrededor. Con esfuerzo y comprensión, actúa en correspondencia con la sabiduría que has obtenido. Recuerda que a medida que tu bebé crece, sus patrones de llanto podrían cambiar. Puede estar alimentado, limpio, seco y saludable, y de repente un día comenzar a llorar antes de quedarse dormido. Solo considera eso como otra fase del desarrollo normal de tu hijo. Recuerda, no estás solo.

8

Cólico, reflujo y bebé inconsolable

Cuando una madre y un padre contemplan el milagro de una nueva vida, pueden fácilmente sentirse abrumados. Hay tanto que aprender sobre la crianza de los hijos y, al ser humanos, cometerán errores. Una rutina según *PDF* puede apaciguar gran parte de esa ansiedad porque pone orden a la vida del bebé y le da confianza al corazón de los padres; pero la vida no siempre es predecible. ¿Qué sucede cuando el bebé no sigue la rutina y muestra señales de irritabilidad fuera de los momentos en que esto se considera normal? Quizás llora por comida, pero a los pocos minutos de estar alimentándose se detiene y se niega a lactar o tomar su biberón. Tal vez arquea la espalda con dolor, pero rechaza tus esfuerzos por consolarlo. O, más aterrador, regurgita lo que parece ser toda la comida después de cada alimentación, además de despertarse de su siesta saludable y llorar de incomodidad. ¿Qué deberías hacer?

En el capítulo anterior contrastamos los períodos de llanto normales y los atípicos. Algunos bebés lloran antes de alimentarse o cuando se los acuesta para tomar la siesta. Tienen un tiempo de irritabilidad al menos una vez al día, a menudo al final de la tarde, pero, por lo general, se muestran pacíficos el resto del día. Estos son los tiempos de irritabilidad normales, incluso esperados y comunes durante la infancia. Pero ¿qué hay de los padres que tienen un hijo como Asher o Ross, que mostraban todas las señales de hambre, se aferraban a la mamá, comenzaban a alimentarse y luego, después de unos minutos, se detenían en seco? Una vez que comenzaban a llorar ya no había forma de alimentarlos. Por cansancio se quedaban dormidos, pero treinta minutos después despertaban con hambre y el ciclo frustrante se repetía. O tal vez tienen un hijo como Caleb que era inconsolable y se mostraba irritado todo el tiempo; lloraba antes, durante y después de la alimentación levantando sus pequeñas piernas en señal de dolor abdominal. Otros padres tienen un bebé como la pequeña Micah, que estuvo vomitando cada comida durante seis meses. Para estos padres, la causa de la incomodidad de su bebé era desconcertante, una combinación de desesperación y fatiga con la agonía de la preocupación. Aquí hay algunos detalles más.

LA HISTORIA DE ASHER

Según Ashley, la madre de Asher, sucedía en cada alimentación:

> «Asher mostraba todas las señales normales de hambre, comenzaba a amamantar ferozmente, y luego se detenía de repente. Se alejaba de mí y comenzaba a gritar. Yo sabía que algo andaba mal, pero ¿qué? Intenté de todo. Cambié mi dieta, lo alimenté con más frecuencia, lo alimenté con menos frecuencia, lo cambiaba de seno varias veces mientras amamantaba y le ayudaba a eructar más seguido. Nada ayudó. El sueño tampoco era lo mejor. Asher tomaba siestas muy cortas, treinta minutos, si podía lograr que se durmiera. Por la noche se despertaba cuatro y cinco veces. Nada consolaba a mi hijo».

LA HISTORIA DE MICAH

Whitney nos ofreció un relato ligeramente diferente de su hijo, Micah, pero igual de estresante:

> «Forester, mi primogénito, regurgitaba con frecuencia (empapaba el pañal en cada alimentación), pero él era

feliz y era un bebé grande (9 libras 11 onzas al nacer). Siempre estaba en el límite de las tablas de crecimiento, así que nunca pensé dos veces en los cólicos o el reflujo. Después de que nació mi segundo hijo, Micah, vi un patrón similar en el desarrollo. En su segundo día de vida, Micah regurgitaba grandes cantidades después de cada alimentación. Al principio solo pensé que era como mi primogénito, pero al final de la primera semana, mi esposo dijo: "Esto no puede ser normal". A las dos semanas Micah regurgitaba cuarenta y cincuenta veces al día. Había ocasiones en que lanzaba tanta leche que me preguntaba si debía volver a alimentarlo porque parecía que lo había expulsado todo. Lo mantuve en una rutina de alimentación de dos horas durante los primeros tres meses, lo cual provocó estragos en sus ciclos de sueño, ¡y en el mío! Estaba desanimada y ansiosa. Recuerdo una noche en que me sentía totalmente exhausta, estaba llorando a las 2:00 a. m., y pensaba: *¡Nunca voy a descansar, y él nunca va a dormir! ¡En el momento que dejaba de regurgitar, había que alimentarlo de nuevo, y comenzábamos el ciclo una vez más!* Ahora me doy cuenta de que mi primer hijo, Forester, probablemente tenía una afección similar al nacer».

LA HISTORIA DE ROSS

Sally, la madre de Ross, recuerda:

«Con Ross, nuestro primer hijo, nos dimos cuenta casi de inmediato que regurgitaba más de lo normal, por lo general devolvía parte de su comida durante y después de las alimentaciones. Si intentaba sostenerlo derecho y hacer que eructara o lo cambiaba de seno, él regurgitaba, a veces empapando todo el pañal. Regurgitaba entre quince y veinte minutos después de cada alimentación. A las tres semanas, notamos que Ross tenía dificultades para amamantar y se alejaba de mí y comenzaba a llorar durante las alimentaciones. Por decir lo menos, alimentarlo se convirtió en un evento traumático para los dos, ya que Ross continuamente se alejaba, arqueaba la espalda y lloraba, intentaba chupar y luego empujaba para atrás otra vez. Aunque dormía bastante bien, a los tres meses seguía despertándose a las 3:00 a. m. más o menos y había aumentado poco de peso».

LA HISTORIA DE CALEB

Las luchas de Caleb fueron aún más angustiantes. Su mamá, Stephanie, escribe:

«Caleb nació el 24 de marzo del 2004, temprano en la mañana, a través de una cesárea programada. Fue declarado feliz y saludable y pesaba seis libras y media. Lactaba con facilidad, tenía un apetito voraz y comía con ganas, pero a menudo vomitaba. Esta evaluación de bebé pacífico y tranquilo duró solo unos días.

Al final de la primera semana, todo comenzó a ir cuesta abajo rápidamente. Caleb se mostraba muy irritado y siempre parecía estar con dolor y en angustia. Si tenía suerte, dormía una hora y media, pero luego se despertaba gritando, cubierto de vómito. En la consulta de las dos semanas, lo pesaron y lo midieron, y me dijeron que estaba creciendo de forma maravillosa. Había aumentado de seis libras y media al nacer a nueve libras. Le comenté al doctor todos los problemas que Caleb estaba teniendo, pero me aseguró que se trataba de "cólico y un poquito de reflujo". Cuando traté de insistir en que se trataba de algo más, me dijeron que no había nada de qué preocuparse porque estaba ganando peso de forma asombrosa. (En la consulta de los dos meses, había duplicado su peso al nacer).

Por supuesto, no todo estaba bien. La condición de Caleb empeoró. Durante las alimentaciones, arqueaba la espalda y se ponía tan rígido como una tabla. Caleb mantenía las piernas recogidas hacia el estómago y sus brazos se apretaban fuertemente a los costados. Cambiarlo, vestirlo y bañarlo era una tarea difícil debido a su rigidez. Su situación requirió una visita al gastroenterólogo. Después de escuchar la historia de Caleb, el gastroenterólogo lo examinó e hizo una ecografía de su abdomen. Basado en los hallazgos, determinó que Caleb tenía un caso grave de enfermedad por reflujo gastroesofágico (ERGE)».

Este capítulo aborda tres condiciones médicas. Aunque cada condición tiene su propio diagnóstico, están relacionados sintomáticamente por medio del llanto y la regurgitación. Las tres condiciones son:

1. Cólico
2. Reflujo gastroesofágico (RGE)
3. Enfermedad por reflujo gastroesofágico (ERGE)

Esperamos que al alertarte sobre las afecciones que estos cuatro bebés padecieron, serás proactivo en la búsqueda de atención médica inmediata si tu bebé muestra algunas de las señales de molestia. En los casos de Asher, Micah, Ross y Caleb, los cuatro estaban aumentando de peso, pero eso no significaba que todo estaba bien desde un punto de vista médico. Nadie conoce a un bebé como sus padres, y si sientes que algo no está bien, por tu propia tranquilidad y por la salud de tu bebé, busca asesoramiento médico hasta que estés satisfecho de que se ha descubierto la condición de tu bebé.

LLANTO Y CÓLICO

Hay una gran diferencia entre un bebé irritado y un bebé con cólico. Los bebés irritados tienen tiempos de irritabilidad seguidos de una paz y calma relativa el resto del día o la noche. El bebé con cólico parece irritable casi todo el día y la noche. Los síntomas

de cólico incluyen gritos penetrantes combinados con estas señales de malestar estomacal agudo: doblar las piernas, agitar los
brazos, llorar de forma inconsolable y expulsar gases. Aunque
esta lista de síntomas hace que el cólico parezca un trastorno digestivo, no lo es.

La mayoría de los teóricos sugieren que el cólico es la inma-
durez del sistema nervioso del bebé para procesar el rango completo de estímulos comunes entre los recién nacidos al nacer. Esta
condición afecta a aproximadamente el veinte por ciento de la
población infantil. Aparece generalmente entre las semanas dos
a cuatro y es común que desaparezca en el tercer mes. Si bien no
hay preocupaciones médicas significativas asociadas con el «cólico real», un término que indica con qué facilidad esta afección
puede ser mal diagnosticada, el principal problema es el estrés y
la ansiedad que genera dentro del hogar. Desde el punto de vista
emocional, es difícil lidiar con el llanto constante de un bebé inconsolable. Los amigos cercanos y la familia extendida realmente
pueden ayudar al darles a los padres agotados descansos cortos
durante esta crisis temporal.

¿QUÉ PUEDE HACER LA MADRE?

Sería maravilloso si hubiera una cura médica para el cólico o
algún remedio casero que pudiera aliviar a los bebés de su angustia física, pero este no es el caso. La noticia alentadora es que el
cólico, aunque angustiante, no es inútil, y los bebés lo superan. Si
tu bebé muestra indicios de cólico, aquí hay algunas sugerencias
de madres experimentadas:

1. Siempre consulta a tu pediatra para descartar cualquier causa
médica que explique el llanto y la regurgitación excesiva de tu
bebé. Pregúntale a tu médico lo que podría ser útil. Busca una segunda opinión, si sientes que tus preocupaciones no están siendo
tomadas en serio.

2. Recuerda que todos los bebés son diferentes y responden de
manera peculiar a las medidas. Descubre lo que funciona para
tu bebé y quédate con eso. Algunas madres han encontrado útil

fajar a sus recién nacidos, mientras que a otras les ha funcionado darles un baño tibio o colocar al bebé en un columpio o cerca de una secadora vibrante (no encima de la secadora). Si tu bebé se alimenta con biberón, intenta cambiar la fórmula. Tu pediatra puede aconsejarte.

3. Una madre que amamanta quizás se dé cuenta de que ciertos alimentos en su dieta desencadenan la incomodidad del bebé. Puedes comenzar eliminando los alimentos que producen gases (p. ej., frijoles, brócoli, coliflor, repollo, cebollas y ajo) o cualquier alimento picante, luego los productos lácteos, la cafeína y el alcohol. Debes ser sistemática para que puedas identificar un alimento o tipo de comida en particular que puede estar causándole las molestias a tu bebé. Si la sensibilidad a los alimentos es el problema, habrá una notable disminución de los síntomas de cólico de tu bebé en un par de días. Después de algunas semanas, reintroduce de forma gradual los alimentos de uno en uno y observa si hay alguna reacción.

4. Evita tener a tu bebé como fumador pasivo, especialmente cuando tenga síntomas de cólico con los que lidiar.

5. El chupete puede ser útil, especialmente después de la alimentación. Los chupetes brindan consuelo y ayudan a los bebés a relajarse, aunque algunos bebés no muestran interés en ellos. Algunas investigaciones sugieren que la tasa de SMSL entre los bebés que usan chupete es significativamente más baja que entre los que no lo usan.

6. Los bebés con cólico deben eructar con frecuencia. Si tu bebé se alimenta con biberón, prueba un diseño diferente de biberón o tetina para ayudar a reducir la cantidad de aire que tu bebé traga durante la alimentación. Algunos de los biberones hechos para este propósito son curvos, tienen algún orificio para dejar salir el aire o tienen una bolsa plegable en el interior. Después de cada alimentación, acuesta a tu bebé sobre tus rodillas, con el estómago hacia abajo y masajea suavemente su espalda. La presión de tus rodillas contra su abdomen puede ayudar a aliviar su incomodidad.

7. La mayoría de los recién nacidos, especialmente aquellos que luchan con cólicos, tienen un umbral bajo ante los movimientos rápidos, como el parpadeo de la pantalla de televisión. El sistema neurológico en desarrollo del bebé tiene dificultad para procesar cambios rápidos de luz y sonido. Tal estimulación puede aumentar aún más su situación ya estresante. Trata de darle sus alimentos en un ambiente relajante.

8. En el otro extremo del espectro están los bebés que se sienten consolados por el movimiento rítmico y el sonido constante (comúnmente llamado ruido blanco) o ambas cosas. Algunos padres colocan cuidadosamente a sus bebés en un columpio infantil y lo ponen cerca del ruido continuo o las vibraciones de un electrodoméstico, como el lavavajillas, la aspiradora o la lavadora / secadora.

CUIDAR DE TI

Las mamás y los papás primerizos pueden encontrar que los primeros meses de la paternidad son desafiantes más allá de lo creíble, sobre todo si tienen un bebé con cólicos. Una de las mejores cosas que puedes hacer por tu bebé es cuidarte a ti mismo. Tanto como sea posible, mantén la rutina del bebé, pero si te sientes abrumado, toma un descanso. Pídele a un familiar o amigo que se haga cargo por un rato, incluso si es solo por una o dos horas. Aunque el tiempo parece que no avanza durante situaciones estresantes, no pierdas de vista esta verdad esperanzadora: tu bebé superará su cólico.

REFLUJO Y ERGE

Uno de los mayores riesgos médicos asociados con el cólico no es la condición en sí, sino sus síntomas, porque imitan y a menudo enmascaran afecciones graves, como las alergias a las proteínas de la leche, la intolerancia a la lactosa, el reflujo gastroesofágico (RGE) y la enfermedad por reflujo gastroesofágico (ERGE).

La ERGE es un problema digestivo grave en los recién nacidos, que a menudo se pasa por alto porque se diagnostica a primera vista como cólico. No es lo mismo que el RGE (reflujo gastroesofágico) o simple reflujo. *El RGE causa regurgitaciones asintomáticas* y no requiere tratamiento médico porque el bebé crece bien y no se muestra irritado. *Sin embargo, la ERGE causa dolor intenso y produce una aversión a la alimentación si no se trata.* En el caso de Caleb, él manifestaba dolor, llanto inconsolable y regurgitación excesiva, aunque su aumento de peso era excelente; por esta causa tomó un tiempo diagnosticar la verdadera afección. La ERGE requiere atención médica, generalmente en forma de medicamentos para disminuir la producción de ácido gástrico; pero a veces precisa una reparación quirúrgica. La noticia alentadora es que esta condición es muy manejable.

REFLUJO / ERGE: ¿QUÉ SABEMOS?

Nota: Con el objetivo de este debate, el término «reflujo» se aplica tanto para RGE como para ERGE. Todos los días en el mundo nacen aproximadamente dos millones y medio de bebés, y muchos experimentarán un grado leve de reflujo. Este reflujo disminuye a medida que el sistema digestivo del recién nacido madura. Se estima que, en Estados Unidos, del tres al cinco por ciento de todos los recién nacidos tienen síntomas de reflujo que van desde leves a graves durante los primeros meses de vida. *El reflujo suele ser debido a que la válvula del esfínter entre el estómago y el esófago está inmadura.* Cuando funciona correctamente, la válvula se abre para permitir que traguemos, eructemos o vomitemos y se cierra inmediatamente después. El reflujo ocurre cuando el esfínter permanece relajado o se relaja periódicamente, permitiendo que los alimentos mezclados con ácido estomacal regresen hasta el esófago y la garganta, causando una sensación de ardor.

El reflujo generalmente se presenta en las primeras semanas de vida. A menudo se corrige solo, pero en casos extremos, el bebé puede desarrollar una aversión a la alimentación porque asocia la alimentación con el dolor. La condición puede avanzar hasta el punto donde causa pérdida de peso significativa o *esofagitis*, lo cual crea una condición conocida como «fracaso para prosperar». Cuando el reflujo requiere un examen médico avanzado más allá de la observación, se dice que el bebé padece de *ERGE*.

Muchos bebés con reflujo son felices y prósperos, a pesar de su regurgitación excesiva. A estos pequeños a veces se les llama «regurgitadores felices» o «vomitadores felices», y requieren poca intervención médica. Crecen bien, no se irritan de forma atípica y no presentan dolor significativo. Por lo general, superan el reflujo sin complicaciones. No obstante, un porcentaje menor de bebés, como Asher, Micah, Ross y Caleb, padecen de un tipo de acidez estomacal severa que requiere atención médica. Estos son los bebés con ERGE.

Uno de los indicadores más importantes de ERGE es la incapacidad del bebé de ser consolado. Llora porque tiene dolor. Si la ERGE es el problema, cuando el doctor le receta un medicamento que bloquea la producción de ácido en el estómago, verás alguna mejoría en los siguientes dos días y una mejora sustancial en los siguientes catorce días. Si no se produce ninguna mejoría, los padres necesitan comunicarse con su proveedor de atención médica de inmediato para encontrar algo que ayude al bebé.

Hay varias pruebas de diagnóstico disponibles para confirmar la ERGE. Los síntomas de tu bebé guiarán al médico para determinar qué prueba será la más adecuada. Si no te sientes cómodo o no entiendes los pros y los contras del tratamiento o las pruebas prescritas, solicita una segunda opinión. Tratar cualquier forma de reflujo es emocionalmente estresante para los padres. Debes tener confianza y comprensión para que puedas cooperar sabiamente con el médico de tu bebé y juntos brindarle alivio y bienestar relajante.

Además de la medicación, existen consideraciones agravantes relacionadas con los alimentos que ingieren las madres que lactan, y que deben revisar. El posicionamiento adecuado del bebé a la hora de la alimentación es importante. Sostener al bebé en un ángulo de treinta grados (el ángulo más natural para la lactancia o la alimentación con biberón) dará como resultado menos episodios de reflujo que cuando un bebé se sostiene de forma horizontal.

CÓLICO, REFLUJO Y LA RUTINA SEGÚN *PDF SABIDURÍA PARA CRIAR A TU BEBÉ*

Los padres que tienen un bebé con cólico o reflujo (RGE o ERGE) pueden suponer que la rutina *PDF* no funcionará para ellos, pero es todo lo contrario. *Sabiduría para criar a tu bebé* te ayudará a reconocer el progreso y poner orden en una situación caótica. Aunque es posible que debas hacer adaptaciones a la rutina *PDF* para tu situación única, aun así, continúas proporcionándole lo mejor a tu bebé y manejando sus necesidades particulares. Ahora consideremos cómo los problemas de cólico y reflujo afectan la alimentación, los tiempos de vigilia y el sueño.

DESAFÍOS CON LA RUTINA

1. En general, trata de mantener a tu bebé en una rutina regular. Con un bebé con reflujo, considera alimentarlo con más frecuencia que las dos horas y media a tres horas generalmente recomendadas (posiblemente cada dos horas). Esto puede ser más fácil para tu bebé ya que no intentará obtener tanto alimento en cada ocasión. La presión de un estómago lleno podría empeorar su reflujo. Usa de manera rutinaria cualquier incremento de tiempo que descubras que es útil para tu bebé.

2. Los principios básicos de *Sabiduría para criar a tu bebé* siguen siendo los mismos, incluido el establecimiento de ciclos saludables de alimentación, vigilia y sueño. Con un bebé con reflujo, puede ser más difícil lograr un patrón de sueño bien establecido, pero con el tiempo se logra. En el caso de Asher, el sueño nocturno consistente e ininterrumpido no se logró hasta los seis meses de vida. Sin embargo, debe tenerse en cuenta que algunos bebés con reflujo comienzan a dormir toda la noche entre las trece y las dieciocho semanas.

3. Mantén el ambiente del bebé tranquilo y silencioso. Intenta envolverlo en un pañal de manera ajustada para minimizar la estimulación extra y el estrés. Cárgalo con suavidad y evita rebotarlo, zarandearlo o darle demasiadas palmadas en la espalda.

4. No te preocupes si tu bebé no sigue el plan exactamente como lo describe el libro. Ningún bebé puede lograr eso. No estas compitiendo con alguien, y a pesar de la condición digestiva de tu bebé, aprende a disfrutar su singularidad.

TIEMPOS DE ALIMENTACIÓN Y VIGILIA

1. Como padre, evita los dos extremos de alimentación: dejar que tu bebé esté demasiado hambriento o sobrealimentarlo. Asegúrate de hacerlo eructar con frecuencia.

2. Mantén el ambiente de alimentación tranquilo y relajante. Apaga el televisor y cualquier música ruidosa (tiene vibraciones que para algunos recién nacidos resultan irritantes).

3. Intenta acomodar a tu bebé en posición vertical después de cada alimentación durante al menos treinta minutos o elevar el colchón de su cuna ligeramente (máximo treinta grados). Esto ayudará con la digestión.

4. Si una alimentación en particular se prolonga más de cuarenta y cinco minutos, detén la alimentación y dale a tu bebé un tiempo de inactividad, posiblemente en su cuna. No te preocupes si se duerme. Es mejor dejar que se despierte más temprano (pero con hambre) en su próximo horario de alimentación, que pasar una hora para lograr una alimentación completa. Esto solo agotará a los padres y al hijo.

5. Algunas madres lactantes tienen un suministro desbordante de leche. Sus bebés intentarán compensar esto al tragar más rápido y mayor cantidad, y esto hace que traguen aire en exceso, lo que produce gases. Eso exacerba el reflujo. Si esta es tu situación, permite que la gravedad ayude con el problema. Reclínate en un sillón o recuéstate apoyada sobre una almohada (de manera que no quedes completamente acostada), y la gravedad ralentizará la presión del flujo de leche. Otra técnica es usar tus dedos índice y medio como tijeras suaves para controlar el flujo inicial de leche durante la lactancia.

Cuando comienza el flujo de leche, deja que el chorro inicial caiga sobre una toalla y luego coloca al bebé de nuevo en el seno.

6. Para reducir la regurgitación, evita la sobrealimentación en todos los horarios. En el caso de los bebés diagnosticados con reflujo y que regurgitan, la Academia Americana de Pediatría sugiere no volver a alimentarlos, sino esperar hasta el próximo horario de alimentación.

7. Los bebés que se alimentan con biberón y sufren de reflujo pueden beneficiarse si la fórmula se espesa con cereal de arroz (generalmente una cucharada por onza de fórmula, pero los padres deben consultar primero con su pediatra). Para permitir que la mezcla de fórmula fluya correctamente, deberás comprar tetinas diseñadas para este propósito.

8. Si tu pediatra recomienda algún medicamento para tu bebé, pregunta sobre los posibles efectos secundarios. Algunos medicamentos pueden dar calambres estomacales, que pueden parecer cólicos.

9. Cuando cambies a tu bebé, ten cuidado de no apretar mucho el pañal. Eso puede ejercer presión adicional sobre su estómago.

SUEÑO

El sueño puede parecer imposible cuando el bebé se despierta llorando entre treinta y cinco y cuarenta y cinco minutos después de haber comenzado su ciclo de sueño. Aquí hay algunas sugerencias prácticas a considerar.

1. Puedes intentar envolver a tu bebé cuando lo acuestes para una siesta. Si llora desmedidamente, el chupete a veces lo ayudará a calmarse, o simplemente cambiar su posición para dormir.

2. Si tu bebé se despierta de forma habitual cuarenta y cinco minutos después de haber comenzado su siesta, y lo hace gritando de dolor e inconsolable, considera intervenir a los cuarenta minutos y balancéalo suavemente para que el llanto no lo sobresalte.

Esto funciona para los bebés recién nacidos y hasta los tres meses de vida.

3. Para el bebé de más de tres meses, intenta usar un chupete inmediatamente después que se despierta; o si está completamente despierto, cárgalo y confórtalo lo mejor que puedas. Siéntate, camina o mécelo hasta que muestre señales de cansancio, y luego trata de acostarlo.

LLANTO

1. Los signos típicos de reflujo son el llanto durante la alimentación, no agarre del seno, las alimentaciones por cortos períodos de tiempo y el llanto hasta el agotamiento. Alimenta al bebé recién nacido en cuanto se despierte. Evita dejar que tu bebé con reflujo comience a llorar de manera inconsolable.

2. Si tu bebé está estresado durante la alimentación, detente, cálmalo y relájalo, y luego continúa alimentándolo.

3. Dado que los bebés con reflujo tienden a sentirse más cómodos en posición vertical, generalmente se resisten a que los acuesten, sobre todo bocarriba. La AAP ha reconocido que la posición bocarriba puede aumentar el llanto en el caso de los bebés con reflujo, pero también recomienda esa posición debido a las estadísticas de SMSL. Discute con tu pediatra qué es lo mejor para tu situación.

4. Recuerda vivir un día a la vez, enfocándote en el objetivo a largo plazo de establecer ciclos saludables de alimentación-vigilia-sueño. Algunos días irán bien, y otros los tendrás que considerar como peldaños hacia el panorama general. Toda la crianza es un proceso, pero especialmente con un bebé con reflujo; sé paciente contigo y con el bebé. Probablemente te tomará algunas semanas extra antes de estabilizar su rutina, pero lo lograrás.

¿QUÉ PASÓ CON LOS BEBÉS?
Del diario de Ashley:

«Una vez que se le diagnosticó el reflujo a Asher, supimos a qué nos enfrentábamos, y eso facilitó mucho las cosas. Asher mejoró enormemente con la ayuda de medicamentos, y a los seis meses su problema de reflujo ácido había desaparecido. Fue entonces que comenzó a dormir toda la noche. (Logramos entrenarlo en solo tres días). En cuanto comenzó a dormir toda la noche, al mismo tiempo desarrolló una rutina de siesta mucho mejor. Finalmente pasó a dormir dos siestas al día, de aproximadamente una hora y media cada una (mañana y tarde). Hoy, a los dos años, las personas se sorprenden al ver lo bien que Asher duerme por las noches. Todavía duerme doce horas y toma siestas de dos a tres horas».

Del diario de Stephanie:

«Debido a su saludable aumento de peso, el pediatra de Caleb eligió la medicación en lugar de un procedimiento invasivo. Las medicinas funcionaron de forma maravillosa. Su reflujo mejoró significativamente, y lo más importante de todo, su pequeño cuerpo comenzó a relajarse. A la semana del tratamiento, Caleb se acostó y durmió doce horas toda la noche, y ha seguido haciéndolo desde entonces».

Del diario de Whitney:

«En su consulta de los tres meses, a Micah le indicaron Prevacid® (Lansoprazol) en forma de píldora soluble. Esto funcionó de forma extraordinaria. Entonces fue cuando por fin lo pasamos a su cuna y comenzó a dormir toda la noche. Finalmente, a los quince meses de edad, Micah ya no necesitó más el medicamento. En la consulta de los dieciocho meses, por primera vez estaba por encima del rango del cincuenta por ciento. En retrospectiva, me desanimé por la cantidad de personas que me decían: «Lo que ustedes tienen es un problema sencillo». ¡No era cierto! La información que hubiera querido tener de antemano era cómo seguir trabajando de la mejor manera para crear una rutina con un bebé con reflujo sin pensar que debía dormir toda la noche a las ocho semanas. Aprendí que los bebés con reflujo se retrasan en esta categoría, y eso no es una decisión del bebé, ni del padre, ni de *Sabiduría para criar a tu bebé*; es solo un resultado normal para un bebé con reflujo».

Del diario de Sally:

«Llevamos una lista de síntomas a nuestra pediatra, quien inmediatamente sospechó que el bebé padecía de reflujo. Le prescribió Zantac® (Ranitidina). Vimos un cambio significativo en Ross en dos días. Al comenzar a alimentarse mejor, su sueño diurno y nocturno también mejoró. Ross continuó amamantando durante trece meses. Una vez que comenzó a beber en taza, suspendimos el medicamento. El reflujo había desaparecido».

RESUMEN

Cuidar a un bebé con cólico o reflujo es una tarea importante que puede ser muy estresante para toda la familia. Por esa razón, los padres deben buscar ayuda médica para su bebé lo más rápido posible. Les irá mejor si pueden pedir con humildad o recibir ayuda de familiares y amigos que pueden proporcionar comidas y darles un necesitado descanso de vez en cuando. Los padres no deben tener miedo de dejar que personas confiables cuiden a su bebé para que puedan descansar. Cuidar de esta pequeña vida puede y debe ser un esfuerzo conjunto.

9

Temas diversos

Cuando una pareja recibe la noticia de que espera un bebé, su rutina diaria no cambia mucho en un inicio. Sus deberes domésticos y profesionales continúan como antes con muy poca interrupción. La mamá hará algunos ajustes graduales a medida que el bebé crece en su interior, pero en general, la vida antes del parto es mucho más fácil que después. ¡Entonces llega el bebé! Aunque existe una alta probabilidad de que la mamá experimente un embarazo normal y un parto natural, es poco probable que una vez que el bebé llegue a casa todo sea como la mamá y el papá han previsto. Como las resoluciones de Año Nuevo que las personas hacen en diciembre, la *realidad* de enero tiene la capacidad de deshacerse de ellas. Los recién nacidos pueden hacerle esto a sus padres.

Las expectativas versus la realidad siempre serán parte de la crianza de los hijos. ¿Qué futuros padres no creen, al menos por un momento, que las cosas serán diferentes para ellos que para la pareja al final de la calle que batalla con la crianza de su hijo? La mayoría de las mujeres poseen una confianza serena de que su embarazo será diferente, su capacidad para manejar a un recién nacido será sin desafío, su vida hogareña retornará de inmediato a la normalidad, y su bebé responderá con dulces sonrisas y arrullos de alegría ante cada gesto maternal de amor y cuidado. Aunque no deseamos aminorar el entusiasmo ni las expectativas esperanzadoras de alguien, ofrecemos esta advertencia para ayudarte: cuanto más creas en tu mente que la infancia siempre viene acompañada de algunas interrupciones no planificadas, mejor podrás ajustarte cuando lo inesperado invada la rutina de tu bebé. Los padres que asumen que pueden planificar y controlar cada momento sin ningún tipo de interrupción impertinente se sentirán decepcionados. Al aceptar la realidad de que no pueden, como Dios, controlar todas las situaciones de la vida de su bebé, están aceptando su humanidad. Con el tiempo aprenderán a manejar lo inesperado. Para ayudarte a minimizar los ajustes que el nuevo bebé traerá al hogar, ahora debatiremos una lista alfabética de temas útiles en los cuales pensar antes de que llegue tu bebé. Algunos de los temas se mencionaron en capítulos anteriores, pero ameritan mayor discusión.

NIVELES DE RESULTADO

Todos los seres humanos son únicos, pero compartimos similitudes en nuestro desarrollo que sirven de base para los niveles de resultado. Una rutina básica facilita la enseñanza porque el orden y la previsibilidad son aliados naturales del proceso de aprendizaje. Teniendo en cuenta el principio del efecto dominó, la buena rutina fomenta el sueño saludable, y los que duermen bien experimentan un estado de alerta óptimo durante los tiempos de vigilia. Eso determina la forma en que interactúan con el entorno. Como resultado, estos niños son seguros de sí mismos y felices, menos exigentes y más sociables, seguros y saludables. Ellos manifiestan períodos de atención más largos, poseen autocontrol y habilidades de concentración, y como resultado, aprenden con más rapidez.

Existe uniformidad en el desarrollo infantil, lo cual significa que los bebés difieren mínimamente en la edad en que alcanzan nuevos niveles. Si tu bebé parece estar a un ritmo más lento que el bebé de tu vecino, eso no es una causa automática de preocupación. A un bebé le puede salir el primer diente a los cuatro meses y a otro a los seis. Eso no es un problema, solo una diferencia, que se refleja en el rango de normas que verás en los libros sobre bebés (incluido este). Sin embargo, si tu bebé no desarrolla una habilidad dentro de las tablas normativas de expectativas, podría indicar un problema muscular o neurológico. Por ejemplo, los pediatras se preocupan cuando un bebé de dos meses cumplidos no puede levantar su cabeza cuando está bocabajo. También les preocupa si un bebé de tres meses cumplidos cruza las piernas cuando se lo levanta por debajo de sus brazos, o si su cuello carece de control muscular para sostener su cabeza cuando se levanta de una posición bocarriba. Entender los varios marcadores de desarrollo puede ayudar a los padres a hacer una evaluación general del progreso de su bebé. Si sientes que tu bebé va rezagado en el desarrollo, consulta a su médico. El término *atraso en el desarrollo* se aplica a los infantes que no crecen de acuerdo a las normas establecidas.

Los bebés prematuros, que comprenden aproximadamente el 12 % de los bebés en EE. UU., tienen un conjunto diferente de normas y van atrasados en comparación con los recién nacidos a término en cuanto a los niveles de resultado hasta los dos primeros años. Afortunadamente, por lo general se ponen a la par de los bebés a término en cada categoría de desarrollo a los dos años.

ACCESORIOS PARA BEBÉS

Con la excepción del asiento para el automóvil y la cuna, los demás accesorios para bebés son opcionales. Es fácil entrar a una súper tienda para bebés y quedar fascinado con lo nuevo, lo bonito y lo elegante. Los equipos y los accesorios para bebés se comercializan según los gustos y las preferencias de los padres. A decir verdad, a tu bebé no le importa la moda. Eso no está en su radar, así que no te preocupes si tu presupuesto no puede costear lo nuevo o lo bonito. Muchos artículos, incluido la silla alta, el cochecito, el cambiador y la cuna pueden ser prestados de algún pariente o amigo, o se pueden encontrar en una venta de objetos usados.

MONITOR DE BEBÉ

Los monitores de audio para bebés aparecieron por primera vez en la década de 1960. La generación actual de monitores incluye capacidad de video. Los padres pueden escuchar y ver lo que sucede en la habitación del bebé. Los precios varían desde $ 30 por un monitor simple sin video hasta $ 400 dólares si buscas un monitor a color de alta definición y de visión nocturna.

Vale la pena invertir en algún tipo de monitor, porque te permite controlar a tu bebé desde la distancia. Esto le ofrece a la mamá y al papá la libertad extendida de moverse por la casa mientras el bebé está en su cuna, corralito o con el tiempo, jugando solo en su habitación. Una desventaja potencial es que escuchar cada pequeño suspiro, ruido, gemido o agitación que hace el bebé es lindo al principio, pero puede resultar agotador. Y en la quietud de la noche, los monitores exacerban cada sonido, haciendo que los padres amanezcan en estado de agotamiento. Lo último que el bebé necesita en la mañana es un padre malhumorado, así que considera bajar el control de sonido durante la noche. Ten en cuenta que los monitores de bebés no son dispositivos médicos y no están diseñados ni pueden prevenir el SMSL.

ASIENTO PARA EL AUTOMÓVIL

El asiento para el automóvil es un elemento que se usará por algún tiempo, así que piensa a largo plazo al hacer esta inversión. Algunos asientos de automóvil son muy elegantes y funcionan bien para un bebé, pero pueden no ser prácticos para un niño más crecido. Para evitar tener que comprar un segundo asiento, ve de compras y haz algunas comparaciones.

Conducir con un bebé en un asiento para automóvil requiere atención adicional. Protege los músculos del cuello de tu bebé al evitar que su cabeza se mueva de un lado a otro. Algunos padres logran eso al enrollar un pañal de tela o una manta y usarlo para sostener cada lado de la cabeza del bebé, o puedes comprar inserciones hechas específicamente para asientos de automóvil. Asegúrate de no bloquear la respiración de tu bebé con lo que sea que uses. Conduce con precaución y a la defensiva, ten en cuenta que las paradas repentinas afectan a la mayoría de los bebés porque les falta fuerza muscular en el cuello. Estarán más seguros en asientos de automóvil orientados hacia atrás hasta que cumplan su primer año y pesen al menos veinte libras (nueve kilos).

CUNA

Las cunas y las mecedoras no son productos de la Revolución Industrial, sino muebles que han existido por miles de años. Las antiguas sociedades mediterráneas de

Grecia, Roma e Israel usaban cunas para sus bebés. La mecedora, una cuna con balances, ganó popularidad en la Edad Media y se convirtió en un símbolo de prestigio y de riqueza. Las madres en entornos primitivos colgaban cunas del techo de sus chozas, donde podían mecer suavemente a sus bebés al pasar. La cuna es la pieza más básica de los muebles para bebés. Piensa en la que comprarás o pedirás prestada, ya que tu hijo pasará en ella casi la mitad de sus primeros dieciocho meses de vida.

El colchón debe ajustarse perfectamente a los cuatro lados, y debe ser firme y de buena calidad. El ajuste perfecto evita que algunas partes del cuerpo del bebé queden atrapadas entre el colchón y la cuna. La barandilla debe estar al menos veintiséis pulgadas (alrededor de sesenta y cinco centímetros) por encima de la parte superior del colchón para impedir cualquier intento de salir cuando el bebé sea mayor.

Los espacios entre los listones de la cuna no deben ser de más de dos y tres octavas pulgadas (cinco a siete y medio centímetros) de distancia. Un protector de cuna es una buena inversión y más seguro para el bebé que usar almohadas o peluches, lo cual podría causar asfixia. Evita colocar la cuna cerca de ventanas donde corre mucho el aire, calentadores o conductos de aire. Una ráfaga constante de aire caliente puede resecar la nariz y la garganta de tu bebé, y esto puede provocar problemas respiratorios. La AAP no recomienda colocar el bebé sobre una superficie blanda, como una cama de agua, una almohada o un colchón suave.

ASIENTO INFANTIL

Este no es un asiento para el automóvil. El asiento infantil es ligero y portátil, hecho especialmente para infantes. Puedes usarlo desde el primer día y lo encontrarás más útil que cualquier otro accesorio en las primeras semanas y meses. Los asientos infantiles a menudo vienen con correas por razones de seguridad, lo que lo hace adecuado para darle los alimentos sólidos a tu bebé, cuando llegue el momento. Aunque la silla alta se usará la mayor parte del tiempo, el asiento infantil es práctico, especialmente cuando sales a visitar amigos o a un restaurante.

COLUMPIOS INFANTILES

Algunos columpios infantiles tocan música mientras se balancean, y otros ofrecen una variedad de opciones reclinables y múltiples velocidades. Cuando los bebés pasan por un momento de irritación tienden a calmarse con más facilidad si se balancean a un ritmo rápido, mientras que una velocidad más lenta es propicia para momentos relajados y apacibles. El columpio reclinable también es útil después de la alimentación para ayudar a aliviar la presión en el estómago lleno del bebé.

La AAP recomienda no usar el columpio hasta que tu bebé sea capaz de sentarse por sí solo, generalmente a los siete u ocho meses de vida. Sin embargo, la mayoría de las abuelas te dirán que una vez que el bebé tiene buen control de la cabeza y la parte superior de la espalda, puedes colocarlo en el columpio en la posición reclinada, siempre que el bebé esté bien apoyado y firmemente asegurado para que no se mueva o resbale fuera del columpio.

El columpio no debe usarse por largos períodos de tiempo, no más de quince a veinte minutos dos veces al día, y nunca fuera de la vista de la mamá o el papá. Al usar el columpio para realizar una tarea como preparar la cena, háblale a tu bebé mientras se balancea.

Ya sea que compres un columpio nuevo o pidas prestado uno de un amigo, asegúrate de que esté bien ensamblado y tenga una base amplia y un centro de gravedad bajo. Si bien es raro que se voltee, puede suceder si el columpio no está centrado correctamente y si tu bebé se inclina mucho en una sola dirección. Usa siempre los cinturones de las piernas y los hombros, ¡están allí para proteger a tu bebé!

CORRALITO

Una vez que los padres tienen bajo control las rutinas de alimentación y sueño de sus bebés, es hora de trabajar en las actividades del tiempo de vigilia. Los padres pueden comenzar a usar el corralito como cama portátil poco después del nacimiento del bebé y durante el tiempo bocabajo una vez que el bebé sostiene y levanta la cabeza y es capaz de explorar un objeto en sus manos. En cuanto el bebé puede sentarse solo, el tiempo del corralito debería volverse parte de la rutinaria diaria.

BAÑAR A TU BEBÉ

Los bebés no deben recibir su primer baño completo hasta que el cordón umbilical se ha caído (generalmente de diez a catorce días después del nacimiento). Nunca sumerja a su bebé en agua mientras el cordón todavía está conectado. Un baño de esponja es todo lo que el recién nacido realmente necesita. Nunca intentes quitar el cordón umbilical cortándolo o retorciéndolo. Se caerá solo en cualquier momento después de la segunda semana de vida. Mantén limpia el área del cordón usando un aplicador y un poco de alcohol o mediante el uso de toallitas con alcohol. Esto debe hacerse después de cada cambio de pañal.

Después que el cordón se cae y tu bebé está listo para bañarse en el fregadero de la cocina (más fácil para tu espalda) o en la bañera, asegúrate de que el agua esté tibia al tacto, pero nunca caliente. Usa el jabón con moderación ya que se seca en la piel, dejándola irritada y escamosa.

Nunca dejes a un bebé en el agua sin supervisión, incluso después de que sea capaz de sentarse por sí solo. El peligro potencial es un riesgo demasiado grande, incluso por un minuto.

TIEMPO SOBRE LA MANTA

Tal vez sea difícil imaginar que hay un proceso de aprendizaje que sucede cuando el bebé de cinco meses está tendido sobre su manta, jugando con un juguete colorido o un anillo de dentición, pero es cierto; el tiempo sobre la manta facilita el aprendizaje temprano al permitir que el bebé se concentre y también sirve como un límite móvil. Comienza el tiempo sobre la manta con tu bebé en cuanto sea capaz de levantar la cabeza y manipular un objeto en sus manos, ya a los cuatro meses. Empieza por un período de cinco a diez minutos una vez al día y ve alargándolo todo el tiempo que tu bebé lo acepte con agrado. La belleza de la manta es su movilidad. Puedes colocarla en cualquier lugar de la casa conveniente para la mamá y el papá. Los abuelos también la encontrarán útil cuando el bebé los visita.

VINCÚLATE CON TU BEBÉ

El término «vinculación» evolucionó a partir de una teoría controversial en la década de 1980 en relación con las madres y sus bebés hasta el uso común de hoy para describir a dos personas que se conectan emocionalmente. La teoría original postulaba que existe un período sensible para la madre poco después del parto, en el que debe tener contacto visual y piel a piel con su bebé para que se produzca realmente una conexión maternal a largo plazo. La mayoría de las parejas asumen que esta vinculación es para el beneficio del bebé, pero la teoría se centra en la mamá, sugiriendo que, si ella no logra establecer una conexión inmediata después del parto, será más propensa a rechazar a su bebé de manera pasiva al retener el amor y la lactancia. Antes de preocuparte por la pobre madre que no tiene la oportunidad de abrazar a su bebé inmediatamente después del parto, ten en cuenta que la *investigación no ha corroborado* la relación de causa y efecto a la que esta teoría se refiere. Aunque algunos animales muestran tendencias instintivas de este tipo, especular que los seres racionales responden de manera similar es inaceptable desde un punto de vista científico. La antropología, el estudio de la raza humana, es muy diferente de la zoología, el estudio de los animales.[1]

Sin embargo, la falta de visión de la teoría de vinculación, no debería robarte el hermoso momento justo después del parto, cuando mamá, papá y bebé se encuentran por primera vez. Ahí debe haber mucho contacto, lágrimas, fotos y delicadas palabras de afecto. Si a mamá y bebé los separan temporalmente al nacer, su amor como madre no disminuirá, ni se arruinará la vida de su hijo debido a un déficit de vinculación creado en las primeras horas o incluso días después del nacimiento.[2]

PARTO POR CESÁREA
Esta forma de parto, comúnmente conocida como cesárea, se logra a través de una incisión en la pared abdominal y el útero. La decisión de realizar una cesárea se toma antes de la fecha probable de parto debido a una afección conocida o complicación inesperada, o durante el trabajo de parto debido a una complicación imprevista. En ambos casos, los médicos competentes piensan en lo mejor para ti.

A menudo, la madre primeriza se pone de parto antes de que haya que realizarle la cesárea, lo que significa que su cuerpo debe soportar dos grandes eventos, y también el bebé. Los infantes que nacen por cesáreas urgentes tienden a experimentar un poco más de lentitud o irritabilidad en las primeras semanas. Pueden estar de mal humor debido a los medicamentos que la mamá debe tomar después de la cirugía, pero generalmente todo se calma en la tercera semana. Los bebés nacidos por cesárea no experimentan retrasos en el sueño durante la noche en la población de *PDF*.

Debido a que el parto por cesárea es una cirugía mayor, date tiempo para sanar cuando llegues a casa con el bebé. Cuando él duerma la siesta, duerme tú también. Las tareas del hogar pueden esperar. Hoy en día se realizan más cesáreas porque la ciencia médica ha desarrollado una mayor tecnología para proteger a los bebés, pero también porque hay más demandas contra obstetras y ginecólogos, que los obliga a ejercer un tratamiento conservador y de bajo riesgo. La cesárea es una decisión médica que de ninguna manera se refleja en la maternidad de una mujer. El objetivo principal de esta cirugía es el resultado saludable.

DERMATITIS SEBORREICA
Como adultos, eliminamos las células epiteliales con frecuencia y sin darnos cuenta. En el caso de los bebés, las nuevas células

de la piel crecen con rapidez y a menudo antes de que las células antiguas se hayan caído, haciendo que estas queden pegadas a las nuevas. Cuando esto sucede, aparece una erupción blanca, escamosa e irregular. Tiende a ocurrir con mayor frecuencia en la cabeza, las orejas y la frente del bebé, y se le conoce como dermatitis seborreica. No es ni peligrosa ni contagiosa, y molesta más a la mamá y al papá que al bebé. Tu médico probablemente te recomendará una crema, junto con el consejo de observarla, pero no debes preocuparte por eso.

MUERTE EN LA CUNA (SMSL)

La muerte inesperada de un bebé sano se conoce como Síndrome de Muerte Súbita del Lactante (SMSL) o muerte de cuna. Es la causa de alrededor de 7.000 muertes reportadas al año en todo el mundo, y no es predecible ni prevenible hasta donde conocemos actualmente. Hay más víctimas del sexo masculino, sobre todo entre los que nacen prematuramente, y ocurre con mayor frecuencia entre bebés de ciertos grupos étnicos, madres solteras jóvenes y hogares con al menos un fumador. Un niño puede ser víctima de SMSL en cualquier momento durante su primer año de vida, pero el mayor porcentaje ocurre entre los dos y cuatro meses. Más bebés mueren de SMSL durante el invierno y en climas más fríos.

La investigación sugiere fuertemente que acostar al bebé bocarriba en vez de bocabajo reduce el riesgo de SMSL.[3] Lo que no es concluyente es si dormir bocarriba es el factor primario o secundario en la reducción del riesgo. ¿Se elimina el riesgo si el bebé duerme bocarriba porque evita que su boca y nariz se pongan en contacto directo con superficies blandas y objetos que contienen gases (colchones, almohadas, forros de cunas)? ¿Podrían ser esos elementos las fuentes reales del SMSL, o el problema está asociado con la biomecánica de dormir bocabajo? Se necesita más investigación para responder esa pregunta. Mientras tanto, te sugerimos que hables con tu médico si tienes cualquier pregunta sobre cómo colocar a tu bebé para dormir, y no te preocupes por si la posición bocarriba interfiere con el establecimiento de patrones de sueño saludables. No hemos encontrado ninguna indicación de que sea así.

PAÑALES, HIGIENE Y DERMATITIS

Como padres primerizos, tienen la opción de elegir entre los pañales desechables o de tela. Realmente es una cuestión de preferencia personal. Como regla general, cambiarás el pañal de tu bebé en cada alimentación. Los bebés según *PDF* promedian de seis a ocho cambios de pañales al día, coincidiendo con sus alimentaciones. Una excepción es la alimentación a mitad de la noche, no lo cambiarás a menos que esté mojado o sucio o acompañado de una dermatitis por el pañal, ya que tu objetivo es ayudar a tu bebé a dormir toda la noche. Cuando tu bebé finalmente comience a dormir de ocho a diez horas seguidas durante la noche, usa una talla de pañal más grande que la que usas durante el día o usa dos pañales de tela.

Dado que la piel del recién nacido es extremadamente sensible, evita usar toallitas comerciales. Un mejor sustituto es el agua y un paño limpio. Cuando el bebé se acerque a su tercer mes de vida, su sensibilidad a las toallitas disminuye de manera sustancial. Las toallitas que contienen lanolina son las mejores.

Cuando limpies a tu bebé, siempre hazlo de adelante hacia atrás (nunca de atrás hacia adelante), especialmente en las niñas, para prevenir la propagación de bacterias que pueden causar infecciones del tracto urinario. Presta atención a los pliegues en los muslos y las nalgas. En el caso de los niños, una buena práctica es colocar un pañal limpio sobre sus genitales, porque la exposición al aire a menudo hace que los niños orinen, ¡sin importar quién se encuentre en la línea de fuego!

La zona que cubre el pañal siempre tiene el riesgo potencial de desarrollar dermatitis. La erupción puede ser causada por infección fúngica, alergias alimentarias, dentición o por estar sentado demasiado tiempo sobre un pañal no alisado. Si tu bebé tiene una piel particularmente sensible, puede ser más propenso a la dermatitis del pañal. La mejor manera de prevenir la dermatitis es mantener la piel de tu bebé lo más seca y limpia posible, lo cual implica cambiar a menudo el pañal para evitar el contacto de la piel irritada con la orina y las heces. Con la atención adecuada y las cremas disponibles sin receta, la mayoría de las erupciones producto del pañal desaparecen en unos días. Si tu bebé está tomando algún medicamento, revisa la lista de los efectos secundarios. Si la dermatitis persiste, visita a tu médico para obtener un diagnóstico profesional y un tratamiento adecuado. Lee más sobre el cuidado y el tratamiento de la dermatitis del pañal en el Apéndice 1.

FIEBRE Y ENFERMEDADES EN LOS RECIÉN NACIDOS

Si tu recién nacido muestra señales de enfermedad o tiene fiebre por encima de 38 grados Celsius (100,4 grados Fahrenheit), contacta a tu pediatra de inmediato. La fiebre es una señal de que el sistema inmunológico de tu bebé está luchando contra una infección, pero el sistema inmunológico del bebé no está completamente activado hasta los tres meses, y esto hace que los recién nacidos sean más vulnerables a las infecciones. La fiebre en un bebé pequeño es motivo de gran preocupación para los pediatras. Puede indicar una amplia variedad de infecciones: oído, vejiga, riñón o pulmón, que solo un profesional puede identificar. Las enfermedades y la fiebre son parte natural de la vida, pero afortunadamente vivimos en un tiempo en que las infecciones bacterianas y virales más comunes se tratan fácilmente con intervención médica.

ABUELOS

Existe una relación especial entre la tercera generación y la primera. Dentro de lo razonable, aprovecha cada oportunidad para que los abuelos disfruten de tu hijo. Sin embargo, no asumas que tus padres quieren cuidar niños y no abuses de su generosa disposición a hacerlo. Por encima de todo, no les entregues a tus padres tus responsabilidades en la crianza de tu hijo. Aunque ellos disfruten mucho de sus nietos y probablemente tengan algunos buenos consejos sobre la paternidad, ellos no son los padres, sino tú. Te sugerimos que les proporciones a los abuelos su propia copia de *Sabiduría para criar a tu bebé*, para que sepan lo que estás haciendo y por qué. ¡De ese modo tu bebé tendrá un equipo de su lado!

En este punto deseamos darle un mensaje al papá: Muchos abuelos viajan una gran distancia cuando llega el gran día. Por supuesto, hay emoción y gran expectativa, pero esa visita puede ser una bendición o un problema, en dependencia de tu relación con ellos y de lo afines que sean contigo. Podrías pedir que pospongan su visita hasta unos días o una semana después de la llegada del bebé. Para entonces, habrás establecido tu rutina básica de crianza y te sentirás familiarizado con ella. Tener a un pariente de carácter fuerte y que asume el control inmediatamente después del parto es muy difícil para las emociones de una madre recién dada a luz. El papá puede ayudar al proteger a su esposa de ese tipo de estrés y manejar la situación para el beneficio de todos.

VACUNAS

La capacidad de proteger a los niños de las tragedias de muchas enfermedades infecciosas como la polio, la difteria y el sarampión es una de las grandes bendiciones de nuestros días. Para llevar esta bendición a tu hogar, asegúrate de que tus hijos reciban todas las vacunas recomendadas y que las reciban a tiempo. Porque los calendarios de vacunación cambian con frecuencia a medida que están disponibles mejores vacunas, consulta regularmente a tu pediatra para saber el calendario de vacunas para tu hijo desde ahora hasta que esté en la universidad. Las últimas recomendaciones para este escrito, del Centro de Control y Prevención de Enfermedades para infantes incluyen:

Vacuna contra la hepatitis B
Vacuna contra el rotavirus
Vacuna (DPT) contra la difteria, el tétanos y la tosferina
Vacuna contra la Influenza Haemophilus tipo B
Vacuna antineumocócica
Vacuna inactivada contra el virus de la poliomielitis
Vacuna contra la influenza (estacional)

Vacuna contra el sarampión, las paperas y la rubéola (SPR)
Vacuna contra la varicela
Vacuna contra la hepatitis A

Si bien el Internet es un recurso valioso para obtener información de salud, muchos sitios electrónicos contienen información falsa y engañosa sobre la confiabilidad de las vacunas. Se nos pregunta comúnmente sobre la controversia en torno al programa de vacunación alternativa del «doctor Bob» y lo que los expertos, con buena razón, llaman una «completa tergiversación de la ciencia sobre la vacunación». Por favor lee las advertencias públicas y las declaraciones de la AAP, el ACP, por sus siglas en inglés (Colegio Americano de Pediatras) y el CDC, por sus siglas en inglés (Centro para el Control y Prevención de Enfermedades) en Atlanta.

Consulta al pediatra de tu bebé si tienes interrogantes sobre las vacunas y las inmunizaciones en general, pero, por favor, ¡vacuna a tus hijos!

EL HORNO MICROONDAS Y EL BIBERÓN

En el caso de los bebés que reciben fórmula, es natural que la mamá o el papá quieran aprovechar el microondas para calentar el biberón. *Afloja la parte superior del biberón para permitir la expansión de calor y evitar que explote literalmente.* Ten en cuenta que el microondas calienta los alimentos de manera desigual, creando puntos calientes, así que asegúrate de agitar bien el biberón después de calentarlo y deja caer un poco de leche en tu muñeca para detectar la temperatura.

> *Debido a que el calor excesivo puede destruir la calidad nutritiva de la leche materna extraída, te recomendamos que evites usar el microondas para descongelarla o calentarla. En su lugar, coloca el biberón de leche materna en un tazón o recipiente pequeño con agua tibia.*

Ya sea que tu bebé se alimente con leche materna o con fórmula, la mayoría tomará en biberón en un momento u otro. Es importante mantener las tetinas y los biberones limpios y esterilizados. Esto es más seguro con un esterilizador de biberón diseñado para funcionar en tu microondas. Los podrás encontrar en las principales tiendas de artículos para bebés, y existen varios modelos y precios. El lavavajillas puede hacer ese trabajo si contiene rejillas que sostengan las tetinas y otros artículos pequeños, pero solo si tienes la costumbre de limpiar los platos y demás utensilios que queden visiblemente limpios antes de meterlos al lavavajillas (es decir, no tratas el lavavajillas como si fuera un vertedero de basura). Ayuda a escurrir los biberones y otros artículos que retienen agua cuando el ciclo de enjuague se detiene para que se sequen correctamente durante la fase de secado del lavavajillas.

LACTAR A GEMELOS

La filosofía de *Alimentación Dirigida por los Padres (PDF, por sus siglas en inglés)* de *Sabiduría para criar a tu bebé* es una buena amiga de los padres de múltiples, sobre todo para dar consejos útiles sobre la lactancia. Nuestras experimentadas mamás de gemelos encuentran que es mejor asignar un seno a cada bebé y mantenerlos amamantando de ese seno específico en todos los horarios. Esto te ayudará a mantener el suministro de leche con la demanda única de cada gemelo. Deja que uno de los gemelos marque el ritmo y los mantiene a ambos en ese horario. Si eso significa que debes despertar al otro, hazlo.

Durante las primeras semanas después del parto, puedes amamantar a ambos bebés de manera simultánea, al usar la posición como si estuvieras sosteniendo dos pelotas de fútbol: brazos doblados para sostener la espalda y la cabeza de cada bebé mientras amamantan. A medida que crecen, tendrás que amamantar uno a la vez. Con excepción de esa distinción, podrás implementar todos los demás aspectos del plan *PDF*, que incluye las rutinas de alimentación y el sueño nocturno ininterrumpido. ¡Que disfrutes tu doble porción! (Nuestro próximo capítulo trata sobre los partos múltiples).

CHUPETES Y SUCCIÓN DEL PULGAR

Hay muchas buenas razones para que tu recién nacido use el chupete. Puede ayudar a satisfacer la necesidad del bebé de succión no nutritiva; es tranquilizador y puede evitar períodos de estrés; y es útil cuando la mamá necesita unos minutos antes de alimentar al bebé. Además, la investigación sugiere que los chupetes pueden ayudar a reducir el riesgo de SMSL.

Sin embargo, hay algunas advertencias. *Primero, el chupete no debería introducirse demasiado pronto si la mamá está amamantando.* Existe la posibilidad de que el bebé prefiera el chupete antes que la mamá porque amamantar requiere más energía. Segundo, ya que el chupete es una fuente de placer, *puede volverse adictivo.* Por ejemplo, el bebé puede hacerse dependiente del chupete para dormir, o para volver a dormirse si se despierta antes de tiempo de su siesta. Al principio, el chupete puede ser amigo del padre, pero ten en cuenta que no es así, en seis u ocho meses, se convierte en el enemigo de mamá y papá.

Los niños (bebés, infantes y niños pequeños) se succionan los pulgares y los dedos por hábito más que por una necesidad psicológica de satisfacción profundamente arraigada. Los bebés encuentran que la succión del pulgar es relajante en momentos de estrés, fatiga o calma. A diferencia del chupete, el pulgar está físicamente unido al niño, y el niño puede adherirse de manera habitual al pulgar. La buena noticia es que el 50 % de los bebés dejan de chuparse el dedo por sí solos entre los seis y siete meses de vida.

PARTO PREMATURO

Aunque la mayoría de los embarazos se extienden hasta las cuarenta semanas, el bebé que nace a las treinta y siete semanas todavía se considera a término. Los bebés que nacen antes de las treinta y siete semanas completas de embarazo se consideran prematuros. En la década de 1980, la tasa de nacimientos prematuros disminuyó al 3 y 5 %. Hoy, esa tasa se encuentra cerca del 13 %. Existen dos explicaciones para este fuerte incremento: el número de nacimientos múltiples ha aumentado producto de los avances realizados con la fertilización *in vitro*, y los adelantos en obstetricia y neonatología han mejorado las posibilidades de supervivencia para los bebés más pequeños, incluso aquellos que han nacido a las veintitrés semanas después de la concepción.

Se estima que los bebés nacidos a las veintitrés semanas tienen un 17 % de posibilidad de supervivencia. Las estadísticas se duplican para el bebé nacido a las veinticuatro semanas, con un 39 % de posibilidades de supervivencia. El bebé nacido a las veinticinco semanas tiene un 50 % de posibilidades de supervivencia. Si ese mismo bebé puede llegar a las veintiséis semanas, su oportunidad de sobrevivir se eleva al 80 %. A partir de las treinta y dos semanas, la mayoría de los bebés pueden sobrevivir sin intervención médica.

Si bien la mayoría de los bebés prematuros corren el riesgo de tener alguna complicación de salud, mientras más cerca esté su nacimiento de la fecha a término, menor será el riesgo de complicaciones graves. El tamaño también es un problema para el bebé prematuro. Un bebé nacido a las treinta y dos semanas será significativamente más pequeño que un bebé nacido a las cuarenta semanas. Eso supone desafíos de alimentación porque los bebés prematuros se alimentan con lentitud y solo pueden tomar pequeñas porciones a la vez. Los pediatras que se especializan en partos prematuros de alto riesgo generalmente recomiendan fórmulas enriquecidas con calorías y vitaminas o fortificantes para agregar a la leche materna.

Dado que los partos prematuros no suelen planificarse, tener en cuenta la posibilidad y la comprensión de los riesgos ayudará a los padres a hacer frente a lo inesperado. Hay muchos sitios electrónicos médicos de buena reputación que brindan información actualizada y la oportunidad de hacer preguntas relacionadas con los partos prematuros.

DEPRESIÓN POSPARTO (DPP)

Hasta que el bebé duerma al menos seis horas o más durante la noche, la mamá luchará con el cansancio, lo cual es normal y esperado. Sin embargo, si notas que después de tu consulta a las seis semanas posparto experimentas fuertes cambios de humor, tienes dificultades para realizar las tareas domésticas mínimas, o constantemente tienes deseos de llorar durante el día, por favor, habla con tu obstetra. Este estado mental y nivel de emociones en este punto no es normal y es una señal de depresión posparto (DPP). La llamada telefónica a tu médico es gratuita, pero el costo para ti y para el resto de tu familia es más de lo que probablemente querrás pagar emocionalmente si no recibes ayuda.

Existen tres niveles de desequilibrio hormonal posparto. El primer nivel y el menos grave, es la tristeza posparto *(baby blues)*, es algo que la mayoría de las mujeres experimentan justo después del parto. Por lo general, alcanza su punto máximo alrededor del cuarto o quinto día posparto y generalmente desaparece entre los diez días y las dos semanas. Las mamás que experimentan tristeza posparto tienden a llorar por los incidentes más pequeños, se sienten abrumadas, pierden la concentración fácilmente y tienen dificultades para dormir. A diferencia de la depresión posparto, la tristeza posparto no es una condición aislada. Puede compartir el escenario con los sentimientos de alegría, emoción y felicidad de la mamá.

El segundo nivel de desequilibrio hormonal es la *depresión posparto* (DPP), que puede aparecer unos días o incluso semanas después del parto y las autoridades sanitarias la consideran una condición más grave que un simple caso de tristeza posparto *(baby blues)*.

Las madres que experimentan DPP manifiestan sentimientos de depresión, tristeza, desesperanza, desesperación y fatiga. A menudo están ansiosas, irritables, llorosas e incapaces de concentrarse, y pueden experimentar desequilibrios en el sueño y la alimentación. Una madre puede minimizar mucho los síntomas de DPP al mantenerse ella y el bebé en una buena rutina, lo que le permite tener descansos de calidad y una nutrición adecuada. Si descubre que continúa melancólica después de varias semanas, debe buscar el consejo de su obstetra.

El tercer nivel de desequilibrio relacionado con el parto es la *psicosis posparto*. Este es, por mucho, el estado emocional más grave, ya que generalmente provoca una ruptura con la realidad.

Los síntomas incluyen alucinaciones, delirios, pensamientos suicidas u homicidas e ideas desorganizadas. Una madre que ha sido tratada previamente con un trastorno bipolar tiene más probabilidades de desarrollar la psicosis posparto. Las madres que sufren de esto deben buscar asesoría médica tan pronto como sea posible. Una de cada 1.000 mujeres que dan a luz padece esta condición. Esto no es una cifra insignificante, y la condición debe ser tratada con un sentido de urgencia.

INTRODUCIR ALIMENTOS SÓLIDOS

Introducir alimentos sólidos en la dieta del bebé no significa suspender la alimentación líquida. Las calorías obtenidas de la leche materna o la fórmula siguen siendo de suma importancia, pero ahora tu bebé alcanzó un punto de crecimiento en el que las alimentaciones líquidas solas no son suficientes desde un punto de vista nutricional.

Los bebés generalmente comienzan a comer alimentos sólidos entre los cuatro y los seis meses. Aunque la AAP se inclina más hacia los seis meses, tu pediatra te guiará en función de las necesidades nutricionales únicas de tu bebé. Hay señales de desarrollo que se deben apreciar antes de introducir los alimentos sólidos. Tu bebé debe ser capaz de controlar los músculos de su cuello y cabeza y sentarse erguido (con apoyo). Este nivel de habilidad generalmente se alinea con el bebé que puede levantar la cabeza cuando se lo coloca bocabajo sobre una manta, y mantiene esa posición más de un minuto.

Hay otros indicadores de que el bebé está listo; si muestra señales de hambre a pesar de que recibe treinta y dos onzas de fórmula al día. El bebé que lacta y que está listo para los alimentos sólidos muestra señales de hambre después de seis a ocho lactancias completas en un período de veinticuatro horas. Para el bebé que tiene un patrón de sueño nocturno bien establecido, cualquier despertar atípico durante la noche entre las semanas dieciséis y veinticuatro, o levantarse antes de tiempo durante las siestas bien establecidas también podría indicar que necesita más nutrición.

FAJAR AL BEBÉ

La mayoría de los recién nacidos disfrutan de la seguridad que se siente al ser envueltos. Esta es una práctica antigua y algo que alentamos. Envolver al bebé ayuda a calmarlo y consolarlo cuando está irritado, facilita el sueño en los recién nacidos y minimiza el reflejo de sobresalto que a menudo puede despertar al bebé cuando está dormido. Aprender a envolver al bebé no es difícil. Usa una manta de recepción regular o una manta envolvente.

Ofrecemos algunas precauciones: Ten el cuidado de no envolver al bebé demasiado apretado, pues esto restringe la respiración y la circulación, y sé cuidadoso de que la manta no cubra la cara del bebé. Por supuesto, llegará el momento en que tu bebé ya no disfrute que lo envuelvan y te lo hará saber. Solo sigue la guía de tu bebé en esto.

DENTICIÓN

La dentición es parte del crecimiento natural, y comienza cuando el primer diente rompe la encía. Suele aparecer entre los cinco y los siete meses. Por lo general, los dos dientes inferiores salen primero, seguidos por los dos dientes superiores del medio. Los dientes tienden a brotar antes en las niñas que en los niños, pero alrededor de los dos años, tanto los niños como las niñas tienen, o están cerca de tener, los veinte dientes de leche.

La dentición no debe interferir con la lactancia ya que el reflejo de succión se realiza con la lengua y el paladar, no con las encías. Molestias, irritabilidad, alteración, aumento de la salivación y temperatura ligeramente elevada pueden acompañar el brote de un diente, pero no debería producir ningún cambio en la rutina de alimentación de tu bebé. La dentición puede provocar una leve interrupción del sueño, pero no lo suficiente como para anular el patrón de sueño bien establecido.

Tu hijo debería visitar el estomatólogo alrededor del tiempo en que brota el primer diente, pero al menos, asegúrate de que lo haga para un control dental de niño sano en su primer cumpleaños. Esto es muy importante porque la evaluación temprana y la educación son las claves para prevenir las enfermedades dentales infantiles. Tu dentista puede ayudarte a determinar el riesgo de tu hijo de padecer caries dentales y ayudarte con técnicas para limpiar sus dientes de manera efectiva y segura. Comenzar a visitar el dentista a una temprana edad ayuda a que tu hijo aprenda a sentirse cómodo en la consulta.

DESTETAR A TU BEBÉ

El destete, según la definición actual, es el proceso mediante el cual los padres ofrecen suplementos alimenticios en lugar de, o además de la leche materna. Ese proceso comienza en el momento en que los padres le dan a su hijo un biberón de fórmula, o cuando su bebé prueba el cereal por primera vez. A partir de ese momento, el destete es un proceso gradual. En lo que respecta a la lactancia materna, no hay una edad establecida en que el destete se considere mejor o preferible. Cuando esté lista, la madre que amamanta puede comenzar el proceso de destete al eliminar una alimentación a la vez, esperando de tres a cuatro días antes de eliminar la siguiente. Ese marco de tiempo le permite al cuerpo de la mamá hacer los ajustes adecuados en la reducción de leche. Por lo general, la alimentación al final de la tarde es la más fácil de eliminar ya que es un momento ocupado del día. Reemplace cada alimentación con seis a ocho onzas de fórmula o leche, en dependencia de la edad del niño. (Los pediatras generalmente recomiendan que los bebés no reciban solo leche (leche de vaca) hasta que tengan al menos un año de edad). Aunque el bebé no sea destetado del seno o del biberón durante el primer año, la mamá debe pensar en el futuro al introducir la «taza para beber» alrededor de los seis a siete meses de vida.Para el bebé que se alimenta con fórmula, las mamás pueden comenzar a hacer la transición del biberón a la taza alrededor de los diez u once meses de vida. Cuando comiences a destetar del biberón, empieza con la alimentación del mediodía. Unos días después, elimina el biberón de la mañana y la tarde. El biberón de la noche será el último en eliminarse. Este proceso lleva tiempo, así que prepárate y sé paciente.

10

Partos múltiples
La fiesta interminable

por la doctora Eleanor Womack

Un bebé es una gran bendición, y los nacimientos múltiples representan bendiciones multiplicadas para los padres. Pero con gemelos, trillizos o más, tu alegría estará acompañada de mucho trabajo. Es cuestión de simple adición, o no, ¡de multiplicación!

Toda crianza requiere organización y pensar en el futuro, pero se hace realidad, sobre todo, en los partos múltiples; porque cuando lo inesperado llega, llega multiplicado. Las personas con un solo bebé cometen sus errores de uno en uno; los padres de trillizos tienden a cometer sus errores triplicados. Por el lado bueno, cuando haces las cosas bien, el éxito se multiplica.

En nuestra casa nos gusta pensar en la crianza de nuestros trillizos como la fiesta interminable. Cuando nuestros tres hijos eran bebés prematuros y debíamos alimentarlos cada tres horas, vimos los tiempos de alimentación como una oportunidad para la diversión y la comunión familiar. Los «alimentadores» nos sentábamos juntos en la misma habitación y debatíamos sobre nuestros días, contábamos chistes o historias, o cantábamos canciones. Incluso a las 3:00 a. m., nos alentábamos en nuestro trabajo por nuestro compromiso mutuo de ver eso como una oportunidad para socializar.

Desde bien pequeños, los niños perciben tu actitud. Si tú enfrentas su cuidado como una carga o una labor pesada, tus hijos responderán de manera gravosa y experimentarás un trabajo penoso. En cambio, ve cada día como una aventura y sé consciente de que cada etapa de desarrollo de tus hijos es preciosa.

LLEVARLOS A CASA

Los embarazos múltiples tienen un alto riesgo de prematuridad. Por lo tanto, un desafío importante desde el principio es cuidar a múltiples bebés pequeños. Tus bebés quizás tengan que permanecer en la Unidad de Cuidados Intensivos Neonatales (UCIN) del hospital por un tiempo. Pueden ser dados de alta de uno en uno, a medida que alcanzan pesos seguros y desarrollan las habilidades de succión. Pueden volver a casa con apnea y con la necesidad de usar monitores cardíacos. (El monitor de apnea garantiza que el niño respira).

<u>Cunas</u>: Cuando tus bebés son muy pequeños, no se moverán mucho. Es perfectamente aceptable poner dos o incluso tres bebés pequeños en la misma cuna. Te sugerimos que los separes cuando sean lo suficientemente maduros como para moverse en la cuna, y así evitar que algún bebé asfixie a otro.

<u>Pañales</u>: Los trillizos usarán entre veinticuatro y treinta pañales por día, por lo que el costo de los pañales puede volverse un elemento importante en el presupuesto del hogar. Sopesa tus opciones. Para disminuir el costo, puedes comprar pañales de tela y lavarlos. Pero cuando consideres las cargas diarias de ropa para lavar, el costo en términos de tiempo y molestias es considerable. Además, los pañales de tela tienen un costo oculto incorporado debido a la mayor incidencia de dermatitis producto del pañal. Los bebés no pueden pasar tanto tiempo con los pañales de tela como con los pañales desechables debido a la poca absorción de los pañales de tela y la gran incomodidad que producen cuando están mojados. A los padres de múltiples les es difícil saber quién ha sido cambiado y quién necesita un pañal nuevo, solo ten en cuenta quién está orinado o sucio en un momento inesperado.

Los pañales desechables son útiles porque los bebés no experimentan molestias incluso cuando se los deja con el pañal mojado más tiempo de lo normal. Los servicios comerciales de pañales son más baratos que los pañales desechables, pero tendrás varias cantidades de pañales sucios y malolientes que esperan ser recogidos cada semana. Prefiero los pañales desechables pero debido a los problemas de costos, animo a los padres a probar un servicio de pañales y ver si pueden mantener a los bebés limpios y cómodos. Si este servicio funciona para ti, puedes hacer ahorros significativos.

NECESITAS AYUDA

Al aconsejar a las futuras madres de múltiples, el peor error que veo que cometen es asumir que pueden manejar este reto por sí solas. Con frecuencia su presupuesto es bajo y contratar ayuda está fuera de discusión, por lo que la mamá y el papá se disponen a cumplir con todas las tareas del cuidado de los niños por su cuenta. ¡No cometas este error! No puedes hacerlo solo.

No necesariamente tienes que gastar dinero para obtener ayuda. Hay varias alternativas. A algunos miembros de la familia extendida les encanta ayudar, especialmente si tus bebés comen y duermen siguiendo un horario. Algunas escuelas secundarias, universidades, seminarios y yeshivás cerca de tu hogar pueden ofrecer clases de desarrollo infantil. Tu hogar podría convertirse en un laboratorio de aprendizaje para algunos estudiantes de buen corazón y sus maestros. Las iglesias y las sinagogas están llenas de personas disponibles para echar una mano: solo tienes que pedirla. Si uno o más de tus bebés llegan a casa con la necesidad de usar monitores, puedes ser candidato para solicitar una enfermera en el hogar, posiblemente el estado cubrirá los gastos. Para conocer sobre esta posibilidad, consulta con el trabajador social asociado a la unidad de cuidados intensivos neonatales de tu hospital o a tu pediatra.

Cuando las personas pregunten si pueden ayudar, siempre di: «¡Sí, por favor!». Ten a mano un plan diario para que puedas darles a todos los que ofrecen su ayuda una fecha y hora exactas en que pueden servirte, allí mismo, e inmediatamente les asignas una tarea. Es posible que desees ayuda con el cuidado de los bebés, o si tus voluntarios tienen tiempo limitado, pregúntales si pueden ayudar con una tarea semanal predecible, como la lavandería, los viajes a la tienda de comestibles y la farmacia. Delegar es una de las claves para preservar tu cordura cuando has tenido un parto múltiple.

ALIMENTAR A MÚLTIPLES

¿Vas a amamantar? Las madres de múltiples a menudo pueden amamantar. Tú y tus bebés son los que determinarán si esta es la elección correcta para ti y para ellos. Mucho dependerá de la madurez de ellos al nacer y de si requieren atención en la UCIN, si tuviste un parto por cesárea, y cuántos bebes tienes. Las madres de gemelos tienen más éxito en la lactancia materna que las madres de trillizos. Si tus bebés van directamente a casa contigo al salir del hospital, será mucho más fácil establecer un patrón de lactancia materna.

Como se explicó en el Capítulo 4, la leche materna es un alimento completo y perfecto. Se digiere con facilidad, proporciona una nutrición excelente y contiene el equilibrio adecuado de proteínas y grasas. También ofrece anticuerpos adicionales que ayudan a establecer el sistema inmunológico de tu bebé. Si tus bebés están en la UCIN, incluso si no planeas amamantarlos de forma directa, es posible que desees proporcionarles leche al usar un extractor eléctrico. Muchos pediatras recomiendan esto, y las compañías de seguros con frecuencia reembolsan a la madre por el alquiler del sacaleches mientras el bebé está en la UCIN. Los bebés prematuros, sobre todos, se beneficiarán de los anticuerpos en la leche materna, pero no te sientas culpable si no puedes proporcionarles la leche materna, ni asumas que tus bebés alimentados con fórmula crecerán enfermizos. Simplemente, no es verdad.

Cada uno de tus bebés es diferente. Puedes planear amamantarlos a todos y luego descubrir que uno prefiere el biberón antes que el pecho. Algunas mamás amamantan con éxito a sus múltiples bebés de forma rotativa, en cada horario de alimentación siempre hay uno de los bebés que se alimenta con biberón mientras los demás se rotan el seno. Otras madres producen suficiente leche para alimentar a los trillizos. Un buen sacaleches eléctrico es muy útil para establecer y mantener un suministro de leche para múltiples bebés. Es posible que puedas extraerte después de alimentar a uno o dos bebés para que el tercer o cuarto bebé pueda recibir leche materna en un biberón. La lactancia materna puede ser magníficamente fácil una vez que se establece, y la mamá y los bebés aprenden, pero el comienzo es difícil, especialmente después del estrés de un embarazo de alto riesgo. Por favor, disminuye tus expectativas de ti misma y busca una buena ayuda de una consejera profesional en lactancia. Amamantar a varios bebés quizás no se produzca como algo natural, y es probable que necesites orientación.

Si tus recién nacidos tienen bajo peso al nacer y son prematuros, probablemente dormirán casi todo el tiempo. Notarás que casi nunca se despiertan, duermen incluso cuando estás cambiando sus pañales, al bañarlos y al alimentarlos. Los bebés prematuros reaccionan al estímulo retirándose y durmiendo. No luches contra su somnolencia. Haz tu mejor esfuerzo para que se alimenten, pero no lo intentes por más de treinta minutos cada dos horas y media o tres horas. Desde el comienzo de una alimentación al comienzo de la siguiente, no deben transcurrir más de tres horas. Intenta alimentar y ayudar a eructar a cada bebé durante treinta minutos, y lo vuelves a acostar en su cuna durante las dos horas o dos horas y media restantes del ciclo. Haz esto incluso si el bebé succionó de manera ineficaz y solo recibió una fracción de la cantidad de alimentación habitual o si regurgitó una cantidad significativa de la alimentación. Te recomiendo que no vuelvas a alimentar al bebé después que regurgita si el límite de treinta minutos ha terminado. Si el bebé regurgita después de diez minutos de comenzar la alimentación, intenta volver a alimentarlo hasta que se acabe el tiempo.

Un aspecto importante de la alimentación a recién nacidos y prematuros es hacer una buena evaluación de su hidratación. Cada bebé debe orinar entre seis y ocho pañales por día. Si amamantas, esta será una guía para ayudarte a determinar si están succionando correctamente y consumiendo cantidades adecuadas de leche. Pero en el caso de los partos múltiples, en especial de tres o más bebés, hacer un seguimiento de quién se ha orinado o no puede volverse todo un desafío. En las primeras semanas de posparto privadas de sueño, puedes perder la noción de cosas incluso obvias; así que toma nota de todo. Mantén tus tablas de crecimiento saludable del bebé cerca del lugar donde cambias al bebé y mantenerlas actualizadas. Intenta codificarlas por colores, asignándole un color diferente a cada niño. Esto te hará más fácil mantener un seguimiento del progreso de cada niño.

A medida que tus bebés maduren, la alimentación será más fácil y es posible que puedas alimentar a cada bebé en menos de treinta minutos. Adhiérete lo más que puedas al ciclo de alimentación-vigilia-sueño para cada bebé. Cuando alguno se despierte por la noche para alimentarse, despiértalos a todos y aliméntalos. No obstante, cuando alguno se levante antes de tiempo de la siesta, resiste la tentación de premiar al bebé con la alimentación. En cambio, verifica si su pañal está sucio, cálmalo y llévalo a que se consuele a sí mismo y luego vuélvelo a acostar para que duerma.

SUEÑO PARA BEBÉS MÚLTIPLES

El sueño para los bebés múltiples es crucial para su felicidad y paz mental. Con los recién nacidos, especialmente dos o más bebés pequeños y prematuros, la tentación es concentrarse en cuánto comen, con qué frecuencia lo hacen y si están aumentando de peso de manera consistente. Mi esposo y yo hemos aplicado los principios *PDF* desde el nacimiento de nuestros trillizos, y hemos aconsejado a muchos padres de múltiples que hagan lo mismo. La verdadera clave para que se alimenten y aumenten de peso es dormir. Si quieres que tus hijos coman y crezcan, enséñales a dormir. Un bebé descansado se alimentará. El bebé agotado, agitado y privado de sueño gritará, se mostrará irritado, succionará de manera ineficaz y regurgitará repetidamente.

Quizás tengas temor de que tus bebés se despierten con hambre una hora después de acostarlos si no recibieron una alimentación completa. ¡Yo también sentí ese temor! La sorpresa es que tienden a despertarse justo a tiempo para la próxima alimentación programada, mejor descansados y listos para recibir una alimentación completa. En general, los recién nacidos cuyos padres se centran en el sueño en lugar de las calorías, obtendrán más nutrición porque estarán mejor descansados, tendrán una mejor digestión y estarán listos para succionar con fuerza.

A medida que tus múltiples maduran, desarrollarán tiempos de vigilia y tiempos de sueño definidos. Cuando son recién nacidos o prematuros, casi siempre se quedarán dormidos mientras los alimentas, o tal vez ni siquiera se despierten para la alimentación. A medida que crecen, todavía se adormecerán con la alimentación, pero con un poco de estímulo, puedes hacer que se despierten completamente y que estén listos para jugar después de alimentarse. Las actividades del tiempo de vigilia con múltiples siempre deben incluir algún tiempo de juego independiente. Cuando llega la hora de la siesta, los bebés pueden indicar que están listos para dormir al mostrarse irritados, e incapaces de ser distraídos, o pueden estar completamente despiertos y alegres. ¡Acuéstalos despiertos! Logísticamente, no puedes mecer a dos, tres o más bebés para dormir en cada siesta. Tus bebés necesitan aprender a consolarse por sí solos. De hecho, todos los bebés necesitan aprender la paciencia y cómo calmarse, pues son habilidades vitales para la vida. Que mamá y papá tengan solo un regazo y un par de brazos son limitaciones inevitables. Calmarse a sí mismo es particularmente importante cuando los bebés están enfermos o bajo estrés. Si han aprendido la habilidad de dormir desde temprano en la vida, buscarán dormir cuando se sientan cansados en lugar de estresarse aún más con llanto e irritación.

Si tus múltiples bebés han estado compartiendo una habitación desde que nacieron, no se despertarán el uno al otro.

Aprenderán a ignorar el llanto del otro, así que no los separes cuando uno está irritado. Cuando los pequeños tienen un llanto particularmente fuerte, puedes entrar cada diez minutos para darles palmaditas, tranquilizarlos y posiblemente verificar si hay un pañal orinado o sucio. Funcionarás como un guía, enseñándoles cómo calmarse a sí mismos. Entra el tiempo suficiente para ayudarles a dejar de llorar, pero no tanto como para que se duerman. Tu objetivo es acostarlos despiertos, permitiéndoles quedarse dormidos por sí solos, sin un proceso de transición, como mecerlos o darles palmaditas. Esto es más desafiante de lo que parece debido al puro esfuerzo físico que se requiere para cuidar de múltiples.

Debes comenzar y finalizar cada ciclo de alimentación-vigilia-sueño de una manera bastante estructurada. Tarda unos quince o veinte minutos cargar tres bebés, cambiarles el pañal y colocarlos en sus cunas para una siesta. Una trampa común para los padres es permitir que sus bebés se queden dormidos en sus sillas o columpios durante las actividades del tiempo de vigilia. Los padres están ocupados haciendo una tarea doméstica, contestando el teléfono o tratando de resolver el problema de un bebé, solo para descubrir que los demás se han dormido sentados. Si bien es cierto que se han quedado dormidos por sí solos, no lo hicieron en el lugar correcto: sus cunas. Si eso sucede a menudo, pueden tener dificultades para aprender a consolarse a sí mismos mientras yacen en sus cunas. Siempre habrá eventos inesperados con los que lidiar, pero trata de planificar de antemano al colocar a tus bebés en sus cunas cuando aún están despiertos y tú no estás distraída. De esa manera, si en alguna ocasión se duermen sentados, será un evento atípico y no un hábito.

Con respecto al sueño, la pregunta número uno que recibo de padres de múltiples es esta: «Nuestros bebés tienen alrededor de cuatro meses y se alimentan cada cuatro horas, pero no duermen toda la noche. ¿Por qué?» Animo a esos padres a probar un horario de alimentación riguroso de tres horas y promover el sueño nocturno. Por lo general, recibo una llamada tres días después para informar el «milagro», que ¡uno o todos los bebés están durmiendo ocho horas ininterrumpidas por la noche!

Aquí está la primera regla del sueño nocturno: no te sientas tentado a alargar el tiempo entre las alimentaciones diurnas hasta que tus bebés duerman al menos de nueve a diez horas por la noche. Necesitan las alimentaciones cada tres horas durante el día para distinguir la noche del día, pero también para asegurarte de que sus necesidades nutricionales están siendo satisfechas. Una rutina básica de cada tres horas logrará ambas cosas.

A medida que continúan creciendo, surge un nuevo problema: entre los seis y los nueve meses de vida, tus bebés se descubren entre ellos. ¡Es entonces cuando la fiesta realmente comienza! El lindo problema que tienes es que se divierten y entretienen demasiado entre ellos. No se despertarán al llanto del otro, sino a la risa del otro y se sumarán a la fiesta. Ellos tienen compañeros congénitos. Lo que ayuda en esta situación es darle un juguete al primero que se despierte para que juegue tranquilamente en la cuna, mientras que los hermanos siguen durmiendo. En nuestra familia, colocamos juguetes pequeños y silenciosos en la cama de cada niño después que se han dormido, entonces el que se despierta puede jugar de forma tranquila e independiente con el juguete.

No permitas firmemente que tus múltiples salgan de sus cunas solos. Todos los bebés deben permanecer en sus cunas hasta que se le dé permiso, pero para los múltiples es un asunto de seguridad: la amenaza que un niño agresivo representa para otro cuando no están bajo supervisión. Convencimos a nuestros trillizos de que escalar para entrar y salir de sus cunas era imposible sin la ayuda de una escalera. Cuando la escalera no estaba disponible, ni entraban ni salían de sus cunas. Durmieron en sus cunas hasta después de su tercer cumpleaños sin episodios no autorizados de entradas o salidas.

RUTINA PARA MÚLTIPLES

La rutina de cada bebé no debe variar, pero el horario de alimentación y sueño de tus bebés múltiples con respecto a los otros puede verse afectado por muchos factores. ¿Cuántos bebés son? ¿Con cuántas personas dispones para que te ayuden a alimentarlos? ¿Estás amamantando? Cada bebé debe tener tiempo de alimentación, de vigilia y de sueño. No cambies ese orden, excepto para las alimentaciones tarde en la noche (cuando no hay tiempo de vigilia) y para los bebés prematuros que no son lo suficientemente maduros neurológicamente como para tolerar el tiempo de vigilia.

Si tienes trillizos y solo hay un asistente para ellos la mayoría de las veces, puedes elegir escalonar los horarios de tus bebés. Así es como esto podría funcionar. La persona que los alimenta (probablemente tú) comienza el proceso según el horario con el bebé A, termina media hora después y pasa al bebé B, mientras que el bebé A tiene su tiempo de vigilia en silla mecedora cerca de ti. Cuando termina la hora, el bebé C se despierta para alimentarse y el bebé A está listo para la siesta. Cuando los tres bebés han sido alimentados, queda una hora y media antes de que comience el ciclo de nuevo. Si tienes dos personas en el hogar que pueden alimentar al bebé, siempre podrías tener dos bebés alimentándose al mismo tiempo.

Con más ayuda, todos los bebés en un hogar con trillizos o gemelos pueden seguir más o menos el mismo horario. Con dos ayudantes, los tres bebés pueden alimentarse al mismo tiempo. Puesto que los bebés se alimentan a diferentes ritmos, habrá uno que come más rápido y otro más lento. Una vez que descubras quién come más lento y quién más rápido, puedes establecer un sistema mediante el cual un ayudante alimenta al más lento mientras el segundo ayudante alimenta al más rápido y al intermedio. La madre que amamanta puede alimentar a dos bebés al mismo tiempo, mientras otra persona le da el biberón al tercer bebé.

TIEMPO DE VIGILIA

No necesitarás concentrarse en el tiempo de vigilia durante las primeras semanas que tus bebés están en casa, pero pronto se mantendrán despiertos durante toda la alimentación y comenzarán a interesarse por el mundo que los rodea. Un asiento vertical reclinable es el lugar perfecto para poner al bebé para estos primeros períodos de vigilia. El asiento permite que el bebé mire a su alrededor y agite sus brazos y piernas mientras permanece derecho, y al mismo tiempo impide que regurgite, algo que ocurre con frecuencia en bebés que se colocan horizontalmente. Los asientos reclinables son útiles más tarde para alimentar al bebé con un biberón con soporte o al iniciar los alimentos sólidos cuando los bebés todavía son demasiado pequeños para sillas altas. Sin embargo, nunca dejes al bebé en un asiento sin supervisión.

Las actividades del tiempo de vigilia para múltiples no requieren que tengas tres objetos de cada tipo. Los bebés se cansan de la mayoría de las actividades después de diez o veinte minutos, así que puedes programar sesiones de juego rotativas: un bebé en el columpio de cuerda, otro en el corralito con un sonajero y el tercero en una silla mecedora jugando con otro sonajero, o sentado con mamá cantando una canción y jugando cara a cara. A intervalos de quince minutos, rota a los bebés a la siguiente actividad.

El tiempo individual es esencial para los múltiples felices. Necesitan tiempo de juego independiente cada día, y también necesitan tiempo individual, uno a uno con mamá y papá. Por necesidad, tendemos a pensar en los bebés múltiples como una unidad. Los alimentamos, cambiamos, vestimos y bañamos a todos al mismo tiempo. Es mucho más fácil asegurarse de que estás siendo justo y de que las necesidades de todos están siendo satisfechas si mantienes a los bebés en un horario y haces todas las actividades diarias principales de manera colectiva. Sin embargo, la manera en que estructuras el tiempo de vigilia y planificas las actividades de juego de los bebés puede ofrecer un descanso de la monotonía del cuidado de los mismos. Por ejemplo, deja a todos menos a uno de los bebés con tu cónyuge o la ayudante y lleva a uno solo para caminar o hacer un mandado a la tienda. O léele una historia a uno mientras los otros juegan de forma independiente.

Cuando los múltiples ingresan a la infancia, se encuentran en un mundo donde siempre hay alguien más de su tamaño que los agarra o agarra el juguete que están a punto de recoger. El tiempo en el corralito para un múltiple se convierte en un tiempo de refugio. Pueden hacer lo que quieren en el corralito sin que alguien los interrumpa ni tome sus cosas. Puedes tener uno de casi todos los demás accesorios, pero múltiples corralitos, uno para cada niño, es una buena inversión temprana. El tiempo del corralito también le da un alivio bienvenido a la mamá: ella puede contestar el teléfono o preparar el almuerzo mientras los niños juegan de manera segura. Comienza a practicar el tiempo en el corralito a los tres o cuatro meses de vida. Empieza con solo diez minutos al día y aumenta lentamente el tiempo para que, al año de vida, sean capaces de permanecer en el corralito al menos cuarenta minutos.

UNA PALABRA PARA LOS ESPOSOS

La clave para una vida familiar armoniosa es una relación saludable entre el esposo y la esposa. Todas las demás relaciones en el hogar se ven afectadas, de forma positiva o negativa, por esa relación familiar primaria. ¡Trabaja en ella y cuídala con tu vida! Serás como padre de la misma manera en que eres como cónyuge. Por eso es esencial que papá ayude en casa, sobre todo en el caso de bebés múltiples. Tu esposa podrá escucharte, compartir y disfrutarte solo si ella siente tu apoyo y ánimo. Tu esposa es la principal alimentadora, cambia pañales, bañista y profesora / animadora del conjunto de bebés que se te han confiado. No tiene tiempo libre: las veinticuatro horas del día tiene que estar tranquila y controlada, para poder hacer las evaluaciones importantes y las decisiones que son parte de la vida diaria de tus bebés. Cuanto más atesores y sirvas a tu esposa, más recibirás en las hermosas formas de una madre compuesta, sabia y de niños pacíficos y seguros.

Cuidado del bebé y de la mamá

L os días y las semanas después del parto son muy ocupados para la mamá y el papá, ya que la curva de aprendizaje se empina hacia la adaptación del nuevo bebé en casa. La toma de conciencia se intensifica para asegurarse de que todo va de acuerdo con lo que los libros y los gráficos señalan como normal, pero para la mayoría de los padres primerizos, el desafío está en descubrir lo que es «normal». Confiamos en que esta sección ayudará a aclarar los problemas que surgen durante estas primeras semanas de ajuste.

Este apéndice se divide en dos secciones: las características del desarrollo y el crecimiento de los recién nacidos que los profesionales de la salud buscarán, y los desafíos físicos y emocionales que una madre podría enfrentar después del parto. Cuanto más los futuros padres entiendan los cambios que ocurrirán después de la llegada del bebé, mejor preparados estarán incluso cuando lo inesperado suceda.

PUNTUACIÓN APGAR

Probablemente has escuchado a otros padres hablar sobre la prueba Apgar de sus bebés, pero quizás no hayas entendido a cabalidad qué significa o cómo se usa para evaluar la salud de un recién nacido. La prueba fue diseñada y perfeccionada en 1952 por la doctora Virginia Apgar, quien la usó para determinar los efectos que la anestesia tenía en los recién nacidos. Con el tiempo, su prueba se convirtió en la herramienta normativa para ayudar a los médicos a determinar el estado de salud de los bebés al nacer. La prueba mide cinco áreas críticas de la vitalidad del recién nacido en el primer minuto después del parto y luego cinco minutos después. Cada aspecto recibe un valor y la suma total da la puntuación. Una puntuación de 7-10 se considera normal e indica que el bebé está bien. Un puntaje de 4-6 indica que el bebé probablemente necesita asistencia respiratoria, y una puntuación de 0-3 muestra la necesidad de intervención para salvar su vida. Aquí hay una tabla básica de puntuación Apgar.

APGAR	0	1	2
Apariencia *(Color)*	Azul o rosado pálido	Cuerpo rosado, extremidades azules	Rosado
Pulso *(frecuencia cardíaca)*	Ausente	Menos de 100/mín.	Más de 100/mín.
Gesto *(Respuesta a la estimulación)*	Sin respuesta	Mueca	Llanto fuerte
Actividad *(Tono muscular)*	Ausente	Algún movimiento	Movimiento activo
Respiración *(Frecuencia respiratoria)*	Ausente	Lenta, irregular y débil	Fuerte, llanto fuerte

ASPECTOS BÁSICOS DE LOS RECIÉN NACIDOS

Todos los recién nacidos están dotados de necesidades, características y reflejos similares que se consideran normales y son parte de lo que nos hace humanos. Descubrir la singularidad de tu bebé es más que un pasatiempo; es una necesidad de la verdadera crianza y comienza al familiarizarse con las características físicas del bebé. ¿Qué necesitas saber?

CARACTERÍSTICAS DE UN RECIÉN NACIDO

Cabeza:

- Mide el 25 % del tamaño del cuerpo del bebé.
- La circunferencia promedio es de 13-14 pulgadas (33-35 cm).

- Los músculos del cuello son débiles, por lo que la cabeza del bebé necesita apoyo en todo momento.

Fontanelas:

- Áreas del cráneo (puntos blandos) que aún no están unidos, pero se mantienen adheridos por membranas. (El punto débil es donde el cráneo no está completamente formado, dejando espacio para el extraordinario crecimiento del cerebro durante el primer año, tiempo en el que ocurre más del cincuenta por ciento del crecimiento total de la cabeza de tu bebé).
- Fontanela anterior (en la parte superior de la cabeza): se cierra aproximadamente a los dieciocho meses de vida.
- Fontanela posterior (en la parte posterior de la cabeza): se cierra aproximadamente a los tres meses de vida.

Cabello:

- Algunos bebés nacen con una cabellera abundante; otros no tienen pelo en absoluto.
- No es raro que los bebés pierdan parte o la totalidad de su cabello semanas después del nacimiento.

Millium

- Pequeñas protuberancias blancas que parecen acné en la frente, la nariz y las mejillas del bebé.
- Casi el 50 % de los recién nacidos presentan millium. No es contagioso, y en la mayoría de los casos desaparece durante el primer mes de vida; aunque en raros casos podría durar hasta los tres meses. No hay tratamiento para esta afección, excepto el tiempo.
- La causa exacta se desconoce, pero el millium puede desarrollarse cuando pequeñas escamillas de piel quedan atrapadas en diminutas bolsas cerca de la superficie de la piel. No intentes quitarlas. Contacta al médico de tu bebé.

Ojos:

- Color: los bebés caucásicos por lo regular nacen con ojos azules y su color definitivo se hace evidente entre los seis meses y el año de vida. Los bebés de ascendencia africana o asiática comúnmente nacen con ojos carmelitas y el color no cambia.
- Los recién nacidos nacen con estrabismo debido a que el músculo ocular no está totalmente desarrollado. Si los ojos de tu bebé continúan con esta condición después de los tres meses de vida, contacta a tu pediatra.
- A los seis meses, los ojos del bebé deben enfocar juntos. Si no lo hacen, pídele al pediatra de tu bebé que lo remita a un oftalmólogo.
- Puede haber hinchazón o secreción de los ojos de tu bebé por los antibióticos aplicados al nacer.
- Los conductos lagrimales comienzan a producir lágrimas alrededor de la segunda o la tercera semana de vida.

Sentido de la visión

- Los recién nacidos poseen plena capacidad visual en términos de los mecanismos del ojo, sin embargo, la parte del cerebro que controla la visión aún no está completamente desarrollada. Es por eso que los bebés nacen miopes, lo que significa que ven borrosos los objetos lejanos. Se estima que los bebés pueden ver objetos solo a unas 8-14 pulgadas (20 a 35 cm) de distancia.
- Al nacer, los bebés ven los colores brillantes y contrastantes. Su visión a color completa no se desarrolla hasta aproximadamente los tres o los cuatro meses de vida, cuando pueden determinar matices y tonos claros.

Sentido de la audición

- Los bebés pueden oír bastante bien, pero no a la perfección, justo después del nacimiento. Una prueba de medición de audición en recién nacidos es una práctica común y generalmente se realiza antes de ser dado de alta del hospital. Pregúntale a tu pediatra si esto es parte de su protocolo de alta.

- Los infantes tienden a percibir los ruidos fuertes como molestos, y los suaves como relajantes.

Sentidos del gusto y el olfato

- Ambos sentidos están bien desarrollados al nacer.
- Los investigadores han descubierto que muchos bebés pueden diferenciar entre la leche materna de su madre y la de otra mujer.

Piel:

- «Lanugo» o vello fino en ocasiones está presente en el cuerpo del bebé al nacer. Esto se observa con mayor frecuencia en bebés prematuros y normalmente desaparece en unos pocos días o semanas por sí solo.
- Piel seca y escamosa. A veces se asocia con el despelleje de la piel y está presente dos o tres semanas después del parto, y en bebés nacidos después de cuarenta semanas de gestación.
- Piel rojiza. La piel del recién nacido a menudo tiene un tono rojizo, y durante los primeros días las manos y los pies pueden tener un color azulado. A medida que mejora la circulación del bebé, su color de piel será más consistente.
- Salpullido. Se puede desarrollar un salpullido si el bebé lleva demasiada ropa puesta o usa ropa hecha de una tela irritante. Casi la mitad de todos los recién nacidos muestran una erupción innocua de pequeñas protuberancias rojas que desaparecen solas, generalmente en una semana. Si tienes alguna duda, comunícate con el proveedor de atención médica de tu bebé.
- Marcas de nacimiento. Hay una variedad de clasificaciones de marcas de nacimiento (como «nevus fresa», manchas vinosas y áreas de color salmón) y lunares que pueden aparecer en los recién nacidos.

- «Manchas mongolas». Esta es una decoloración púrpura / azulada de la piel en la parte baja de la espalda o las nalgas y normalmente desaparece después del primer año. No se conoce que estas manchas tengan conexión antropológica con las personas de Mongolia, solo que son más común en bebés de piel oscura. La mayoría de los bebés descendientes de americanos nativos, africanos, asiáticos o hispanos presentan al menos una mancha mongola. El 10 % de los bebés caucásicos nacen con tales marcas de nacimiento.

Respiración:

- Frecuencia respiratoria del recién nacido: de treinta a sesenta respiraciones por minuto. Es normal que la respiración sea irregular y poco profunda. Algunos bebés pueden respirar de forma ruidosa por las noches.
- El hipo es normal, y muchas madres saben cuándo el bebé tiene hipo durante el embarazo. Cuando el diafragma del bebé madura, el hipo frecuente desaparece.

Extremidades:

- Los brazos y las piernas del bebé son desproporcionadamente cortos para su cuerpo. También es normal que mantenga los brazos doblados y sostenidos cerca del pecho con sus pequeñas manos cerradas en forma de puño.
- El bebé posiciona las piernas de manera similar a la asumida en el útero, y es normal que la mayoría de los recién nacidos tengan las piernas arqueadas.
- Las uñas son generalmente largas, suaves y flexibles al nacer. Es importante recortarlas semanalmente para evitar que el bebé se rasguñe la cara. A medida que los bebés crecen y están más alertas y conscientes de su entorno, el corte de uñas se vuelve todo un reto. La forma más segura y fácil de recortar las uñas del bebé es cuando está durmiendo o justo después del baño, cuando está relajado y sus uñas son un poco más suaves. Los cortaúñas para bebés están disponibles

en tu farmacia local. (No utilices cortaúñas para adultos en tu bebé).

Reflejos:

* Ciertos reflejos están presentes al nacer, la mayoría de los cuales son vitales para la supervivencia. También son fuertes indicadores de la vitalidad y la salud del sistema nervioso central y se chequean con frecuencia en las diferentes consultas de niño sano. A medida que el bebé madura, es normal que algunos reflejos desaparezcan y otros cambien. Es importante que los padres tengan una comprensión básica de cómo funcionan, porque indican qué tan bien está tu bebé y ayuda a los pediatras a evaluar la actividad neurológica y cerebral normal. Aunque existen alrededor de noventa reflejos nombrados, aquí están los diez más comunes: succión, deglución, perioral, jadeo, tos, agarre, escalón, «Babinski», «tónico del cuello» y «reflejo de Moro».

Reflejo de succión
○ Este reflejo está activo desde el útero y es muy fuerte al nacer, ya que es imprescindible para la alimentación. Por lo general, cualquier estimulación de los labios del bebé provocará una respuesta de succión. Los bebés a menudo se chupan el pulgar, los dedos o los puños.

Reflejo de deglución
○ Este reflejo también está presente antes del nacimiento, pues los bebés tragan y luego excretan líquido amniótico en el útero.

Reflejo de jadeo
○ Evita la asfixia.

Reflejo perioral
○ Este es el reflejo que provoca que tu bebé gire la cabeza en respuesta a estímulos para recibir alimentos.

Reflejo de tos

○ Este reflejo ayuda a limpiar los conductos de aire de mucosidad.

Reflejo de agarre

○ Si colocas tu dedo dentro de la palma de la mano de tu bebé, la agarrará, a menudo con la fuerza suficiente para hacer que la parte superior del cuerpo del bebé se levante.

Reflejo de escalón

○ Si sostienes al bebé por debajo de los brazos en una posición de pie, sus pequeñas piernas harán movimientos como si caminara.

Reflejo de Babinski

○ Hace muchos años, el doctor Joseph Babinski descubrió que cuando rozas firmemente la planta del pie de un bebé, el dedo gordo del pie se levanta y los demás dedos se abren. Este reflejo puede estar presente hasta los dos años de edad. (Si continúa después de ese tiempo, puede ser una señal de algún daño del sistema nervioso central).

Reflejo tónico del cuello

○ Este reflejo, también llamado reflejo de esgrima, ocurre cuando tu bebé gira la cabeza hacia un lado: la pierna y el brazo del mismo lado se extenderán, mientras que las extremidades opuestas se doblan. Está conectado a la capacidad del bebé para gatear con sus manos y rodillas, que tiene otras implicaciones neurológicas, y es una de las razones por las cuales es tan importante que el bebé pequeño tenga un tiempo de rutina bocabajo.

Reflejo de Moro

○ Esto sucede cuando tu bebé se sobresalta: sus brazos empujan como para abrazarte y sus piernas se enderezan y endurecen. El reflejo de Moro está presente en todos los recién nacidos y generalmente permanece hasta los cuatro o cinco meses de vida. Su ausencia al nacer puede indicar un problema.

CUIDAR A TU RECIÉN NACIDO

Las siguientes son prácticas rutinarias de cuidado del bebé que se convertirán en parte del diario vivir de la mamá y el papá.

CUIDADO DEL CORDÓN UMBILICAL

Inmediatamente después del parto, el cordón umbilical se sujeta y se corta, dejando un remanente de una pulgada que se satura con un agente secante. En los siguientes días, el muñón se tornará negro, y generalmente se cae entre la primera o la segunda semana de vida. Aquí expresamos algunas pautas para el cuidado del cordón umbilical.

- Equipamiento necesario: bolas de algodón o aplicadores y alcohol de fricción. Satura una bola de algodón con alcohol y exprímelo sobre el muñón. Toma un aplicador mojado en alcohol para limpiar alrededor de la base del muñón. Realiza este procedimiento en cada cambio de pañal para ayudar a secar el muñón y prevenir la infección. Para evitar que el pañal cubra el muñón, dobla la parte delantera del pañal lejos del estómago del bebé para que el muñón permanezca expuesto.

- Normalmente hay un olor desagradable asociado con el secado del muñón, pero un olor excesivamente repugnante puede indicar una infección. Si notas este problema, comunícate con tu médico.

- Llama a tu pediatra si hay sangrado excesivo por el muñón del cordón umbilical, o si está drenando un líquido parecido al pus, o si presenta enrojecimiento e hinchazón alrededor del sitio de unión del cordón.

- Hasta que se caiga el muñón del cordón, evita la ropa que se ata alrededor de la cintura.

- No sumerjas a tu bebé en agua para bañarlo hasta que el cordón se haya caído.

- Nunca intentes quitar el muñón. Debe caerse de manera natural.

PAÑALES

Colocar un pañal puede parecer intimidante los primeros días, pero es una habilidad que pronto se domina. Los padres pueden elegir entre los pañales de tela y los desechables. Lee más sobre esto en el Capítulo 9.

CUANDO TU BEBÉ DESARROLLA UNA ERUPCIÓN POR EL PAÑAL

- La mayoría de las erupciones ocurren porque la piel del bebé es sensible y se irrita debido al pañal mojado o sucio. Si tu bebé tiene una dermatitis producto del pañal, cambia los pañales orinados con frecuencia y tan pronto como sea posible después de defecar.
- Limpia el área afectada solo con agua tibia (no uses toallitas en el recién nacido, puedes usarlas más tarde).
- Las cremas o talcos de venta libre preparados específicamente para este propósito y aplicados sobre la piel seca, generalmente harán desaparecer hasta una erupción leve.
- Si tu bebé presenta una erupción, déjalo sin pañal y expuesto al aire por períodos de treinta minutos, cuando sea posible. Esto es importante en el caso de las erupciones graves producidas por el pañal.

Si tu bebé está bajo tratamiento de antibióticos, quizás notes que aparece de repente una erupción en el área del pañal. Eso no significa que tu bebé es alérgico al antibiótico; más bien probablemente sea una respuesta natural al cambio en el contenido y el pH de sus heces, lo cual causa irritación de la piel. No suspendas el antibiótico a menos que el pediatra te indique que lo hagas.

Llama al pediatra si:
- La erupción continúa o empeora durante tres días o más.
- La piel sangra o tiene áreas ampolladas.

○ El área de la erupción está inflamada.

En estas situaciones, las cremas y los ungüentos de venta libre no ayudarán. Es probable que necesites medicamentos recetados.

BAÑO

Durante las primeras dos semanas, ten cuidado de no sumergir al bebé en el fregadero o la bañera hasta que el muñón del cordón se haya caído, generalmente entre el día diez y el catorce. Hasta entonces, el baño de esponja es todo lo que tu bebé necesita. Aquí hay algunas pautas a seguir.

Pautas para el baño:
* Reúne todo lo necesario antes de comenzar el baño.
* Lo ideal es bañar al bebé en el horario más cálido del día, así como mantener la habitación caliente durante el baño.
* Cuando se baña con esponja, mantén al bebé cubierto con una manta o toalla a excepción del área que se está limpiando. Seca al bebé de inmediato, ya que los recién nacidos pierden calor corporal con mucha rapidez cuando están mojados.
* Se recomienda una bañera para bebé que quepa en una encimera o dentro de una bañera normal, ya que le proporciona a la mamá o al papá un mayor control sobre el cuerpo del bebé.
* El agua debe ser confortablemente tibia, no caliente.
* Hasta que el bebé pueda sentarse de manera segura (generalmente alrededor de los seis meses de vida), necesitará apoyo mientras está en la bañera. Usa tu brazo para sostener la espalda del bebé mientras tu mano sostiene el brazo que queda más alejado. Esto te dará la mejor libertad y seguridad para bañar a tu bebé.

EL CUIDADO DE LA CIRCUNCISIÓN

La circuncisión es casi tan antigua como la historia misma. La práctica fue tradicionalmente (aunque no exclusiva) un rito judío. Hoy, los expertos y los estudios médicos afirman que la circuncisión tiene beneficios modestos, aunque no todos están de acuerdo en la necesidad de ello. La evidencia sugiere que la circuncisión puede disminuir el riesgo de infección del tracto urinario y que prácticamente elimina la posibilidad de cáncer de pene. La circuncisión para los infantes no es una experiencia traumática; es una cirugía menor. La incomodidad no permanecerá en su memoria más que ser pinchado en el talón durante su análisis de sangre PKU (una prueba de *fenilcetonuria*, que verifica que tu bebé recién nacido posee una enzima importante).

La circuncisión por lo general sana entre cuatro y siete días y necesita limpieza de rutina durante los cambios de pañal:

- Limpia con un paño suave y agua; no frotes.
- Aplica una capa de vaselina sobre el área del tejido expuesto y cúbrelo con gasa. Esto protege la zona de humedad y bacterias.
- Reemplaza la gaza en cada cambio de pañal hasta que se cure el área.
- Llama al pediatra si hay un sangrado excesivo del lugar de la cirugía, o si hay demasiada hinchazón, enrojecimiento, presencia de pus, drenaje, o mal olor.

ICTERICIA EN LOS RECIÉN NACIDOS

La ictericia no es una enfermedad, sino una condición temporal caracterizada por un tono amarillo en la piel y los ojos. El color amarillo se debe a la bilirrubina (pigmento biliar) en la sangre y, por lo general, es fácil de controlar. Si la condición aparece más pronunciada después del segundo día, se toman análisis de sangre frecuentes y se inicia un tratamiento conservador.

Los bebés con niveles moderadamente elevados de bilirrubina en ocasiones se tratan con luces fluorescentes especiales que ayudan a eliminar el pigmento amarillo. La ingesta adicional de líquidos también puede ser parte del tratamiento recomendado. En este caso, tu pediatra puede recomendar otros suplementos líquidos, aunque la lactancia materna exclusiva suele ser la mejor manera de corregir esta condición, incluso alimentando al bebé tan frecuente como cada dos horas. Puesto que la bilirrubina se elimina en las heces, asegúrate de que tu bebé deponga con regularidad. El recién nacido con ictericia tenderá a estar más somnoliento de lo normal, así que tendrás que despertarlo para alimentarlo al menos cada dos horas y media o tres horas.

CUIDADO DEL BEBÉ ENFERMO

Aunque un bebé enfermo puede fomentar la inseguridad en los padres, ellos desarrollan una nueva gratitud hacia los profesionales médicos que atienden a su bebé durante este tiempo. Es normal que un bebé se enferme hasta de siete a nueve veces durante el primer año. La prevención es el mejor cuidado, haz todo lo que puedas para brindarle a tu bebé un ambiente limpio y seguro y una rutina que proporciona sueño, juego y alimentación regular. Sin embargo, si observas alguno de los siguientes síntomas, llama a tu pediatra:

- Temperatura rectal por encima de 38 °C (100,4 °F).
- Vómitos excesivos o vómito verde.
- Diarrea, definida como tres o más deposiciones (acuosas o con mal olor) más allá de lo normal para el bebé y que se mantiene por más de cuarenta y ocho horas.
- Estreñimiento, definido como heces duras y secas o no deposición en las últimas cuarenta y ocho horas. Recuerda que los bebés lactantes con más de un mes de vida pueden deponer solo una o dos veces por semana porque la leche materna se digiere casi el 100 %. He aquí la importancia de saber lo que es normal para tu bebé.
- Coloración amarillenta de la piel y la parte blanca de los ojos del bebé.
- El bebé muestra síntomas de deshidratación. Similar a los adultos, los bebés se deshidratan cuando no reciben suficiente líquido, pero a diferencia de los adultos, no pueden pedir ni beber por sí solos. En las primeras semanas, los bebés pueden mostrar signos de deshidratación debido a un problema con la lactancia materna.

Las señales de advertencia incluyen:

○ Falta de pañales orinados o sucios.

○ Lengua y boca secas.

○ Letargia o dificultad para despertarse a la hora de las alimentaciones.

○ Succión débil o problemas con el agarre del seno.

○ Menos de ocho alimentaciones en veinticuatro horas.

○ Pérdida de peso.

TOMAR UNA TEMPERATURA PRECISA

• Las dos maneras más efectivas de tomar la temperatura del bebé son rectal y axilar (debajo del brazo), con el uso de un termómetro digital. (El uso del termómetro de mercurio ya no es recomendado por la Academia Americana de Pediatría). Al usar el termómetro digital, asegúrate de seguir las instrucciones del empaquetado.

• El método rectal es el más preciso, ya que proporciona una lectura rápida de la temperatura interna del bebé. El rango normal para la temperatura rectal es 36-37 °C (97-99 °F). Aunque la temperatura axilar sea adecuada, puede tomar hasta diez minutos obtener una lectura precisa, y esa lectura por lo general es uno o dos grados por debajo de la temperatura rectal. Si tienes dudas sobre cómo tomar la temperatura rectal, llama al consultorio de tu pediatra. Mejor aún, haz que te demuestren cómo se hace antes de que necesites llamar.

• Hasta que el niño sea capaz de sostener con seguridad el termómetro debajo de su lengua (aproximadamente a los tres años), el termómetro rectal o axilar serán las dos opciones disponibles. Siempre considera los factores externos que pueden afectar la temperatura de tu bebé, como el clima caluroso o llevar demasiada ropa puesta. La deshidratación, las vacunas y la dentición pueden causar fiebre baja de 37-38 °C (99-100 °F).

CUIDAR DE LA MAMÁ

Una dieta bien balanceada que satisfaga las necesidades nutricionales de la mamá la ayudará a mantenerse fuerte. Además de una dieta saludable, ella debería continuar tomando vitaminas prenatales durante la lactancia y beber ocho onzas de agua en cada alimentación para ajustar la producción de leche. El agua realmente es el mejor líquido para eso; la leche no produce leche, por lo que no es necesario que la mamá aumente su consumo normal de lácteos.

DESAFÍOS DE LA LACTANCIA MATERNA

El Capítulo 4: «Realidades sobre la alimentación», contiene un extenso debate sobre los aspectos básicos de la lactancia materna y la información adicional se encuentran en el Apéndice 4: «Monitorear del crecimiento de tu bebé». Esta sección destaca varias dificultades que pueden ocurrir con la lactancia materna.

BEBÉ SOMNOLIENTO

Un bebé somnoliento tiende a amamantar de manera deficiente, lo que significa que no ingiere suficiente leche. Cambiarle el pañal o desvestirlo completo podría despertarlo lo suficiente como para ayudarlo a lactar de manera eficaz. Colocar una toallita fría y húmeda en sus pies puede despertarlo de su sueño.

BEBÉ CON BAJO PESO O BEBÉ QUE ESTÁ PERDIENDO PESO

Siempre que los padres noten o sientan que su bebé no está aumentando de peso, o está perdiendo peso, hagan que evalúen al bebé por posibles problemas médicos. Si no se detecta ninguna afección médica subyacente, intenta darle dos o tres onzas de fórmula como algo suplementario después de que el bebé lacte, hasta que se resuelva el problema del peso.

BEBÉ PREMATURO

En dependencia de qué tan prematuro sea tu bebé y si presenta condiciones subyacentes, tu pediatra te proporcionará la orientación necesaria sobre la lactancia materna. Si tu bebé no puede comenzar a amamantar de inmediato, puedes extraerte o almacenar tu leche para usarla luego con biberones regulares o con biberones especialmente diseñados para bebés prematuros.

EXTRACCIÓN DE LECHE DEL SENO

Las razones para extraer la leche del seno van desde la necesidad médica hasta la comodidad y la conveniencia. El mejor momento para extraerse la leche es después de alimentar al bebé, particularmente después de la primera alimentación de la mañana cuando el suministro de leche de la mamá es mayor. Aunque la leche se puede extraer manualmente, la extracción mecánica es más efectiva.

Sacaleches eléctrico:
- Lávate bien las manos.
- Se puede comprar o alquilar.
- Sigue las instrucciones para el tipo de aparato utilizado.
- Consulta con el hospital o la farmacia local para conocer la disponibilidad.

Sacaleches manual:
- Lávate bien las manos. Apoya el seno al colocar una mano debajo del mismo y poner el sacaleches sobre la areola.
- Usa la otra mano para bombear de manera suave y rítmica la bomba o émbolo.

Extracción manual:
- Lávate bien las manos. Coloca los dedos debajo del seno como un soporte con el pulgar en la parte superior.
- Comprime con el pulgar deslizándolo hacia el pezón (aproximadamente treinta veces por minuto).

RECOMENDACIONES PARA LA EXTRACCIÓN ADECUADA DE LECHE

Coloca la leche extraída en un recipiente estéril (las bolsas de plástico como las PlaytexT® son preferibles a las botellas de cristal), tápalo, marca la hora y la fecha, y almacénalo en el refrigerador. *Esa leche debe usarse dentro de las veinticuatro horas.* Si te extraes leche para un uso posterior, sigue el mismo procedimiento y colócala en un congelador que esté a -17 oC (0 oF) (la temperatura estándar de los congeladores de cocina. Consulta el manual para asegurarte de que tu congelador esté ajustado correctamente). Puedes almacenar la leche hasta seis meses.

Para descongelar la leche materna, colócala en un recipiente con agua tibia y aumenta la temperatura de forma gradual hasta que la leche se haya licuado y se caliente lo suficiente para la alimentación. La leche materna se separará en capas; esto es normal. Simplemente agita el biberón para mezclarla y dásela al bebé de inmediato. (No dejes que la leche repose después de descongelarla). Una vez que la leche materna se descongela, no se puede volver a congelar. Desecha toda la leche que quede después de la alimentación pues la saliva del bebé la descompone (esto también se aplica para la fórmula).

Recordatorio: No calientes la leche materna en el microondas, ya que destruye algunas de las propiedades para combatir infecciones presentes en la leche.

MAMÁ, LACTANCIA MATERNA Y DESAFÍOS

En el Apéndice 4, abordamos una serie de desafíos de la lactancia materna asociados con el bebé. Esta sección estará limitada a los desafíos de la lactancia materna relacionados con la mamá.

SENOS CONGESTIONADOS

La congestión es más común durante o inmediatamente después de las transiciones de la leche materna desde el calostro inicial a la leche madura. Es más notable en las madres que pierden varios períodos de lactancia o si el bebé no toma todo lo que la mamá produce. La congestión es más frecuente con el primer niño que lacta que con los siguientes porque el tiempo de transición entre el calostro y la leche madura parece disminuir con cada niño. Para reducir o eliminar la congestión, asegúrate de que tu bebé está recibiendo una alimentación completa en cada alimentación, sin pasar por alto los períodos de lactancia o dejar que transcurran más de tres horas entre las alimentaciones. La mamá recibirá alivio al extraerse leche ya sea de forma manual o con un sacaleches. Un remedio casero es tomar una ducha tibia justo antes de alimentar al bebé, pero, ya que tomar ocho duchas al día no es práctico, quizás puedas intentarlo una o dos veces al día hasta que la molestia disminuya.

SENOS SENSIBLES, GRUMOSOS O DOLOROSOS

Algunas madres experimentan sensibilidad en los senos en los días antes de que se produzca la leche madura. El bebé tiene que succionar fuerte para recibir el calostro, que es más grueso que la leche madura que vendrá posteriormente. Un patrón típico es «succionar, succionar, succionar, tragar». Cuando la leche madura está disponible, tu bebé responde con un rítmico «succionar, tragar, succionar, tragar, succionar, tragar».

En ese punto, la succión fuerte se reduce y la sensibilidad debería desaparecer.

A veces, un sostén ajustado puede ser la causa del problema, así que asegúrate de tener un sostén de lactancia que te quede bien. La mayoría de las tiendas de maternidad o los especialistas de lactancia del hospital pueden aconsejarte sobre un sostén adecuado. Otra solución es siempre ofrecer ambos senos en cada alimentación, alternándolos al comienzo y ofreciendo de cinco a diez minutos de lactancia en cada seno para asegurar que se vacíen completamente.

MASTITIS

La mastitis es una infección que afecta al 10 % de las madres lactantes, pero no necesariamente conduce al cese de la lactancia materna (consulta a tu médico para obtener información específica sobre este tema). Las bacterias entran a través de los pezones rajados, grietas enrojecidas en la piel o provenientes de un conducto de leche obstruido causado por un sostén ajustado o con aros. Si el sostén sube cuando levantas los brazos, podrías correr el riesgo de bloquear un conducto. La atención y el tratamiento rápido pueden ayudar a mantener la infección bajo control y lograr una mejora después de dos días. Se puede tomar un cultivo de la boca del bebé para determinar si algún organismo como el hongo es el causante de la infección. Para los dolores o la fiebre, toma un analgésico leve como el Tylenol® (paracetamol). Tu doctor también puede recetarte antibióticos.

INFECCIÓN FÚNGICA (CANDIDA ALBICANS)

Las «aftas» son producidas por un hongo (o infección fúngica) conocido como Candida albicans. Prácticamente todos los adultos dan positivo a la Candida, y alrededor de los seis meses de vida, el 90 % de todos los bebés dan positivo. El sistema inmunológico de los bebés por lo regular es suficiente para mantener el crecimiento del hongo bajo control, previniendo síntomas evidentes; pero un infante enfermo con un sistema inmunológico débil es vulnerable y puede presentar síntomas de la candidiasis oral. Los síntomas incluyen úlceras blanquecinas en la boca que pueden causarle molestias al bebé durante la alimentación. Se pone irritable y amamanta con dificultad.

Un problema secundario es que la candidiasis oral pasa del bebé a la mamá durante la lactancia, causando dolor en los senos durante el proceso de alimentación. Si descubres que tu bebé se resiste a la lactancia, y ves una capa blanca en el interior de su boca, comunícate con tu pediatra. Cuanto antes se trata esta afección, más rápido el bebé y la mamá podrán reanudar la experiencia positiva de la lactancia.

CONDUCTOS OBSTRUIDOS

Un área sensible y adolorida, o un bulto en el seno indica que un conducto puede estar obstruido debido a un vaciado irregular o incompleto de leche, un agarre o colocación inadecuados del bebé en el seno, o un sostén mal ajustado. La mayoría de los conductos obstruidos se corrigen por sí solos si se atienden rápidamente. Aplicar calor en esa área antes de amamantar para aumentar la circulación ayuda a liberar el conducto. Mantén tu rutina de lactancia y haz que el bebé comience a amamantar primero del seno afectado, y descansa lo suficiente. Si después de veinticuatro horas no ves mejoría, o los síntomas empeoran, llama a tu médico.

PEZONES INVERTIDOS

Hay tres niveles de inversión del pezón; habla con tu ginecobstetra sobre las diversas opciones correctivas para tu caso y los procedimientos disponibles para ayudar con la lactancia materna. Para la madre con pezones planos o invertidos, obtener ayuda temprana sobre el agarre del seno y posicionamiento del bebé puede hacer la diferencia entre la lactancia exitosa y el destete temprano. Aunque esta condición no representa un riesgo para la salud, puede ser un desafío para una madre primeriza que se esfuerza para que su bebé agarre el seno correctamente. Los pezones invertidos no impiden que las mujeres produzcan leche, pero afectan la entrega de leche al bebé lactante.

DOLOR EN LOS PEZONES

Los pezones adoloridos a menudo son el resultado de un posicionamiento incorrecto del bebé en el seno, lo que hace que el bebé no se prenda ni succione correctamente. Otras causas de dolor son la congestión mamaria, el bebé que se prenda solo al pezón, en lugar de agarrar el pezón y la areola juntamente, la remoción incorrecta del bebé del seno y permitir que el bebé amamante demasiado tiempo.

El tratamiento principal es asegurarte de que tu bebé esté bien colocado y aferrado. Es posible que desees rotar los senos al principio para distribuir la lactancia, dejando de último el seno más adolorido y construyendo poco a poco una rutina de hasta diez minutos en cada seno. Evita usar almohadillas de lactancia con revestimientos de plástico. Alterna las posiciones para la alimentación, para que la presión de la succión no siempre caiga en la misma parte del pezón. Después de amamantar, deja que tus pezones se sequen al aire por unos momentos. Usar una pequeña cantidad de aceite de vitamina E, lanolina o crema para los senos puede ser útil cuando se aplica justo después de amamantar y no necesitas lavarte los senos hasta la próxima alimentación. Las madres también encontrarán alivio cuando usan sostenes con almohadillas de algodón y los cambian a menudo, al menos una vez al día o cada vez que se ensucian por el derrame de leche. Si el dolor es intenso, habla con tu médico, él o ella quizás te receten algún medicamento.

DEMASIADA LECHE

Como notamos en el Capítulo 6, la producción excesiva de leche afecta el equilibrio acumulativo entre la primera leche y la posterior. Los bebés necesitan una cantidad fija de leche primera y posterior. Usando nuestro ejemplo del Capítulo 6, digamos que tu bebé necesita un total de cinco onzas de leche en cada alimentación. El tener demasiada leche hace que se produzca más de ambos tipos disponibles en cada alimentación. En lugar de tomar dos onzas y media de un seno, el bebé toma tres, tres y media y hasta cuatro onzas. Como el bebé solo necesita cinco onzas, cuando es hora de cambiar de seno, el bebé toma solo la primera leche y se sacia. Entonces, hay un desbalance entre la primera leche y la posterior en la vía digestiva del bebé. Debido a que la primera leche tiene un alto contenido de lactosa, pero más bajo contenido de grasa que la leche posterior, demasiada lactosa entra al sistema digestivo del bebé.

Por lo general, tienen lugar tres consecuencias no deseadas: primero, el segundo seno no se vacía, lo que puede provocar obstrucción de los conductos y mastitis. En segundo lugar, grandes cantidades de lactosa pueden causar demasiada regurgitación y malestar estomacal debido a la acumulación de gases. Tercero, con más leche primera, el bebé se despierta antes de tiempo de sus siestas porque esa leche puede suprimir el hambre por un tiempo, pero no satisfacerla.

Para reducir la cantidad de leche, reduce el tiempo que tu bebé amamanta en cada seno. Esto le enviará una señal al cerebro para que ralentice el suministro. Si la leche sale demasiado rápido cuando el bebé comienza a amamantar, extrae un poco de leche con la mano o con el sacaleches para ralentizar el flujo. No te extraigas el exceso de leche después de las alimentaciones pues esto fomentará una mayor producción.

INSUFICIENTE CANTIDAD DE LECHE

La poca producción de leche puede indicar una mala salud general, pobre nutrición o ingesta inadecuada de líquidos. También puede suceder si la mamá está particularmente ansiosa, tensa, aprensiva o agotada. Del mismo modo ocurre si el bebé recibe biberones suplementarios varias veces al día, disminuyendo así el número de períodos de lactancia necesarios para mantener un suministro adecuado de leche. Aquí están algunos indicadores que demuestran que tu bebé no está recibiendo una nutrición adecuada.

- Llanto durante y entre las alimentaciones.
- Succión fuerte de la mano o el chupete.
- Pérdida de peso.
- Insuficiente producción de orina o estreñimiento.

Si tienes una producción insuficiente de leche, asegúrate de amamantar a tu bebé en un lugar tranquilo cada dos horas y media o tres horas, durante aproximadamente quince minutos por seno. En la medida de lo posible, trata de relajarte durante cada alimentación. Si tienes dificultades para relajarte, llama a tu médico y busca tratamiento para descartar cualquier problema médico subyacente. Intenta extraerte leche después de cada alimentación para ver si eso ayuda a aumentar la producción de leche.

Las bombas eléctricas son preferibles para esto.

Qué esperar y cuándo

Uno de los grandes mitos de la paternidad de nuestros días es que los padres sabrán de forma intuitiva qué hacer cuando su bebé nazca. En verdad, los padres primerizos tienden a estresarse a medida que aprenden a adaptarse a la presencia abrumadora de un bebé indefenso en el hogar. Después de salir de la seguridad que brinda el personal del hospital, esos primeros días y semanas están lleno de incertidumbre.

Puede que no sea posible estar completamente preparado como padre primerizo, porque junto con la llegada del primer hijo viene una variedad de nuevas experiencias y emociones. Sin embargo, creemos que los padres están mejor preparados para lidiar con los cambios que un bebé trae a sus vidas cuando la mamá y el papá tienen una comprensión básica de qué esperar en los días posteriores al nacimiento. Este apéndice describe lo que ocurre generalmente durante los primeros tres días hasta las primeras tres semanas después del parto. Familiarizarse con las diversas expectativas evitará que la mamá y al papá se preocupen innecesariamente.

Al lado de cada elemento enumerado, proporcionamos dos casillas para marcar.

Al leer la lista inicialmente antes de la llegada del bebé, coloca una marca de verificación (✓) junto a cada elemento en la primera fila de casillas. Cuando tengas al recién nacido durmiendo en la habitación contigua, revisa la lista una vez más y marca la segunda casilla. ¿Por qué dos casillas? Porque la primera vez leerás para familiarizarte con el tema, pero la segunda vez tendrás un ardiente deseo de comprenderlo, impulsado por una mayor sensibilidad por el bienestar de una pequeña vida totalmente dependiente de ti.

QUÉ ESPERAR EN LOS PRIMEROS TRES DÍAS

○ ○ El bebé está más alerta justo después del parto y generalmente listo para amamantar.

○ ○ El calostro es la primera leche que el bebé recibe y está presente al nacer.

○ ○ Después de un parto por cesárea, por lo general el bebé puede amamantar poco después de que la mamá es trasladada a la sala de recuperación.

○ ○ Las heces de meconio del bebé (oscuras y pegajosas como la brea) deben haberse evacuado en las primeras cuarenta y ocho horas después del parto, seguidas de las heces de transición en los próximos días.

○ ○ El bebé debe orinar en las primeras veinticuatro horas después del parto.

○ ○ Entre las veinticuatro y cuarenta y ocho horas, tu bebé debe comenzar a orinar los pañales, aumentando de tres a cinco por día, a medida que la leche de la mamá se va incrementando.

○ ○ Los bebés generalmente pierden siete u ocho onzas de su peso registrado al nacer en las primeras veinticuatro a treinta y seis horas. El peso registrado en el momento del alta hospitalaria refleja más el peso real de tu bebé y es la mejor referencia para el crecimiento del bebé.

○ ○ Uno de los mayores desafíos de las primeras setenta y dos horas es la somnolencia del bebé. Los padres deben mantener despierto al bebé para que reciba una alimentación completa cada dos o tres horas aproximadamente.

○ ○ Mantén el cuidado y la higiene adecuados del cordón umbilical en cada cambio de pañal. Si tu hijo ha sido circuncidado, bríndale la atención adecuada en cada cambio de pañal.

○ ○ En estos primeros días, preocúpate más por darle a tu bebé entre ocho y diez buenas alimentaciones en veinticuatro horas que por establecer la rutina o los patrones de sueño del bebé.

○ ○ Recuerda que, por ahora, el tiempo de alimentación de tu bebé es equivalente a su tiempo de vigilia.

QUÉ PREOCUPACIONES SE DEBEN TENER EN CUENTA DURANTE LOS PRIMEROS TRES DÍAS

○ ○ El color de la piel del bebé es amarilla: después del primer día, los recién nacidos generalmente desarrollan ictericia, lo cual produce un matiz amarillento a su piel. Si eso sucede, por lo regular el médico indicará un análisis de sangre para medir el nivel de bilirrubina, lo cual determinará el curso del tratamiento. Si aparece el tono amarillo en la piel de tu bebé después del alta hospitalaria, asegúrate de contactar a su médico.

○ ○ El bebé está letárgico, tiene mucho sueño o no quiere alimentarse: aunque es común que los recién nacidos estén somnolientos en la primera semana, esto no debe interferir con la alimentación. Si estás amamantando, asegúrate de colocar a tu bebé en el seno de manera correcta y que se prenda de manera adecuada. Busca la experiencia de una consejera en lactancia o de tu médico si tienes alguna preocupación.

QUÉ ESPERAR DURANTE LAS PRIMERAS TRES SEMANAS

○ ○ La leche de transición llega entre el tercer y quinto día, y la leche materna madura debe estar presente para la tercera semana.

○ ○ Continúa enfocándote en que tu bebé reciba alimentaciones completas.

○ ○ Monitorea el crecimiento de tu bebé con la Tabla de crecimiento en el Apéndice 5. Para la semana dos, el bebé debe haber recuperado su peso al nacer o estar cerca de él.

○ ○ Las heces del bebé cambiarán de color y consistencia después del tercer día.

○ ○ Las heces de los bebés lactantes tienden a ser más suaves y de color más claro que las de los bebés alimentados con fórmula. Entre los cinco y los siete días de nacido, el bebé debe deponer de tres a cinco veces al día.

○ ○ Entre los cinco y los siete días, el bebé debe orinar de seis a ocho pañales, algunos saturados. La orina varía en color, de amarillo casi claro a amarillo oscuro.

○ ○ Al igual que los adultos, el color de la orina ayuda a determinar si tu bebé está recibiendo suficiente leche para mantenerlo adecuadamente hidratado. La orina incolora o de color amarillo claro indica una buena hidratación; la orina más oscura, de color jugo de manzana (al final de la primera semana) sugiere que el bebé no está recibiendo suficiente leche.

○ ○ Continúa brindándole atención al cordón umbilical en cada cambio de pañal hasta que se caiga el muñón del cordón. Eso suele pasar alrededor de la segunda semana. Durante este tiempo, el bebé solo precisa de un baño de esponja: no lo sumerjas en agua. Recuerda, si tu hijo ha sido circuncidado, dale el cuidado apropiado con cada cambio de pañal hasta que la circuncisión sane.

○ ○ Entre el décimo día y la tercera semana, los bebés pueden presentar un período de crecimiento acelerado y requieren alimentaciones adicionales. Esto puede durar de uno a tres días.

  ○ ○ Para el bebé que lacta, la alimentación podría ser tan frecuente como cada dos horas (posiblemente extendiéndose durante la noche) de uno a tres días.

○ ○ Para el bebé que se alimenta con fórmula, los padres notarán que su bebé parece tener hambre después de consumir la cantidad de onzas que se preparan normalmente; o muestra señales de hambre antes de la siguiente alimentación programada. Hay varias opciones a considerar:

○ ○ Añade una o dos onzas a su biberón en cada alimentación, permitiendo que el bebé tome todo lo que quiera. Si el bebé estaba tomando dos onzas y media por alimentación, prepara cuatro onzas y permítele tomar hasta que se llene; o

○ ○ Dale una alimentación extra cuando el bebé muestre señales de hambre. Cuando termine el período de crecimiento acelerado, el bebé volverá a su rutina normal de alimentación-vigilia-sueño. Sin embargo, el día después del crecimiento acelerado, la mayoría de los bebés toman siestas más largas de lo normal.

○ ○ Para la semana tres, el estado de alerta del bebé debe aumentar en los tiempos de alimentación. Entre las semanas tres y cuatro, el tiempo de vigilia de tu bebé comenzará a surgir como una actividad separada de la alimentación. Su horario debe ser más o menos así: la alimentación, el proceso de eructar y el cambio de pañal toman alrededor de treinta minutos. Un poco de tiempo de vigilia suma aproximadamente otros veinte minutos. La siesta es de una hora y media a dos horas.

○ ○ No todos los ciclos de alimentación-vigilia-sueño durante el día tendrán la misma duración. Es por eso que ofrecemos un rango de tiempos y no tiempos fijos.

○ ○   Si estás amamantando, no permitas que tu bebé pase más de tres horas sin alimentarse durante las primeras tres semanas. El ciclo de alimentación-sueño no debe exceder las tres o las tres horas y media durante las primeras tres semanas. Por la noche, no permitas que tu recién nacido pase más de cuatro horas entre las alimentaciones. (Los tiempos normales de alimentación por lo general deben ser cada dos horas y media o tres horas.)

QUÉ PREOCUPACIONES SE DEBEN TENER EN CUENTA DURANTE LAS PRIMERAS TRES SEMANAS

○ ○   Entre los primeros cinco y siete días de nacido, si tu bebé no orina al menos de seis a ocho pañales, o no depone al menos de tres a cinco heces amarillas por día, contacta a su pediatra.

○ ○   El bebé no está dispuesto a alimentarse.

       ○ ○   Si estás amamantando, asegúrate de que el bebé esté bien colocado en el seno, se prenda correctamente y que la leche baje. Revisa el interior de la boca de tu bebé para ver si tiene aftas bucales producidas por el hongo Candida albicans. Los signos incluyen una sustancia blanca lechosa que recubre la parte superior y los laterales de la boca del bebé.

       ○ ○   Si se alimenta con biberón, asegúrate de que la abertura de la tetina no sea ni demasiado pequeña ni demasiado grande. Si es demasiado pequeña, entonces el bebé tiene que succionar con excesiva fuerza para obtener la leche y puede soltarse. Si la abertura del pezón es demasiado grande, la leche saldrá con mucha rapidez, por lo general hace que el bebé jadee y se suelte. Cambia la tetina por una de tamaño adecuado.

○ ○ Si tu bebé llora desmedidamente antes, durante o después de las alimentaciones, o si duerme menos de una hora y se despierta llorando, llama a tu pediatra. Asegúrate de que estás realizando un seguimiento de la ingesta y la deposición del bebé según la Tabla de crecimiento del bebé sano (Apéndice 5).

Hay mucho más que aprender y disfrutar en el recorrido por delante.

Resolución de problemas

Alimentas, abrazas y bañas a tu bebé. Un cambio de pañal por aquí y sonar una matraca por allá. ¿Es esto todo lo que encierra la vida con el bebé? Solo si el bebé fuera un muñeco comprado en la tienda, ¡completo con dos mudas de ropa y una botella de leche que desaparece! Tu bebé es único. Es una persona completa con necesidades complejas y no se puede programar según un libro o teoría. Ciertamente, criar a un bebé trae mucha alegría, pero entremezclados con los excepcionales momentos de realización están los incógnitos desafíos de la paternidad.

Aquí exploramos algunas preguntas que los padres que siguen *PDF* comúnmente hacen. Algunas de nuestras respuestas son un resumen simple, algunas te remiten a una tabla o texto específico, mientras que otras requieren más información presentada aquí. No esperes a que surja una situación difícil antes de leer este capítulo. Sé proactivo. Puesto que estas preguntas representan situaciones de la vida real, comprenderlas puede prevenir tantos problemas como los que resuelven y también servirte como una excelente reseña de *Sabiduría para criar a tu bebé*.

SEMANA UNO
1. ¿Qué tan pronto después del parto puedo implementar PDF?

En términos del proceso de pensamiento, comienzas de inmediato. Sin embargo, en la práctica, debes relajarte con respecto al plan. En la medida de lo posible, trata de descansar en los primeros días, conforme comienzas a familiarizarte con el bebé y con tu nueva función como mamá. El mejor aspecto con el cual comenzar es el manejo de los tiempos de alimentación de tu bebé y el trabajo con él para que reciba alimentaciones completas. Darle de ocho a diez alimentaciones en un período de veinticuatro horas colocará a tu bebé en una rutina predecible de tres horas al final de la primera semana o la segunda. Recuerda, no te preocupes por los tiempos de vigilia en estos primeros días, y ni siquiera pienses en el entrenamiento del sueño nocturno hasta después de cuatro semanas.

2. Cuando me traen a mi bebé para su primera alimentación, ¿cuánto tiempo debería dejarlo amamantar?

Intenta amamantar a tu bebé tan pronto como puedas después del parto, pues los recién nacidos están más alertas en ese momento. Esfuérzate por que sean quince minutos por lado, con un mínimo de diez minutos en cada seno. Esto estimulará los senos lo suficiente para producir leche. Si tu bebé quiere amamantar por más tiempo durante esta primera alimentación, déjalo que lo haga. De hecho, las primeras alimentaciones pueden durar mientras los dos estén cómodos. No obstante, asegúrate de que ambos senos sean estimulados en cada alimentación.

3. Mi bebé tiene ictericia. ¿Debo darle agua entre las alimentaciones?

Tu pediatra te guiará en el tratamiento apropiado para la ictericia y el uso de suplementos líquidos. Sin embargo, la leche materna es la mejor cura líquida para la ictericia. En algunos casos, será necesaria la lactancia materna con más frecuencia.

4. ¿Cómo sé si mi bebé está recibiendo suficiente alimento durante la primera semana antes de que me baje la leche a los senos?

Revisa su pañal. Un patrón saludable de heces es un indicador positivo de nutrición adecuada. Durante la primera semana, las heces en transición del bebé deben cambiar de negra verdosa y pegajosa (meconio) al color y la consistencia de un bizcocho de chocolate. Luego hacen la transición a un color amarillo mostaza (un poco más oscuro para los bebés que se alimentan con fórmula). Después de la primera semana, debe tener de dos a cinco deposiciones amarillas al día y entre siete y ocho pañales orinados. Todo esto indica que tu bebé está obteniendo lo que necesita.

DE LA SEMANA DOS A LA SIETE

5. *Mi bebé parece confundir los días y las noches. Duerme por largos períodos durante el día y está alerta por la noche. ¿Cómo lo arreglo?*

Comienza con un horario constante que funcione bien para ti y tu familia para la primera alimentación de la mañana. Despierta al bebé si es necesario y trabaja con él para que reciba una alimentación completa. Aliméntalo a intervalos regulares durante todo el día. A mitad de la noche, deja que se despierte por sí solo, pero durante las primeras cinco semanas, no se debe permitir que los bebés lactantes duerman más de cinco horas consecutivas por la noche sin alimentarse.

6. *Mi bebé se irrita entre las 8:00 p. m. y las 11:00 p. m. ¿Qué sucede?*

¡Probablemente nada! Cada bebé tiene su momento de irritabilidad. Para la mayoría, ocurre al final de la tarde o al anochecer. Esto es cierto tanto para los lactantes como para los que se alimentan con biberón. Si experimentas esto, estás en buena compañía; literalmente millones de madres y padres están pasando por lo mismo casi a la misma hora del día. Si tu bebé no se consuela ni con el columpio para bebés, ni con el asiento infantil, ni con el hermano, ni con la abuela, ni contigo, colócalo en su cuna. Al menos allí puede quedarse dormido. Si tienes un bebé que se irrita de manera excepcional y continua, puede que tenga hambre ¿Cómo está tu suministro de leche? Regresa al capítulo cuatro y observa los factores que influyen en tu producción de leche. Revisa los alimentos que estás comiendo. Los alimentos picantes o muy condimentados, o la gran ingesta de productos lácteos y cafeína puede contribuir a la irritabilidad del bebé.

7. Mi hija de dos semanas amamanta de un seno y luego se queda dormida. Una hora después, quiere volver a lactar. ¿Qué tengo que hacer?

Si tiene hambre, aliméntala, pero trabaja para mantener a tu bebé despierta y que reciba una alimentación completa de ambos senos. Intenta cambiar su pañal cuando vayas a cambiar de seno, desnúdala o frota su cabeza y sus pies con una toallita fría y húmeda. Haz lo que puedas para mantenerla despierta. Luego termina la tarea en cuestión: una alimentación completa. Mantén esa meta clara en tu mente. Los bebés aprenden muy rápido a solo comer un aperitivo si los dejas.

8. Mi bebé de tres semanas comienza a llorar una hora después de su última alimentación y parece hambriento. He tratado de estirar su horario, pero no logro más que eso. ¿Cuál es el problema?

Aliméntalo, pero trata de descubrir por qué no está llegando al tiempo mínimo y comienza a trabajar en pro de ello. Revisa tu Tabla de crecimiento del bebé sano (Apéndice 5) para encontrar los indicadores de una nutrición adecuada. ¿Ha estado recibiendo alimentaciones completas? ¿Está comenzando un período de crecimiento acelerado? ¿Cómo está tu suministro de leche? Las respuestas te guiarán hacia una solución viable.

9. Mi bebé de tres semanas se está despertando después de treinta minutos de siesta. ¿Es este un problema de la siesta o podría ser otra cosa?

Hay dos razones comunes para esto: o necesita eructar o lo sobre estimularon antes de dormir. Si la causa es que necesita eructar, levántalo y ayúdalo suavemente para que libere el gas. Si el exceso de estimulación es el culpable, determina cómo prevenir esto en el futuro. ¿Cargaron, rebotaron o jugaron con el bebé en demasía, o simplemente lo mantuvieron despierto mucho tiempo con la esperanza de que se cansara? Tales esfuerzos generalmente resultan contraproducentes, porque los bebés, sobre todo los prematuros, manejan la sobre estimulación apagándose neurológicamente.

Lo que parece ser sueño, no es sueño, sino una estrategia neurológica autoprotectora.

10. A veces, justo después de alimentar a mi bebé, él regurgita lo que parece ser una buena cantidad de la alimentación. ¿Debo alimentarlo de nuevo de inmediato?

Puede parecer que tu bebé ha expulsado toda su comida, y en otras ocasiones una buena cantidad, y si esto ocurre a las tres de la mañana luce aún peor. En realidad, la cantidad parece mayor que su volumen real. Normalmente no es necesaria otra alimentación, y la mayoría de los bebés pueden esperar hasta la próxima alimentación de rutina. Las dos causas más comunes para los vómitos de proyectil son la sobrealimentación y un mal trabajo al hacer eructar al bebé. Si esta situación persiste, puede indicar un problema digestivo; así que asegúrate de contactar a tu pediatra.

11. En ocasiones, justo después de haber alimentado, cambiado y jugado con mi bebé, lo acuesto para una siesta y en cinco minutos comienza a llorar fuerte. Esto es inusual para él. ¿Qué debo hacer?

Puesto que este no es un comportamiento normal, llama tu atención. Es posible que solo tenga un pañal desarreglado o necesite que lo ayuden a eructar. Continúa monitoreando a tu bebé para ver si esto se está convirtiendo en un patrón. Si es así, podrían ser las primeras señales de reflujo, que no siempre aparecen al nacer. (Ver el Capítulo 8).

12. Mi bebé lactante de tres semanas de vida comenzó a dormir toda la noche ya. ¿Eso está bien?

¡No! Esto no es aceptable para un bebé lactante porque necesita la nutrición extra en estas primeras semanas y tú necesitas la estimulación para que tu suministro de leche sea constante. Ve y despierta al bebé para alimentarlo al menos una vez durante la noche hasta que tenga seis semanas de vida. Incluso a las seis semanas, asegúrate de que tu bebé no pase más de ocho horas sin alimentarse por la noche, y que reciba al menos siete u ocho buenas alimentaciones durante el día.

DE LA SEMANA OCHO EN ADELANTE

13. Mi bebé tiene diez semanas y aún no duerme por las noches de forma ininterrumpida. ¿Qué debo hacer para eliminar la alimentación a mitad de la noche?

Hay varias opciones. Primero, regresa y revisa las pautas específicas que se enumeran en el Capítulo 5: Cómo manejar el día de tu bebé. ¿Las estás siguiendo? Segundo, no hagas nada por un par de semanas porque el 97 % de todos los bebés *PDF* duermen toda la noche por sí solos alrededor de las doce semanas. En tercer lugar, mantén un seguimiento de la hora exacta en que tu bebé se despierta. Si se despierta todas las noches básicamente a la misma hora, probablemente se está despertando por costumbre en vez de por necesidad. En este caso, puedes decidir ayudarlo a eliminar ese período de alimentación. Por lo general, esto requiere de tres a cinco noches y suele ir acompañado de un poco de llanto. Ten la seguridad de que tu bebé no recordará esas noches, y tú tampoco. Lo que sí recordarás en días, meses y años venideros es a un bebé sano, feliz y bien descansado.

14. Hace poco estuve en una reunión familiar y acosté a mi hijo de ocho semanas para una siesta. Él comenzó a llorar, y todos me miraron para ver lo que yo haría. Mi tía Martha se ofreció para cargar al bebé. Dejé que lo hiciera, pero me sentí presionada entre la necesidad que mi hijo tenía de una siesta y mi familia que quería que hiciera algo ¿Qué debía haber hecho?

Esta respuesta depende de la edad de tu bebé. Si la tía Martha quiere «rescatar» al bebé, tu hijo de tres semanas probablemente se quedará dormido muy cómodo en sus brazos, y eso estará bien para esta ocasión. Cuando el bebé tenga seis meses, sería mejor que la tía Martha supiera que su sobrino favorito estará listo para abrazos y besos en unas horas y en un estado de ánimo mucho más feliz.

15. *Mi hijo de ocho semanas duerme entre siete y ocho horas. Desafortunadamente, son las horas equivocadas (de 8:00 p. m. a 4:00 a. m.). ¿Qué ajuste debemos hacer?*

Es probable que haya demasiada flexibilidad con su primera alimentación del día. A medida que este tiempo de alimentación se vuelve constante, todo lo demás cambiará. Es solo cuestión de reelaborar el horario del bebé a partir de ese momento, con el objetivo de que la última alimentación del día sea a las 10:00 p. m. o las 11:00 p. m. Este pequeño ajuste generalmente corrige el problema.

16. *Mi bebé tiene nueve semanas de vida. Pensé que había logrado que tomara sus siestas, pero de repente, él se está despertando después de cuarenta y cinco minutos. ¿Cuál es el problema?*

La fuente del problema puede ser una dificultad con la lactancia, un horario disruptivo, un estómago inestable o todo lo anterior. Revisa los detalles del Capítulo 6, donde aparecen las recomendaciones para el sueño y la siesta.

17. *Mi bebé, a las once semanas, extendió su sueño de ocho horas y media a diez horas, pero ahora se está despertando a las 5:00 a. m. para su alimentación matutina en lugar de las 6:30 a. m. ¿Qué debo hacer?*

Este es un escenario común, así que coloca una marca en este párrafo porque quizás tengas que revisarlo temprano alguna mañana. Aquí hay tres opciones a probar. Primero, espera de diez a quince minutos para asegurarte de que tu bebé está realmente despierto. Puede estar moviéndose debido a un estado de sueño activo a un sueño más profundo. En segundo lugar, puedes alimentar a tu bebé y volverlo a acostar. Despiértalo a las 7:00 a. m. y aliméntalo de nuevo. Aunque eso es menos de tres horas, la ventaja es que coloca a tu bebé en una rutina normal de la mañana. Tercero, ofrécele una alimentación a las 5:00 a. m., como si fuera su primera alimentación del día. Luego, ajusta el resto del horario de la mañana del bebé para que temprano en la tarde vuelva a la rutina, y que la última y la primera alimentación del día estén en el horario que consideres mejor para tu familia.

18. Mi bebé tiene tres meses. Hace poco visitamos algunos familiares por una semana y ahora está fuera de horario. ¿Cuánto tiempo me llevará hacer que vuelva a su rutina habitual?

Cada vez que vas de viaje, tu bebé está obligado a salirse de la rutina. Puede ser debido a cambios de huso horario, aeropuertos o la insistencia de la abuela en retenerlo cuando debería estar dormido. En estas inusuales ocasiones, deja que los familiares disfruten del bebé. No será bebé por mucho tiempo. Puede tomar algunos días para que regrese a su rutina al llegar a casa, junto con algo de llanto y protesta, pero en tres días esto debe resolverse.

19. Mi bebé lactante tiene trece semanas de vida. ¿Está listo para pasar a doce horas de sueño nocturno?

A ese tiempo, un bebé lactante puede extender su sueño nocturno hasta nueve o diez horas. El bebé que se alimenta con biberón puede dormir más tiempo. Ya que las madres que amamantan deben estar atentas a su producción de leche; dejar que tu bebé duerma más de nueve a diez horas durante la noche probablemente no te dará suficiente tiempo durante el día para una estimulación adecuada.

20. Mi bebé tiene tres meses y medio y no está completando su tercera siesta. ¿Qué debo hacer?

A esta edad, si tu bebé está tomando una tercera siesta corta cada día, solo asegúrate de que las otras dos tengan una duración de una hora y media a dos horas. Si duerme de treinta a cuarenta y cinco minutos la tercera siesta, eso es suficiente para hacer que duerma toda la noche.

21. Nuestro bebé está bien en su rutina, pero todo se interrumpe el domingo por la mañana cuando lo dejamos en la guardería de recién nacidos de nuestra iglesia. ¿Cómo puedo minimizar la interrupción de su horario sin quedarme en casa por los próximos meses?

Como se señaló en el Capítulo 5, las trabajadoras de guarderías y las niñeras por lo general están muy ocupadas con varios niños a la vez. Por eso, no pueden seguir las diferentes rutinas de cada niño a su cuidado. Sugerimos que los padres dejen un refrigerio y un biberón de agua, fórmula o leche materna; luego dale a la asistente la libertad de hacer lo que cree que es mejor para tu bebé en esos momentos en que tu bebé tiene una necesidad que queda fuera de su rutina normal. Cuando tienes una rutina bien establecida, unas pocas horas en una guardería no sacarán a tu hijo de su hábito. Cuando llegues a casa, haz los ajustes apropiados.

22. *Mi bebé ha estado aumentando de peso de manera satisfactoria, pero ahora, a los cuatro meses no está aumentando al mismo ritmo. ¿Es esto motivo de preocupación?*

Si observas una disminución constante en el aumento de peso, esto podría ser un problema de alimentación o una complicación médica. Antes de consultar con tu médico, descarta la opción de la alimentación, al considerar tu suministro de leche. Si observas irritabilidad rutinaria después de las comidas, o tu bebé presenta dificultades para pasar el tiempo entre las alimentaciones, revisa las tensiones externas en tu vida y elimina lo que puedas. ¿Estás demasiado ocupada o no duermes lo suficiente? ¿Estás bebiendo suficiente líquido? ¿Es adecuada tu ingesta de calorías? ¿Estás haciendo dieta demasiado pronto? ¿Sigues las recomendaciones de tu médico de tomar vitaminas suplementarias durante la lactancia? Familiarízate bien con el apéndice cuatro: Monitorear el crecimiento de tu bebé.

23. *Acabo de comenzar Sabiduría para criar a tu bebé con un niño de nueve meses. ¿Es demasiado tarde?*

Los padres que no comienzan con las ventajas del plan de manejo infantil de *Sabiduría para criar a tu bebé* pueden despertar a la necesidad después de que sus bebés tienen entre seis y dieciocho meses y todavía no duermen toda la noche. ¿Es demasiado tarde para estos padres? ¡No, en lo absoluto! Si estás en esta situación y deseas corregir el problema, aquí hay pautas generales y específicas para establecer un sueño nocturno ininterrumpido.

PAUTAS GENERALES

a. Asegúrate de haber leído y entendido todo el contenido de este libro antes de hacer algo.

b. No intentes realizar ningún cambio mientras tengas visitas de invitados o parientes de fuera de la ciudad. No necesitas la presión adicional de explicar todo lo que estás haciendo.

c. Comienza el proceso de cambio cuando tu bebé esté sano.

PAUTAS ESPECÍFICAS

a. Trabaja en la rutina diurna de tu bebé durante los primeros cuatro a cinco días. Ten en cuenta sus tres actividades básicas en el orden correcto: tiempos de alimentación, de vigilia y de siesta. Revisa el Capítulo 5: Cómo manejar el día de tu bebé, para determinar la cantidad adecuada de alimentaciones en un período de veinticuatro horas según la edad de tu hijo. Por ejemplo, un bebé de tres meses debe recibir de cuatro a cinco comidas al día. Si tiene seis meses, debería recibir tres alimentaciones al día con un período de lactancia o un biberón justo antes de acostarse. Si has estado acunando o lactando a tu bebé para que duerma las siestas, ahora es el momento de eliminar ese hábito.

b. Repasa el Capítulo 7: Cuando tu bebé llora, y prepárate para un poco de llanto. Estás pasando de la manipulación del sueño dándole mucho consuelo al entrenamiento en las habilidades para dormir. En un inicio, a tu bebé no le gustará este cambio, pero es necesario para su desarrollo saludable. El llanto solo indica que aún no ha desarrollado la capacidad de calmarse a sí mismo. Y ese es precisamente el objetivo que quieres lograr. Sé paciente y constante. Para algunos padres, el éxito viene después de una noche; para otros, viene después de dos semanas. El promedio es de tres a cinco días. Continúa pensando en esto y enfocándote en los beneficios a largo plazo. Tu respuesta proactiva es lo mejor, no solo para tu bebé, sino también para toda tu familia.

RESUMEN

Reentrenar siempre es más difícil que entrenar correctamente desde el principio, pero los padres que aman a sus bebés les dan lo que necesitan, ¡y los niños pequeños necesitan una buena noche de sueño! Las mamás que han visto a sus bebés hacer la transición de noches sin dormir al sueño tranquilo informan que su disposición durante el día cambia dramáticamente también. Se muestran más felices, más contentos y definitivamente más manejables. Confiamos en que lo mismo sucederá con tu bebé.

Monitorear el crecimiento de tu bebé

Una de las muchas ventajas de la alimentación dirigida por los padres es el éxito que las madres tienen con la lactancia materna. Saber que las necesidades nutricionales de tu bebé están siendo satisfechas de una manera ordenada brinda una mayor confianza. Aunque la confianza es algo positivo, no te vuelvas complaciente cuando se trata de monitorear el crecimiento de tu bebé.

Esto es algo importante para nosotros y debería serlo para ti. ¡La vida de tu bebé depende de ello! Saber qué esperar en la primera semana y conocer qué indicadores nutricionales buscar puede marcar toda la diferencia, cuando se trata de tu sentido de seguridad y del bienestar del bebé. Estos indicadores le proporcionan a la mamá la orientación y los comentarios sobre qué tan bien ella y su bebé están progresando. Confirman que las cosas van bien y advierten de cualquier condición de que necesite su atención inmediata. Cada vez que observes indicadores poco saludables, llama a tu pediatra e infórmale tus hallazgos objetivos.

En el próximo apéndice se incluyen *Tablas de crecimiento del bebé sano* según la edad, diseñadas para ayudarte en tu evaluación diaria. La primera está diseñada específicamente para la primera semana; la segunda cubre de la semana dos a la cuatro, y la tercera cubre de la semana cinco en adelante. El uso de estas tablas proporcionará importantes puntos de referencia que señalan patrones de crecimiento saludables o poco saludables. ¿Cuáles son los indicadores que la mamá y el papá deberían mirar? Vamos a revisarlos.

SEMANA UNO: INDICADORES DE CRECIMIENTO SALUDABLE

1. En circunstancias normales, el bebé solo necesita unos minutos para adaptarse a la vida fuera del útero. Sus ojos se abrirán y comenzará a buscar alimento. Coloca a tu bebé en el seno tan pronto como sea posible, y ciertamente intenta hacerlo en la primera hora y media después del parto. Uno de los primeros y más básicos indicadores positivos es que tu bebé esté dispuesto y tenga deseos de amamantar.

2. Es natural tener inquietudes e incluso estar un poco ansiosa durante los primeros días posparto. ¿Cómo sabes si tu bebé está recibiendo suficiente alimento para vivir? La liberación de la primera leche, el calostro, es un segundo indicador alentador e importante. En términos más simples, el calostro es un concentrado de proteínas ideal para las necesidades nutricionales y de salud de tu bebé. Uno de los muchos beneficios del calostro es su efecto en la primera deposición del bebé. Ayuda a evacuar el meconio, las primeras heces del bebé. Las heces de los recién nacidos en la primera semana cambian de meconio a color marrón y luego a color mostaza. Las tres o cinco heces blandas o líquidas de color amarillo durante el cuarto o el quinto día son totalmente de leche materna, y es una señal saludable de que tu bebé está recibiendo suficiente nutrición. El bebé que se alimenta con biberón tendrá heces más sólidas, que pasarán de color carmelita claro a dorado, y luego a color arcilla, y con un olor similar al de las heces de los adultos.

3. Durante la primera semana, la lactancia frecuente es necesaria por dos razones: primero, tu bebé necesita el calostro y segundo, se requiere la lactancia frecuente para establecer la secreción de leche. La lactancia cada dos horas y media o tres horas y un mínimo de ocho veces al día son dos indicadores positivos más a considerar.

4. El simple hecho de colocar a tu bebé en el seno no significa que está amamantando de manera eficiente. Hay un elemento

de tiempo involucrado. En esos primeros días, la mayoría de los bebés amamantan entre treinta y cuarenta y cinco minutos. Si tu bebé está letárgico o somnoliento todo el tiempo o no está amamantando más que un total de diez minutos, esto puede ser un indicador poco saludable.

5. Mientras tu bebé se esfuerza para tomar el calostro, lo escucharás tragar. Un patrón típico es succionar, succionar, succionar, y luego tragar. Cuando ya la leche madura está disponible, tu bebé responde con un ritmo de succionar, tragar, succionar, tragar, succionar, tragar. No debes escuchar un chasquido, ni ver las mejillas con hoyuelos.

Los chasquidos y las mejillas con hoyuelos durante la lactancia son dos indicadores de que tu bebé no está succionando de forma eficaz. Está chupando su propia lengua, no el seno. Si escuchas los chasquidos, quita al bebé del seno y luego vuelve a colocarlo.

INDICADORES DE CRECIMIENTO SALUDABLE EN LA PRIMERA SEMANA

1. Tu bebé busca el seno y lacta.
2. Tu bebé lacta un mínimo de ocho veces en veinticuatro horas.
3. Tu bebé amamanta más de quince minutos en cada período de lactancia.
4. Puedes escuchar a tu bebé cuando traga la leche.
5. Tu bebé ha tenido su primera deposición llamada meconio. (Puesto que el meconio es uno de los marcadores de «bebé sano» de un recién nacido, la mayoría de los hospitales no darán de alta al bebé si no ha depuesto en las primeras veinticuatro horas. No deponer las heces de meconio puede ser una señal de obstrucción intestinal).
6. El patrón de heces de tu bebé cambia de meconio (de color negro verdoso) a heces de transición de color marrón y luego a heces amarillas para el cuarto o el quinto día. Un patrón de heces en progreso es una señal positiva de que tu bebé está recibiendo suficiente leche.

7. Dentro de las primeras veinticuatro a cuarenta y ocho horas,
    tu bebé comienza a orinar pañales (aumentando a dos o tres
    al día). Al final de la primera semana
    los pañales orinados son cada vez más frecuentes.

INDICADORES DE CRECIMIENTO POCO SALUDABLE EN LA PRIMERA SEMANA

1. Tu bebé no muestra ningún deseo de amamantar o succiona
    con debilidad.
2. Tu bebé es incapaz de lactar ocho veces en un período de
    veinticuatro horas.
3. Tu bebé se cansa rápidamente en el seno y no puede sostener
    al menos quince minutos de lactancia.
4. Tu bebé se duerme continuamente en el seno antes de tomar
    una alimentación completa.
5. Escuchas chasquidos y observas que se forman hoyuelos en
    las mejillas de tu bebé durante la lactancia.
6. El patrón de heces de tu bebé no está progresando a heces
    amarillas en el espacio de una semana.
7. Tu bebé no ha orinado ningún pañal en las primeras cuaren-
    ta y ocho horas posteriores al nacimiento.

En este punto, por favor, dirígete al final del libro para ver la
Tabla uno. Revísala y recuerda llevar el libro contigo al hospital.
Haz copias adicionales de estas tablas para tu propio uso o para
el uso de alguna amistad. Son tablas para compartir con otros.

DE LA SEMANA DOS A LA CUATRO: INDICADORES DE CRECIMIENTO SALUDABLE

Después de la primera semana, algunos de los indicadores de crecimiento saludable comienzan a cambiar. Aquí está la lista de
verificación para las siguientes tres semanas.

INDICADORES DE CRECIMIENTO SALUDABLE PARA LAS SEMANAS DOS A CUATRO

1. Tu bebé lacta al menos ocho veces al día.

2. Tu bebé tiene de dos a cinco o más deposiciones amarillas al día durante las próximas tres semanas. (Esta cifra probablemente disminuirá después del primer mes).

3. Tu bebé debe comenzar a tener de seis a ocho pañales orinados al día (algunos saturados).

4. La orina de tu bebé es clara (no amarilla).

5. Tu bebé tiene una fuerte succión, ves leche en las esquinas de su boca, y puedes escuchar cuando traga.

6. Notas un incremento de las señales de alerta durante los tiempos de vigilia del bebé.

7. Tu bebé aumenta de peso y crece en longitud. Recomendamos que se pese al bebé en una o dos semanas después del nacimiento. El aumento de peso es uno de los indicadores más seguros de crecimiento.

INDICADORES POCO SALUDABLES PARA LAS SEMANAS DOS A CUATRO

1. Tu bebé no está recibiendo ocho alimentaciones al día.

2. Tu bebé en el primer mes presentó heces pequeñas, escasas e infrecuentes.

3. Tu bebé no orina la cantidad de pañales apropiados.

4. La orina de tu bebé es concentrada y de color amarillo brillante.

5. Tu bebé tiene una succión débil o no productiva, o no lo escuchas tragar.

6. Tu bebé es letárgico o lento para responder al estímulo y no duerme entre las alimentaciones.

7. Tu bebé no aumenta de peso ni crece en longitud. Tu médico te indicará la mejor estrategia para corregir este problema.

DE LA SEMANA CINCO EN ADELANTE: INDICADORES DE CRECIMIENTO SALUDABLE

La principal diferencia entre los indicadores del primer mes y las semanas que siguen es los patrones de heces. Después del primer mes, el patrón de heces de tu bebé cambiará. Puede tener solo una gran deposición diaria, o evacuar con tan poca frecuencia como una vez cada tres o cinco días. Cada bebé es diferente. Cualquier preocupación con respecto a las deposiciones debes presentárselas a tu pediatra.

Los padres son responsables de que las necesidades de salud y de nutrición de sus bebés sean reconocidas y satisfechas. Para tu tranquilidad y la salud de tu bebé, recomendamos visitas regulares al pediatra y el uso de las tablas incluidas al final del libro para monitorear y registrar el progreso de tu bebé. Dos días consecutivos de desviación de lo que aparece como normal debe ser informado al pediatra.

Si haces copias de las tablas, colócalas en un lugar conveniente como el refrigerador, encima de la cuna, o en cualquier ubicación que sirva como recordatorio oportuno. Si tu bebé exhibe alguno de los indicadores de crecimiento poco saludable, notifica a tu pediatra y haz que el bebé sea pesado.

PREOCUPACIONES SOBRE EL AUMENTO DE PESO

Con la práctica conservadora de *PDF*, el aumento de peso será estable y continuo. Monitoreamos de manera rutinaria el progreso de los bebés *PDF* y seguimos encontrando resultados maravillosos. En 1997, nuestros estudios en retrospectiva rastrearon y compararon el aumento de peso de 200 infantes que seguían *PDF* (grupo A) y 200 bebés alimentados a libre demanda (grupo B). La información de crecimiento pertinente (aumento de peso y longitud) fue tomada directamente de las historias clínicas de cuatro centros pediátricos.

El propósito del estudio era determinar si el aumento de peso más rápido puede atribuirse a un método particular de lactancia materna (rutina o demanda). El peso y la longitud de cada infante fue registrado al nacer, en la primera y la segunda semana; en el primer, segundo, cuarto, sexto y noveno mes y al año. Se hicieron comparaciones estadísticas entre cinco grupos de pesos: bebés que nacieron pesando 6,50 y 7,0 libras (2,72 y 3,17 k), 7,1 y 7,50 libras (3,18 y 3,40 k), 7,51 y 8,0 libras (3,41 y 3,63 k), 8,1 y 8,50 libras (3,64 y 3,85 k) y 8,51 y 9,0 libras (3,86 y 4,08 k).

Se utilizaron dos métodos de análisis para comparar el crecimiento: relaciones de aumento de peso (comparando el peso ganado en cada visita como un porcentaje del peso al nacer) y el índice de masa corporal (IMC). El IMC se deriva al dividir el peso expresado en kilogramos, con la longitud (talla), expresada en metros cuadrados.

La razón para usar el IMC fue un intento de obtener una base de comparación más uniforme que un simple contraste lineal. Usar solo el peso corporal absoluto como una herramienta comparativa, no encarna ninguna referencia a la estatura del bebé. Sin embargo, un análisis con el IMC permite un estudio comparativo más significativo de bebés con diferentes pesos y estaturas al nacer.

PRINCIPALES CONCLUSIONES

Uno: Si bien no hubo diferencias significativas entre los dos grupos, el grupo A (bebés según *PDF*) aumentó de peso un poco más rápido que el grupo B en cada categoría de peso.

Dos: Aun cuando el grupo A comenzó a dormir entre siete y ocho horas durante la noche, no hubo cambios significativos en el rendimiento del aumento de peso.

Tres: Aunque en un inicio la lactancia materna fue el método preferido por ambos grupos de padres, las madres del grupo B abandonaron la lactancia materna mucho antes que las del grupo A.

Puedes consolarte con el hecho de que una rutina básica no le resta valor al aumento de peso adecuado y saludable. Lo que hará es facilitar el éxito de la lactancia materna. Incluso a los bebés con bajo peso al nacer les va bien en una rutina conservadora. Aunque algunos recién nacidos comienzan en el extremo inferior de las normas nacionales, continúan aumentando de peso en proporción al potencial genético de la estatura heredada de sus padres. Es decir, los padres más pequeños generalmente dan a luz bebés más pequeños, por lo tanto, el aumento de peso generalmente será proporcionalmente menor.

Cuando sumas los beneficios de los patrones de sueño saludables y las buenas noches de sueño para ambos padres, los mayores beneficios de *PDF* se hacen obvios para el usuario y beneficiosos para el bebé. Una nota de precaución: si tienes un bebé con bajo peso, siempre busca las recomendaciones específicas de tu médico sobre la frecuencia en que debe ser alimentado.

GUÍA DE AUMENTO DE PESO NORMAL

Del nacimiento a las dos semanas:
Promedio aproximado: recuperar el peso al nacer y más.

De las dos semanas a los tres meses:
Promedio aproximado: dos libras por mes o una onza diaria.

De los cuatro a los seis meses:
Promedio aproximado: una libra por mes o media onza diaria (duplica su peso al nacer en seis meses).

Un año:
Promedio aproximado: dos veces y media a tres veces su peso al nacer.

BEBÉS QUE NO PROGRESAN

Hay una diferencia entre *el lento aumento de peso* y *la incapacidad para progresar*. Con el lento aumento de peso, el aumento de peso es tardo pero constante. Ahora, la incapacidad de progresar describe a un bebé que continúa perdiendo peso después de los diez días de nacido, a las tres semanas de vida aún no recupera su peso al nacer, o aumenta a un ritmo inusualmente lento después del primer mes. Se estima que, en Estados Unidos, más de doscientos mil bebés al año experimentan incapacidad para progresar. La causa puede ser atribuida a la madre o al niño.

CAUSAS RELACIONADAS CON LA MADRE

Aquí hay cuestiones específicas relacionadas con las madres que pueden contribuir al aumento de peso lento o nulo:

1. *Técnica de lactancia inadecuada.* Muchas mujeres fallan al amamantar porque el bebé no está posicionado correctamente en
el seno. Como resultado, el infante se prende solo del pezón y
no de toda o gran parte de la areola. El resultado final es un
bebé hambriento.

2. *Naturaleza o estilo de vida.* La producción insuficiente de leche
puede ser resultado de la naturaleza de la madre (tejido glan-
dular u hormonas insuficientes) o su estilo de vida (no descansa lo suficiente o no ingiere la cantidad adecuada de líquidos).
La madre simplemente no produce suficiente leche, o en algunos casos, leche de suficiente calidad. Si sospechas que este
es tu caso, intenta a) usar un extractor para ver qué cantidad
de leche estás produciendo; y b) descubrir si tu bebé necesita
fórmula después de haber estado en tu seno la cantidad de
tiempo adecuada. Informa tus hallazgos al pediatra.

3. *Pobre liberación de leche.* Esto indica un problema con el reflejo
de liberación de leche de la madre.

4. *Alimentación con demasiada frecuencia.* Hay una ironía aquí porque uno pensaría que muchas alimentaciones aseguran una
ganancia de peso adecuada. ¡No necesariamente! En algunos
casos la madre puede agotarse por demasiadas alimentaciones ineficaces. Cuando conocimos a Jeffrey, tenía seis semanas
y había aumentado solo una libra. Su madre lo ponía en el
seno cada vez que lloraba, aproximadamente cada una hora
o una hora y media. Jeffrey se enganchaba bien de su madre fatigada y frustrada. Aunque él no progresaba, el único
consejo que esta madre recibió de su «consejera de lactancia
certificada» fue que lo alimentara con más frecuencia. Para
aumentar su agotamiento, le dijeron que pusiera a Jeffrey en
un columpio. De inmediato, pusimos a la madre de Jeffrey
en una rutina de tres horas. Para mejorar la pobre salud de
Jeffrey, él comenzó a recibir un suplemento de fórmula. En
pocos días, el hambriento bebé comenzó a aumentar de peso.
Después de solo una semana, ya dormía toda la noche. La

madre de Jeffrey amamantó con éxito a sus hermanos posteriores según el plan *PDF* sin problemas con respecto al aumento de peso.

5. *Alimentación con poca frecuencia.* Este problema puede atribuirse ya sea a la súper planificación o a la alimentación a libre demanda. La madre que insiste en guiarse por el reloj hasta el último minuto carece de confianza en la toma de decisiones. El reloj es el que tiene el control, no el padre. El súper planificador insiste en un horario estricto, a menudo amamantando a su bebé cada cuatro horas y no antes. La esclavitud del reloj es casi tan malvada como la madre atada a emociones irreflexivas. Otro lado del problema de la poca frecuencia en la alimentación es que algunos bebés que se alimentan según su demanda, exigen muy poca alimentación. Como resultado, los senos de la madre no se estimulan lo suficiente para una producción adecuada de leche. Las alimentaciones que siguen una rutina con un límite de tiempo entre ellas elimina este problema. Es por eso que las unidades de cuidados intensivos y neonatales se mantienen cerca de un horario de alimentación cada tres horas. Es saludable.

6. *No monitoreo de los signos de crecimiento.* Muchas madres simplemente no se dan cuenta de los indicadores de crecimiento saludable y poco saludable de su bebé. La tabla de crecimiento del bebé sano te ayudará con esta vital tarea. Un error común durante el tercer y cuarto mes es asumir que solo porque tu bebé ha avanzado bien hasta este punto, probablemente no tendrá ningún problema en el futuro. Ese no es siempre el caso. Debes continuar monitoreando el crecimiento de tu bebé durante su primer año de vida.

7. *Lactancia, caricias y abrazos físicos.* La falta de estos gestos puede afectar la capacidad de un niño para progresar. Es importante que las madres abracen, carguen y hablen frecuentemente con sus bebés durante todo el día. La rutina te proporcionará

estos momentos, pero la mamá no debería ser la única que abrace al niño. El papá, los hermanos mayores, la abuela y el abuelo son algunas de las personas favoritas del bebé. Mientras más personas, más amor.

8. *Forzar demasiado o apresuradamente el próximo evento crucial.* Como enfatizamos en el capítulo cinco, la madre no puede decidir de forma arbitraria cuándo eliminar una alimentación o una siesta, a menos que su bebé tenga la *capacidad* y la *habilidad* física para hacer el ajuste. La misma advertencia se aplica aquí. Ten cuidado de no comprometer la nutrición de tu bebé al empujarlo y querer adelantarlo en su programa de desarrollo. Por ejemplo, algunas madres no notan los indicadores de advertencia de una nutrición inadecuada, porque están demasiado concentradas en extender el sueño nocturno. Si tu bebé se despierta rutinariamente entre los treinta y los cuarenta y cinco minutos después de estar durmiendo su siesta, es posible que esto se relacione más con una nutrición o lactancia inadecuada que con el comienzo de malos hábitos de sueño.

CAUSAS RELACIONADAS CON EL INFANTE

El aumento de peso lento o nulo también puede estar directamente relacionado con el bebé. Aquí hay varias posibilidades:

1. *Succión débil.* En este caso, el niño no tiene la coordinación o la fuerza para succionar de forma adecuada, permanecer enganchado o activar el reflejo para que baje el chorro de leche. Como resultado, el bebé recibe la primera leche que es baja en calorías, pero no recibe la leche posterior alta en calorías.

2. *Succión inadecuada.* Esto puede ser el resultado de diferentes condiciones:

Empuje de la lengua: Cuando está en el seno, el bebé empuja su lengua hacia adelante y saca el pezón fuera de su boca.

<u>Lengua protuberante</u>: Esta condición se describe como la lengua que forma un arco dentro de la boca, impide que el bebé se enganche correctamente del seno.

<u>Succión de la lengua</u>: El bebé succiona su propia lengua.

3. *Problema médico subyacente*. Una succión débil o trabajosa (por ejemplo, en la que el niño se cansa después de unos minutos de lactancia y desiste) puede ser un síntoma de insuficiencia cardiaca o neurológica. Si sospechas que este puede ser el caso, no esperes a la próxima consulta programada de tu bebé. Llama a tu pediatra de inmediato.

LO QUE NECESITAS SABER SOBRE LAS CONSEJERAS DE LACTANCIA

Incluso con todas las clases que tomamos, los planes que hacemos y los libros que leemos, a veces la lactancia simplemente no va bien. Puede ser muy frustrante en esos primeros días o semanas. Ahí estás tú, sosteniendo un pequeño manojo de llanto, meneo y con cara roja (pero lindo) que se niega a amamantar, y todas tus intervenciones parecen no dar resultado.

Es posible que necesites ayuda de una consejera de lactancia. Estas son mujeres capacitadas para ayudar a las madres con técnicas de lactancia materna. El consultorio, el hospital o la clínica de tu pediatra a menudo tendrán una consejera como parte de su personal o pueden remitirte a ella. Algunos te empujarían hacia una consejera «certificada». Sin embargo, el título es no es una garantía de asesoramiento competente. Estar «certificado por una junta» no es lo mismo que estar «licenciado por el Estado», como lo es en el caso de las profesiones médicas como enfermería y medicina, ni tampoco garantiza que la información que recibes es la mejor para ti o para tu bebé. La mayoría de las consejeras brindan información competente, pero no todas. Aquí hay algunas banderas rojas de advertencia a tener en cuenta cuando se habla con una consejera de lactancia.

BANDERAS ROJAS

Ten cuidado con cualquier consejera que te indique que vayas en contra de la orientación médica de tu pediatra. Incluso deberías notificar a tu pediatra sobre esta persona y lo que te está aconsejando, o enviar tus inquietudes a los Departamentos del Estado o de salud local. Debe preocuparte igualmente toda consejera que te indique hacer algo que la Academia Americana de Pediatría advierte expresamente que no hagas, como dormir con tu bebé. Del mismo modo, si recibes más filosofía sobre la crianza que técnicas para la lactancia materna, o si te orienta que alimentes a tu bebé a cada hora, que lo pongas en un columpio, o cualquier otro consejo que suene extremo, considera buscar ayuda en otra persona.

Si te encuentras con una consejera que ofrece consejos como los antes mencionados, dile su nombre a otras madres como advertencia, sobre todo a las mamás que siguen *PDF*. Hazles saber lo que te sucedió. De igual modo, cuando encuentres una consultora que sea comprensiva y servicial, comparte su nombre con tus amigas.

LO QUE BUSCAN LAS CONSEJERAS

Si puedes, programa tu visita inicial cerca de un tiempo de alimentación. La consejera por lo general querrá observar al bebé lactando. Ella también pesará al bebé y verificará si su succión es correcta. Luego, redactará un historial, donde incluirá algunas preguntas sobre la duración del trabajo de parto, el proceso de parto, el peso al nacer del bebé, tu dieta, con qué frecuencia amamantas al bebé y más. La información registrada en tu tabla de crecimiento del bebé sano es útil para la consejera. Ofrece una imagen general de cómo va tu bebé. Ciertas condiciones como los pezones invertidos o planos, que dificultan la lactancia, pueden modificarse o corregirse antes del parto. Si esta es tu situación, podrías beneficiarte si programas una cita con la consejera temprano en tu tercer trimestre de embarazo.

Cuando encuentres la consejera adecuada, comparte abiertamente con ella tiempos de alimentación y coméntale con precisión lo que estás haciendo. Aunque las filosofías sobre la crianza difieran, toda intervención en cuanto a la técnica de lactancia es aplicable, ya sea que alimentes a libre demanda o sigas una rutina. Si escuchas algo que no suena bien o parece extremo, considera obtener una segunda opinión, teniendo en cuenta que lo que es normal para los bebés según la crianza de apego no es necesariamente normal para los bebés según *PDF*.

En algunos casos, la intervención y la corrección son inmediatas. En otros, como con aquellos bebés que tienen un trastorno o succión disfuncional, reentrenar al bebé para que succione correctamente tomará algo de tiempo y paciencia de tu parte. En dependencia de la circunstancia, la consejera de lactancia podría sugerir el uso de dispositivos como una jeringa (sin la aguja), la alimentación con los dedos, o un dispositivo de alimentación suplementaria para ayudar al bebé a que aprenda a succionar. Algunas veces esto es efectivo; otras no. También pueden consumir mucho tiempo. Discute las opciones con tu esposo y tomen una decisión juntos. Para saber si deberías o no usar un dispositivo, reevalúa su efectividad en algún momento.

El dominio de la lactancia materna suele ser una cuestión de repaso estándar en las clases de preparación para el parto. Para obtener ayuda adicional, considera tomar una clase de lactancia materna en tu hospital local o alquilar un video tutorial sobre cómo hacerlo. Puedes asistir a una clase y aprender técnicas adecuadas de lactancia sin aceptar las filosofías de crianza personales de la instructora que a veces acompañan tales clases. Recuerda mantener el tema de la lactancia en equilibrio. Recorrer la «otra milla» para corregir una dificultad en la lactancia o decidir suspenderla y comenzar la alimentación con biberón en cambio, no es una reflexión positiva o negativa sobre tu maternidad. Lo importante es que tu esposo y tú decidan qué es lo mejor para el bebé. Nadie más puede tomar esa decisión, solo tú y tu esposo.

Finalmente, ten en cuenta que aquellas consejeras que ejercen de forma independiente tienden a tener tarifas más altas que

MONITOREAR EL CRECIMIENTO DE TU BEBÉ 249

las que están afiliadas a un centro médico. Consulta con tu compañía de seguros para saber si tu plan cubre este gasto.

PRODUCCIÓN INSUFICIENTE DE LECHE

Independientemente de la filosofía de alimentación que sigas, no puedes añadir a lo que la naturaleza ha excluido. La ansiedad creada por el miedo al fracaso contribuye en sí misma a la deficiencia de leche. Puesto que se culpa tanto a las madres que no tienen éxito en la lactancia, muchas de ellas van al extremo con el fin de producir leche.

En la mayoría de las culturas, el 5 % de las madres lactantes durante tiempos de paz y hasta un 10 % durante tiempos de guerra, no producirán suficiente leche para satisfacer las necesidades nutricionales de sus bebés. Algunas madres pueden tener suficiente leche en un inicio, pero llegar a ser insuficientes para el tercer mes. Esto a veces sucede aun cuando el bebé es cooperativo y succiona con frecuencia, y la mamá usa técnicas correctas de lactancia, ingiere alimentos adecuados, recibe el descanso que necesita y tiene suficiente apoyo de su esposo y familia.

SI TIENES DUDAS SOBRE TU SUMINISTRO DE LECHE

Si en algún momento cuestionas la adecuación de tu suministro de leche, observa los tiempos de irritabilidad de tu bebé después de cada alimentación, o si tu bebé tiene dificultades para pasar el tiempo adecuado entre las alimentaciones, revisa las tensiones externas en tu vida. Elimina las que puedas. Esto se cumple ya sea que el bebé tenga cuatro semanas o cuatro meses.

Pregúntate lo siguiente: ¿estás demasiado ocupada o no duermes lo suficiente? ¿Estás ingiriendo suficiente líquido? ¿Tu ingesta de calorías es adecuada? ¿Estás haciendo dieta demasiado pronto, o estás tomando pastillas anticonceptivas? ¿Estás siguiendo las indicaciones de tu médico de tomar vitaminas suplementarias durante la lactancia? Considera también los aspectos técnicos asociados con la alimentación. ¿Está el bebé en la posición correcta y prendido de manera adecuada? ¿Está el bebé tomando una alimentación completa de ambos senos?

1. *Si tienes dudas sobre tu suministro de leche en los primeros dos meses*: para un bebé entre tres y ocho semanas de vida, considera alimentarlo siguiendo una estricta rutina de dos horas y media durante cinco a siete días. Si tu producción de leche aumenta (como lo demuestra el bebé pues se muestra más complacido y duerme mejor), regresa a la rutina de tres horas como mínimo. Si no mejora, regresa a la rutina de tres horas pero con la ayuda de una fórmula complementaria para el beneficio de tu bebé y para tu propia tranquilidad.

2. Si tienes dudas sobre tu suministro de leche en el cuarto mes, los mismos principios básicos se aplica a esta categoría de edad. Si tu bebé está entre los cuatro y los seis meses de vida y tú tienes dudas sobre tu suministro de leche, intenta añadir un par de alimentaciones a tu rutina diurna. Una de nuestras madres, también pediatra, sintió que estaba perdiendo su suministro de leche a los cuatro meses. Hizo dos cosas. Añadió una quinta alimentación al día, y dejó de hacer dieta. En menos de una semana su suministro de leche volvió a la normalidad.

Otras madres encuentran el éxito al regresar a un horario bien restringido de cada tres horas. Una vez que su suministro de leche vuelve a la normalidad, poco a poco vuelven a su rutina anterior. Si no hay mejora después de cinco a siete días, considera un complemento de fórmula. Añadir algunas alimentaciones durante el día no es un revés en tu crianza, sino algo necesario para asegurar un equilibrio saludable entre la lactancia materna y los beneficios relacionados a *PDF*.

LA PRUEBA DE CUATRO DÍAS

También puedes considerar la prueba de cuatro días. Esto implica ofrecer una alimentación complementaria de una a dos onzas de fórmula después de cada período de lactancia. Luego, te extraes leche con un extractor eléctrico diez minutos en cada seno. (Los extractores manuales no son efectivos para este propósito). Mantén un registro de cuánta leche extra estás produciendo. Si tu leche es abundante, entonces el problema recae en tu bebé. No se está prendiendo de manera correcta o es un «lactante perezoso». Si tu suministro de leche aumenta como resultado de la extracción, de lo cual te darás cuenta ya sea por la cantidad de leche extraída o si tu bebé se niega a tomar la alimentación complementaria, entonces regresa a la lactancia exclusiva, manteniendo una rutina de tres horas.

Si la estimulación adicional de la extracción no aumenta tu suministro de leche, y si has revisado todos los factores externos y los has encontrado compatibles con la lactancia, entonces puede que estés dentro del 5 % de las madres que no pueden ofrecer un suministro de leche suficiente. ¿Estás lista para renunciar? Antes de decir «esa soy yo» y renunciar para siempre, considera llamar a tu pediatra y pedir consejo. Pregúntale si sabe de alguna madre con experiencia en el centro que pudo revertir esta situación. También puedes ser remitida a una consejera de lactancia. Recuerda, las opiniones abundan. Aprende y discierne lo que es mejor para tu familia.

Tablas de crecimiento del bebé sano

Señales de nutrición adecuada

Tabla uno: semana uno

Es importante monitorear el crecimiento de tu bebé durante la lactancia para asegurar que está recibiendo una nutrición adecuada. Hay una serie de indicadores objetivos de crecimiento saludable que se deben tener en cuenta. Los indicadores de crecimiento saludable durante la primera semana de vida incluyen:

1. Tu bebé busca el seno y lacta.
2. Tu bebé lacta un mínimo de ocho veces en veinticuatro horas.
3. Tu bebé amamanta más de quince minutos en cada período de lactancia.
4. Puedes escuchar a tu bebé cuando traga la leche.
5. Tu bebé ha tenido su primera deposición llamada meconio. (Hazles saber a las enfermeras que estás siguiendo los indicadores de crecimiento de tu bebé).
6. El patrón de heces de tu bebé cambia de meconio (de color negro verdoso) a heces de transición de color marrón y luego a heces amarillas para el cuarto o el quinto día. Este es uno de los indicadores más positivos de que tu bebé está recibiendo suficiente leche.
7. Dentro de las primeras veinticuatro a cuarenta y ocho horas, tu bebé comienza a orinar pañales (aumentando a dos o tres al día). Al final de la primera semana los pañales orinados son cada vez más frecuentes.

Indicadores de crecimiento poco saludable durante la primera semana.

1. Tu bebé no muestra ningún deseo de amamantar o succiona con mucha debilidad.
2. Tu bebé es incapaz de lactar ocho veces en un período de veinticuatro horas.
3. Tu bebé se cansa rápidamente en el seno y no puede sostener al menos quince minutos de lactancia.
4. Tu bebé se duerme continuamente en el seno antes de tomar una alimentación completa.
5. Escuchas chasquidos y observas que se forman hoyuelos en las mejillas de tu bebé durante la lactancia.
6. El patrón de heces de tu bebé no está progresando a heces amarillas en el espacio de una semana.
7. Tu bebé no ha orinado ningún pañal en las primeras cuarenta y ocho horas posteriores al nacimiento.

El uso de la tabla para realizar un seguimiento de los indicadores vitales de salud de tu bebé puede hacer la diferencia entre un crecimiento saludable y poco saludable. Siéntete libre de hacer copias de la tabla para tu uso personal o para regalar a una amistad. Colócala en un lugar conveniente (en el refrigerador, encima de la cuna, etc.). Añade la marca correspondiente (✓) o letra designada para cada ocurrencia. Por ejemplo, si tu bebé amamanta nueve veces el segundo día, entonces debería haber nueve controles ese día. Si tu bebé depone sus primeras heces de meconio el segundo día, entonces coloca una «M» en ese día. Saber qué esperar y medir los resultados te llevará a ti y a tu bebé a un gran comienzo.

TABLA DE CRECIMIENTO DEL BEBÉ SANO Tabla uno Semana uno

Peso al nacer _____ lb / oz (k / g) Longitud al nacer _____ pulgadas

Indicadores de crecimiento saludable	Día 1	Día 2	Día 3	Día 4	Día 5	Día 6	Día 7
Coloca una marca (✓) por cada alimentación en un período de veinticuatro horas. (Mínimo de ocho alimentaciones al día).							
Coloca una marca (✓) por cada período de lactancia de quince minutos o más de duración.							
Coloca una «M» para la primera deposición (Meconio) y una «T» para las heces en transición de color marrón.							
Coloca una «A» para registrar cada deposición de heces amarillas. (Las heces de leche deben aparecer entre el cuarto y el quinto día).							
Coloca una marca (✓) por cada pañal orinado. (Deben comenzar a aparecer a partir de las cuarenta y ocho horas o antes).							

7-10 días: Peso _____ lb / oz (k / g) Longitud _____ pulgadas / centímetros

Dos días consecutivos fuera de lo que se ha descrito como normal debe ser informado a tu pediatra de inmediato.

Señales de nutrición adecuada

Tabla dos: de la semana dos a la cuatro

Después de la primera semana, algunos de los indicadores de crecimiento saludable comienzan a cambiar. La siguiente tabla representa los indicadores de crecimiento del bebé sano que se deben monitorear en las siguientes tres semanas. Ten en cuenta los cambios.

Aquí está la lista a verificar para las siguientes tres semanas.

1. Tu bebé lacta al menos ocho veces al día.
2. Tu bebé tiene de dos a cinco o más deposiciones amarillas al día durante las próximas tres semanas. (Esta cifra probablemente disminuirá después del primer mes).
3. Tu bebé debe comenzar a tener de seis a ocho pañales orinados al día, algunos saturados.
4. La orina de tu bebé es clara, no amarilla.
5. Tu bebé tiene una succión fuerte, ves leche en las esquinas de su boca, y puedes escuchar cuando traga.
6. Notas un incremento de las señales de alerta durante los tiempos de vigilia del bebé.
7. Tu bebé aumenta de peso y crece en longitud.

Los indicadores de crecimiento poco saludable son:

1. Tu bebé no está recibiendo ocho alimentaciones al día.
2. Tu bebé presenta heces pequeñas, escasas e infrecuentes.
3. Tu bebé no orina la cantidad de pañales apropiados para su tiempo de vida.
4. La orina de tu bebé es concentrada y de color amarillo brillante.
5. Tu bebé tiene una succión débil o no productiva, o no lo escuchas tragar.
6. Tu bebé es letárgico o lento para responder al estímulo y no duerme entre las alimentaciones.
7. Tu bebé no aumenta de peso ni crece en longitud. Tu médico te indicará la mejor estrategia para corregir este problema.

Dos días consecutivos fuera de lo que se enumeró anteriormente como normal debe ser informado a tu pediatra de inmediato. El uso de la tabla para mantener un seguimiento de los indicadores vitales de salud de tu bebé puede hacer la diferencia entre un crecimiento saludable y poco saludable. Si lo deseas, puedes hacer copias de la tabla y colocarla en un lugar conveniente (en el refrigerador, encima de la cuna, etc.). Para tu seguridad, registra los resultados con una marca (✓) para las ocurrencias de cada indicador saludable. Por ejemplo, seis pañales orinados el lunes debería tener seis marcas en el cuadro correspondiente. Saber qué esperar y medir los resultados esperados con los reales te dará la seguridad necesaria y la confianza de que tu bebé está bien.

TABLA DE CRECIMIENTO DEL BEBÉ SANO   Tabla dos   Semanas 2-4

Resumen de cada día

INDICADORES DE CRECIMIENTO SALUDABLE	Lu	Ma	Mi	Ju	Vi	Sá	Do
Coloca una marca (✓) para cada alimentación en un periodo de veinticuatro horas. (Mínimo de ocho alimentaciones al día).							
Coloca una marca (✓) por cada pañal mojado con orina clara en el día. (La norma por día: de cinco a siete).							
Coloca una marca (✓) por cada pañal mojado con orina amarilla concentrada. (Norma por día: 0).							
Coloca una marca (✓) para registrar cada deposición de heces amarillas. (Durante el primer mes, de dos a cinco o más al día es normal).							

Dos días consecutivos fuera de lo que se ha descrito como normal debe ser informado a tu pediatra de inmediato.

© Gary Ezzo y Robert Bucknam

TABLA DE CRECIMIENTO DEL BEBÉ SANO Tabla dos Semanas 2-4

Resumen de cada día

INDICADORES DE CRECIMIENTO SALUDABLE	LU	MA	MI	JU	VI	SÁ	DO
Coloca una marca (✓) para cada alimentación en un período de veinticuatro horas. (Mínimo de ocho alimentaciones al día).							
Coloca una marca (✓) por cada pañal mojado con orina clara en el día. (La norma por día: de cinco a siete).							
Coloca una marca (✓) por cada pañal mojado con orina amarilla concentrada. (Norma por día: 0).							
Coloca una marca (✓) para registrar cada deposición de heces amarillas. (Durante el primer mes, de dos a cinco o más al día es normal).							

Dos días consecutivos fuera de lo que se ha descrito como normal debe ser informado a tu pediatra de inmediato.

© Gary Ezzo y Robert Bucknam

TABLA DE CRECIMIENTO DEL BEBÉ SANO   Tabla dos   Semanas 2-4

Resumen de cada día

INDICADORES DE CRECIMIENTO SALUDABLE	LU	MA	MI	JU	VI	SÁ	DO
Coloca una marca (✔) para cada alimentación en un período de veinticuatro horas. (Mínimo de ocho alimentaciones al día).							
Coloca una marca (✔) por cada pañal mojado con orina clara en el día. (La norma por día: de cinco a siete).							
Coloca una marca (✔) por cada pañal mojado con orina amarilla concentrada. (Norma por día: 0).							
Coloca una marca (✔) para registrar cada deposición de heces amarillas. (Durante el primer mes, de dos a cinco o más al día es normal).							

Dos días consecutivos fuera de lo que se ha descrito como normal debe ser informado a tu pediatra de inmediato.

© Gary Ezzo y Robert Bucknam

Señales de nutrición adecuada

Tabla tres: de la semana cinco a la diez

Esta tercera tabla difiere de la segunda solo en la cantidad de deposiciones. Básicamente el resto de la tabla es lo mismo. Continúa monitoreando el crecimiento de tu bebé, sobre todo después que comienza a dormir toda la noche.

Aquí está la lista de verificación para las siguientes seis semanas.
1. Tu bebé lacta al menos de siete a ocho veces al día.
2. El patrón de heces de tu bebé cambia una vez más. Tu bebé puede tener varias heces pequeñas o una grande. Puede deponer varias veces al día o una vez cada un par de días.
3. Tu bebé debe tener de seis a ocho pañales orinados al día, algunos saturados.
4. La orina de tu bebé es clara, no amarilla.
5. Tu bebé tiene una succión fuerte, ves leche, y puedes escuchar cuando traga.
6. Notas un incremento de las señales de alerta durante los tiempos de vigilia del bebé.
7. Tu bebé aumenta de peso y crece en longitud.

Los indicadores de crecimiento poco saludable son:
1. Tu bebé no está recibiendo un mínimo de siete alimentaciones al día.
2. Tu bebé no orina la cantidad de pañales apropiados para su tiempo de vida.
3. La orina de tu bebé es concentrada y de color amarillo brillante.
4. Tu bebé tiene una succión débil o no productiva y no lo escuchas tragar.
5. Tu bebé es letárgico o lento para responder al estímulo, y no duerme entre las alimentaciones.
6. Tu bebé no aumenta de peso ni crece en longitud. Tu médico te indicará la mejor estrategia para corregir este problema.

Dos días consecutivos fuera de lo que se enumeró anteriormente como normal debe ser informado a tu pediatra de inmediato. El uso de la tabla para mantener un seguimiento de los indicadores vitales de salud de tu bebé puede hacer la diferencia entre un crecimiento saludable y poco saludable. Si lo deseas, puedes hacer copias de la tabla y colocarla en un lugar conveniente (en el refrigerador, encima de la cuna, etc.). Para tu seguridad, registra los resultados con una marca (✓) para las ocurrencias de cada indicador saludable. Por ejemplo, seis pañales orinados el lunes debería tener seis marcas en el cuadro indicado. Saber qué esperar y medir los resultados esperados con los reales te dará la seguridad necesaria y la confianza a medida que tu bebé crece.

TABLA DE CRECIMIENTO DEL BEBÉ SANO   Tabla tres   Semanas 5-10

— Resumen de cada día —

INDICADORES DE CRECIMIENTO SALUDABLE	LU	MA	MI	JU	VI	SÁ	DO
Coloca una marca (✓) por cada alimentación. (Deben ser como mínimo de siete a ocho alimentaciones en un periodo de veinticuatro horas).							
Coloca una marca (✓) por cada pañal mojado con orina clara en el día. (La norma por día: de cinco a siete).							
Coloca una marca (✓) por cada pañal mojado con orina amarilla concentrada. (Norma por día: 0).							
Coloca una marca (✓) para registrar cada deposición por día.							

Dos días consecutivos fuera de lo que se ha descrito como normal debe ser informado a tu pediatra de inmediato.

TABLA DE CRECIMIENTO DEL BEBÉ SANO   Tabla tres   Semanas 5-10

Resumen de cada día

INDICADORES DE CRECIMIENTO SALUDABLE	LU	MA	MI	JU	VI	SÁ	DO
Coloca una marca (✓) por cada alimentación. (Deben ser como mínimo de siete a ocho alimentaciones en un período de veinticuatro horas).							
Coloca una marca (✓) por cada pañal mojado con orina clara en el día. (La norma por día: de cinco a siete).							
Coloca una marca (✓) por cada pañal mojado con orina amarilla concentrada. (Norma por día: 0).							
Coloca una marca (✓) para registrar cada deposición por día.							

Dos días consecutivos fuera de lo que se ha descrito como normal debe ser informado a tu pediatra de inmediato.

© Gary Ezzo y Robert Bucknam

TABLA DE CRECIMIENTO DEL BEBÉ SANO   Tabla tres   Semanas 5-10

Resumen de cada día

INDICADORES DE CRECIMIENTO SALUDABLE	LU	MA	MI	JU	VI	SÁ	DO
Coloca una marca (✓) por cada alimentación. (Deben ser como mínimo de siete a ocho alimentaciones en un período de veinticuatro horas).							
Coloca una marca (✓) por cada pañal mojado con orina clara en el día. (La norma por día: de cinco a siete).							
Coloca una marca (✓) por cada pañal mojado con orina amarilla concentrada. (Norma por día: 0).							
Coloca una marca (✓) para registrar cada deposición por día.							

Dos días consecutivos fuera de lo que se ha descrito como normal debe ser informado a tu pediatra de inmediato.

TABLA DE CRECIMIENTO DEL BEBÉ SANO   Tabla tres   Semanas 5-10

Resumen de cada día

INDICADORES DE CRECIMIENTO SALUDABLE	LU	MA	MI	JU	VI	SA	DO
Coloca una marca (✔) por cada alimentación. (Deben ser como mínimo de siete a ocho alimentaciones en un periodo de veinticuatro horas).							
Coloca una marca (✔) por cada pañal mojado con orina clara en el día. (La norma por día: de cinco a siete).							
Coloca una marca (✔) por cada pañal mojado con orina amarilla concentrada. (Norma por día: 0).							
Coloca una marca (✔) para registrar cada deposición por día.							

Dos días consecutivos fuera de lo que se ha descrito como normal debe ser informado a tu pediatra de inmediato.

TABLA DE CRECIMIENTO DEL BEBÉ SANO   Tabla tres   Semanas 5-10

Resumen de cada día

INDICADORES DE CRECIMIENTO SALUDABLE	LU	MA	MI	JU	VI	SÁ	DO
Coloca una marca (✓) por cada alimentación. (Deben ser como mínimo de siete a ocho alimentaciones en un periodo de veinticuatro horas).							
Coloca una marca (✓) por cada pañal mojado con orina clara en el día. (La norma por día: de cinco a siete).							
Coloca una marca (✓) por cada pañal mojado con orina amarilla concentrada. (Norma por día: 0).							
Coloca una marca (✓) para registrar cada deposición por día.							

Dos días consecutivos fuera de lo que se ha descrito como normal debe ser informado a tu pediatra de inmediato.

TABLA DE CRECIMIENTO DEL BEBÉ SANO Tabla tres Semanas 5-10

— Resumen de cada día —

INDICADORES DE CRECIMIENTO SALUDABLE	LU	MA	MI	JU	VI	SÁ	DO
Coloca una marca (✓) por cada alimentación. (Deben ser como mínimo de siete a ocho alimentaciones en un período de veinticuatro horas).							
Coloca una marca (✓) por cada pañal mojado con orina clara en el día. (La norma por día: de cinco a siete).							
Coloca una marca (✓) por cada pañal mojado con orina amarilla concentrada. (Norma por día: 0).							
Coloca una marca (✓) para registrar cada deposición por día.							

Dos días consecutivos fuera de lo que se ha descrito como normal debe ser informado a tu pediatra de inmediato.

© Gary Ezzo y Robert Bucknam

Notas

Capítulo 2

1. El doctor Rupert Rogers escribió sobre los problemas de la lactancia materna durante las décadas de 1930 y 1940. Él les aconsejaba a las madres que actuaran a la antigua. ¿Qué quería decir con eso? Él les dijo que regresaran a los períodos de lactancia programados de la siguiente manera: 6:00 a. m., 9:00 a. m., mediodía, 3:00 p. m., 6:00 p. m., 10:00 p. m. y una vez más cuando el bebé se despierta en la noche. Aunque ese tipo de alimentación era según un horario, no se refería a él de esa manera. El término «horario» se refería a una técnica de lactancia más que a una rutina. *Mother's Encyclopedia* (Nueva York: The Parents Institute, Inc., 1951), p. 122.

2. Margaret Ribble, *Derechos del niño: Primeras necesidades psicológicas y su satisfacción* (Buenos Aires: Editorial Nova, 1979).

3. Boyd McCandless, *Children and Adolescents* (Nueva York: Holt, Reinehart and Winston, 1961), pp. 13-14.

4. Dr. Benjamin Spock, *Tu hijo* (Barcelona: Vergara, 2007).

5. Dr. William Sears y Enf. Martha Sears, *The Baby Book* (Boston: Little, Brown & Company, 1993), p. 343.

6. *Journal of Human Lactation*, Volumen 14, Número 2, junio 1998, p. 101.

7. *Ibid.*, p. 101.

Capítulo 3

1. Esta conclusión fue sacada de un estudio basado en treinta y dos parejas de madre-infante observadas durante dos años. Sesenta familias pertenecían a La Liga de la Leche, y las otras

sesenta no. «Sleep-Wake Patterns of Breast-Fed Infants in the First Two Years of Life» [Patrones de sueño y vigilia de bebés lactantes en los primeros dos años de vida], *Pediatrics 77*, no. 3, (marzo 1986): p. 328.

2. Marc Weissbluth, *Healthy Sleep Habits, Happy Child* (Nueva York, Ballantine Books 1987), p. 44.

3. *Ibid.*, p. 6.

4. American Academy of Pediatrics, «Does Bed Sharing Affect the Risk of SIDS?». *Pediatrics 100*, no. 2 (August 1997), p. 727.

5. American Academy of Pediatric Policy Statement, Pedatrics, Vol. 116 no. 5, noviembre 2005, p. 1247.

Capítulo 4

1. *Pediatrics 100*, no. 6 (diciembre 1997), p. 1036.

2. *Ibid.*, p. 1036.

3. Ver: www.cdc.gov/breastfeeding/data/report.htm

4. Ver el trabajo de Nancy Butte, Cathy Wills, Cynthia Jean, E. O'Brian Smith y Cutberto Garza, «Feeding Patterns of Exclusively Breastfed Infants During the First Four Months of Life» [Patrones de alimentación de infantes con lactancia materna exclusiva durante los primeros cuatro meses de vida] (Houston: USDA/ARS Children's Nutrition Research Center, 1985).

5. Las fuentes que apoyan estas cantidades recomendadas de tiempos de alimentación: *American Academy of Pediatrics Policy Statement Pediatrics 100,* no. 6, (diciembre 1997), p. 1037; Dr. Frank Oski, *Principles and Practice of Pediatrics*, 2.ª ed. (Philadelphia: J. B. Lippincott Company, 1994), p. 307; Dr. Richard E. Behrman, Dr. Victor C. Vaughan, Dr. Waldo E. Nelson, *Nelsons Textbook of Pediatrics*, 13.ª ed. (Filadelfia: W. B. Sauders Company, 1987), p. 124; Kathleen Huggins: *The Nursing Mother's Companion*, 3.ª ed. (Boston: The Harvard Common Press, 1995), p. 35; Jan Riordan y Kathleen

Auerbach: *Breastfeeding y Human Lactation,* (Sudbury, MA: Jones y Bartlett Publishers, 1993), pp. 188, 189, 246.

6. A las madres que dan de lactar en ocasiones se les recomienda no utilizar el biberón. La preocupación se basa en la «confusión del pezón». La creencia es que, si el bebé toma leche en biberón, se va a confundir y luego rechazará el seno. Aunque en circunstancias normales no habrá necesidad de introducir el biberón a los infantes con lactancia materna exclusiva en las primeras semanas de vida, llegará el momento en que el biberón será un amigo bienvenido. Después de los primeros días de lactancia, suplementar con fórmula rara vez produce «confusión del pezón». Kathleen Huggins, *The Nursing Mother's Companion,* 3.ª ed. (Boston: Harvard Common Press, 1995), p. 73.

Capítulo 7

1. *Caring for Your Baby and Young Child—Birth to Age Five: The Complete and Authoritative Guide* (The American Academy of Pediatrics), ed. Dr. Steven P. Shelov, F. A. A. P. (Nueva York: Bantam Books, 1998), pp. 34-47.

2. Estudio citado por el doctor Mary Howell, en *baby!* Vol. 2 No. 2. The Healthy Baby 1987, p. 27.

3. *Ibid.,* p. 189.

4. *Ibid.,* pp. 188-189.

5. *Ibid.,* p. 36.

Capítulo 9

1. Dr. Michael E. Lamb, del Departamento de Pediatría de la Universidad Médica de Utah, resume nuestra posición: «La preponderancia de la evidencia sugiere que el contacto extendido [la teoría de apego] no tiene efectos claros en el comportamiento materno». Dr. Michael E. Lamb, en *Pediatrics,* 70, no. 5 (noviembre 1982), p. 768.

2. Para un excelente desafío al mito del apego, por favor, ver a Diane Eyer: *Mother Infant-Bonding: Scientific Fiction*, (New Haven: Yale University Press. 1992).

3. *Pedriatics* (agosto 1997), p. 272.

Índice